ヴィクトリア朝
病が変えた美と歴史

肺結核がもたらした美、文学、ファッション

キャロリン・A・デイ　桐谷知未 訳

CONSUMPTIVE CHIC
A History of Beauty,
Fashion, and Disease
Carolyn A. Day

原書房

図 1
メアリー・グレアム夫人。トマス・ゲーンズバラ作『高貴なるグレアム夫人』Acc. No. NG 332.
レッドゴードンのロバート・グレアムによる遺贈、1859 年。

図 II
メアリー・グレアム夫人が着用した昼用ドレス。1790～1792年ごろ（個人コレクション）。

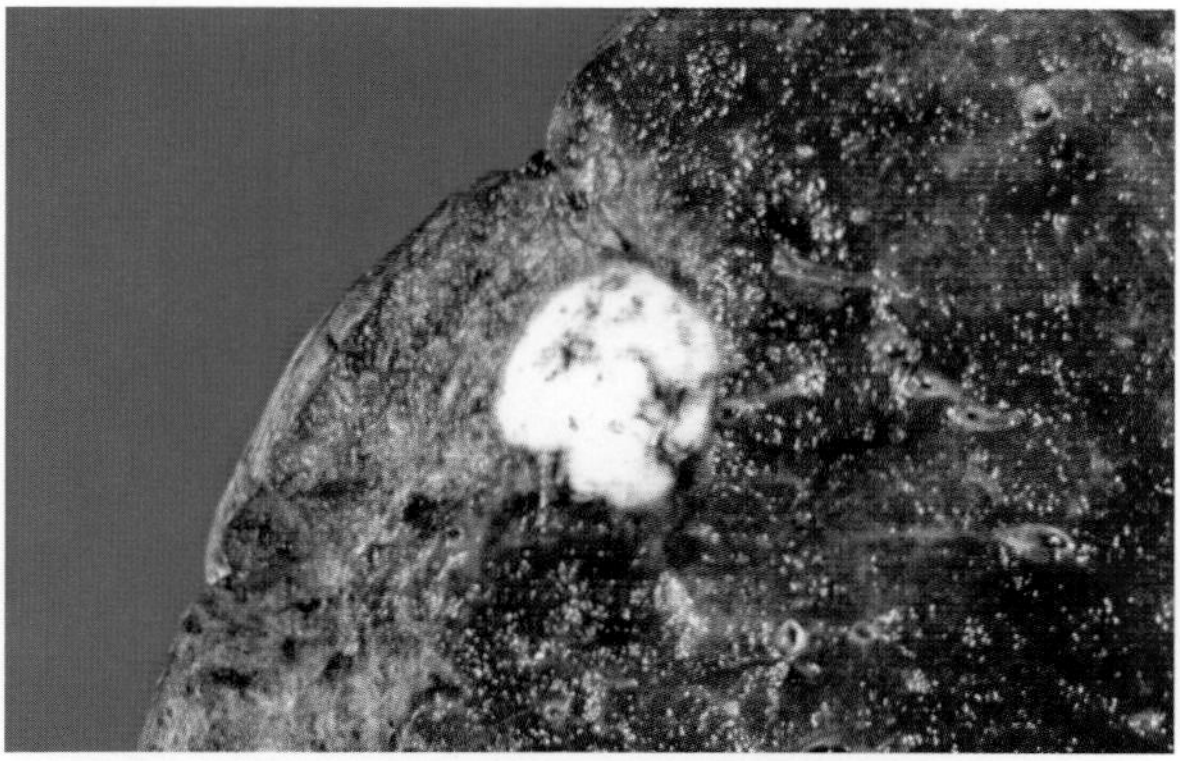

図III
肺の結節。肺の断面に、大きなはっきりした結核性病変が見られる。

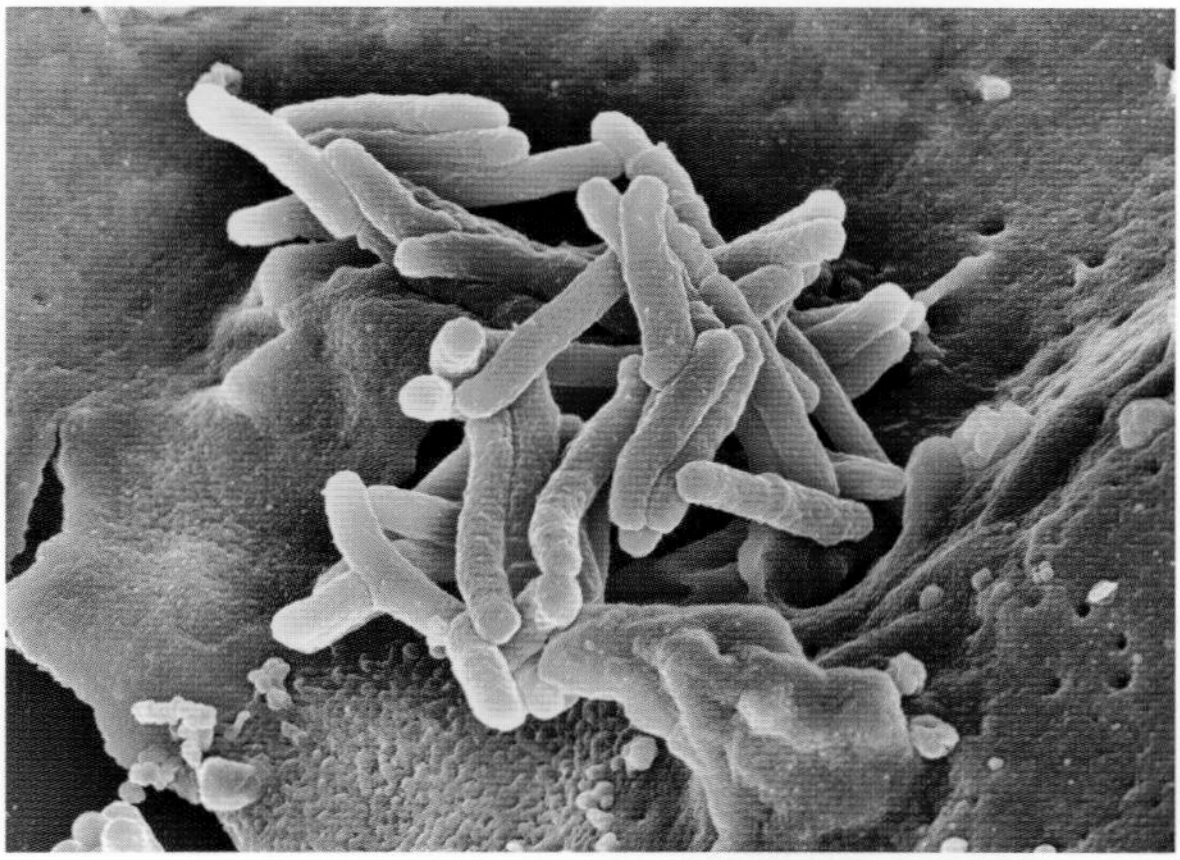

図IV
白血球の一種であるマクロファージにのみ込まれるヒト型結核菌（オレンジ色）を撮影したカラー走査電子顕微鏡（ＳＥＭ）による写真。

図V
ラエンネック型片耳用聴診器。

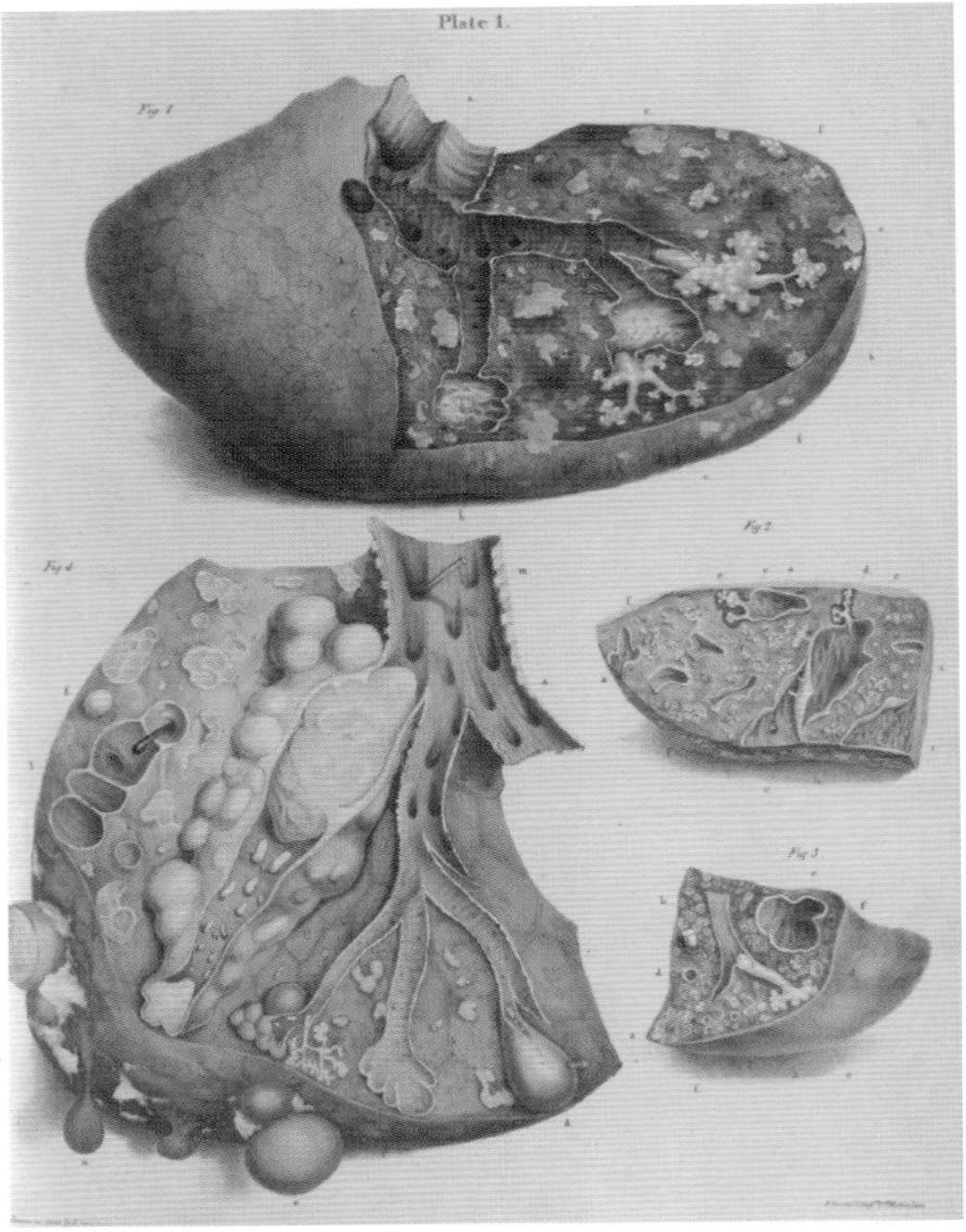

図VI
ロバート・カーズウェル作、
結節に冒された肺の図解
『病理解剖学』。

図VII
サー・ジョシュア・レイノルズ作の
ホレス・ウォルポール。
1756～1757年ごろ。

図VIII
1848年に肺病で命を落としたエミリー・ブロンテ。パトリック・ブランウェル・ブロンテ作。

図IX

ピンク色のドレスを着た骸骨。「３カ月間の船酔い後のユラユラ骸骨嬢」。

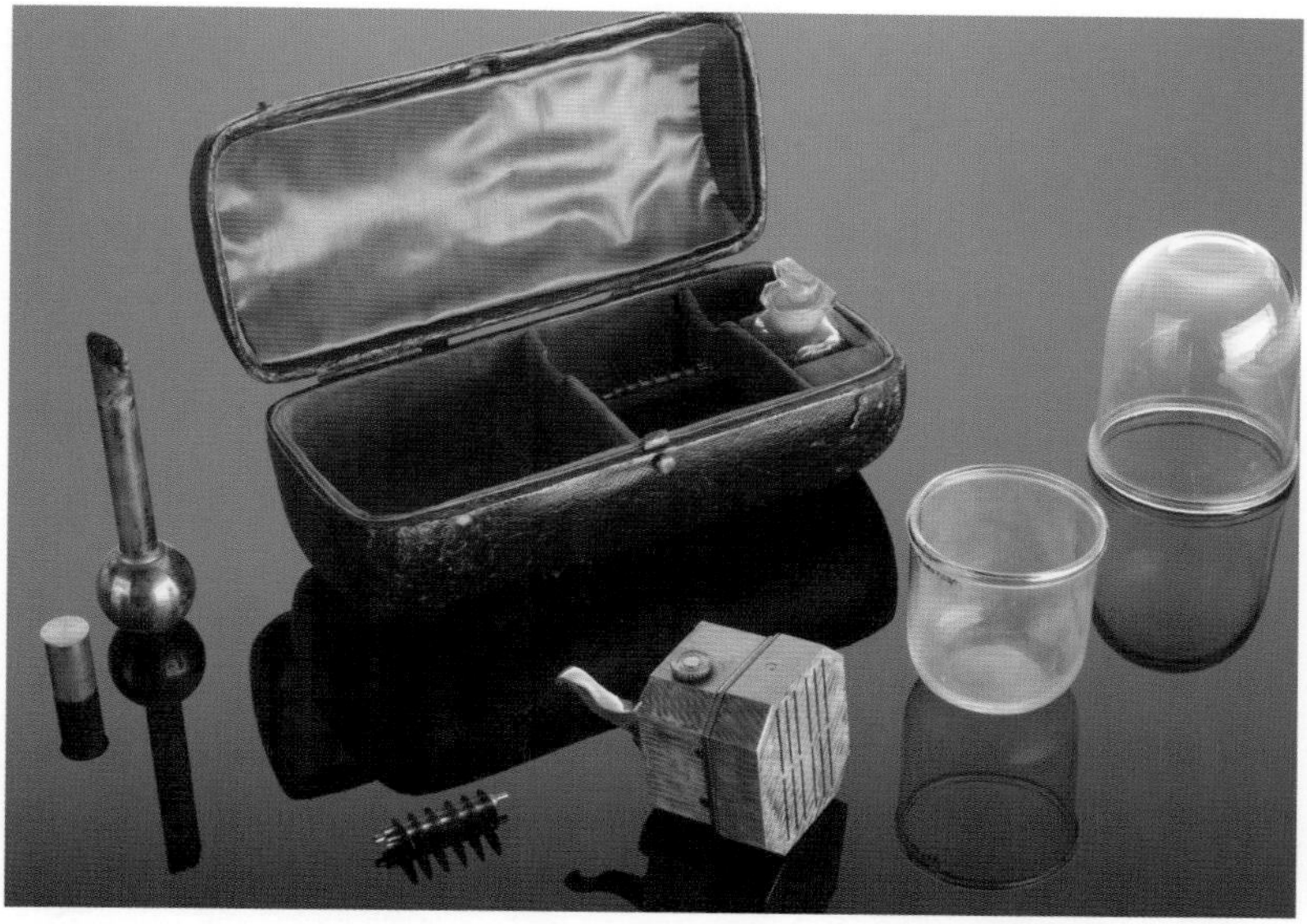

図X
吸角用の器具と乱切器。

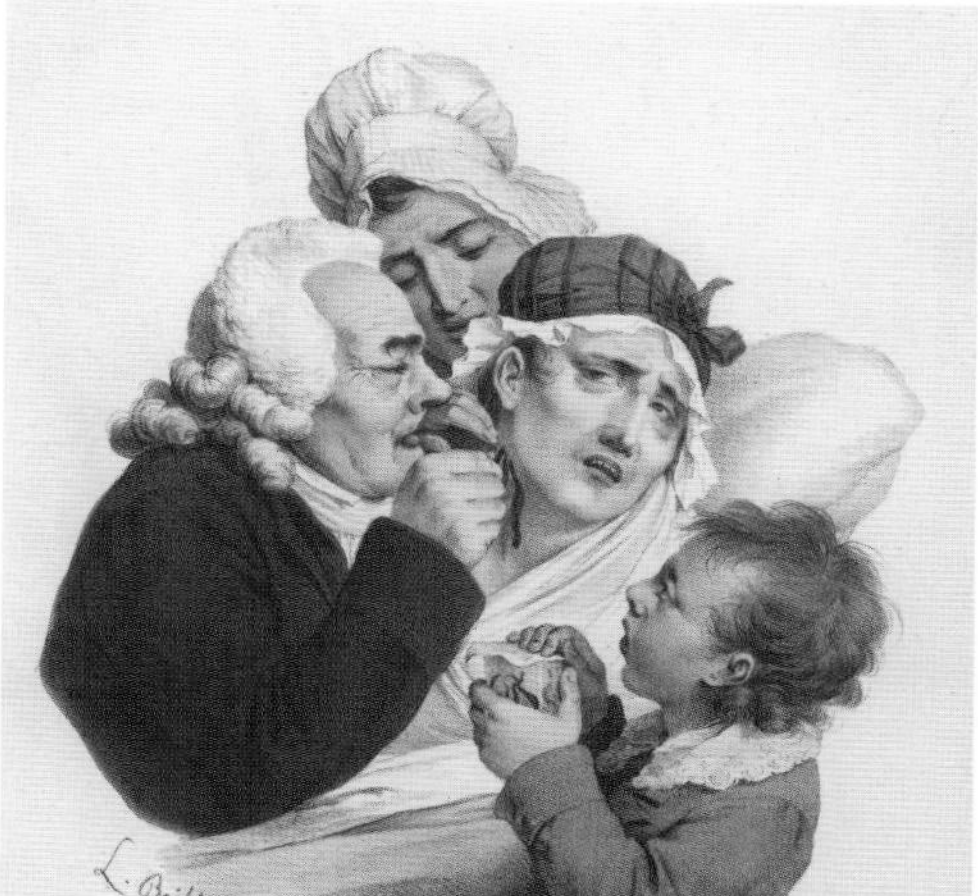

図XI　ヒルを使った治療。
(右) ヒル・ポタリーのアルコック作、薬局のヒル用壺、バーズレム、イングランド、1831～1859年。**(左)** フランソワ・セラファン・デルペシュの画風にならったルイ・ボワイーの作品。失神しそうな女性が体を支えられ、医師がその首に慎重にヒルを貼りつけている（パリ、1827年）。

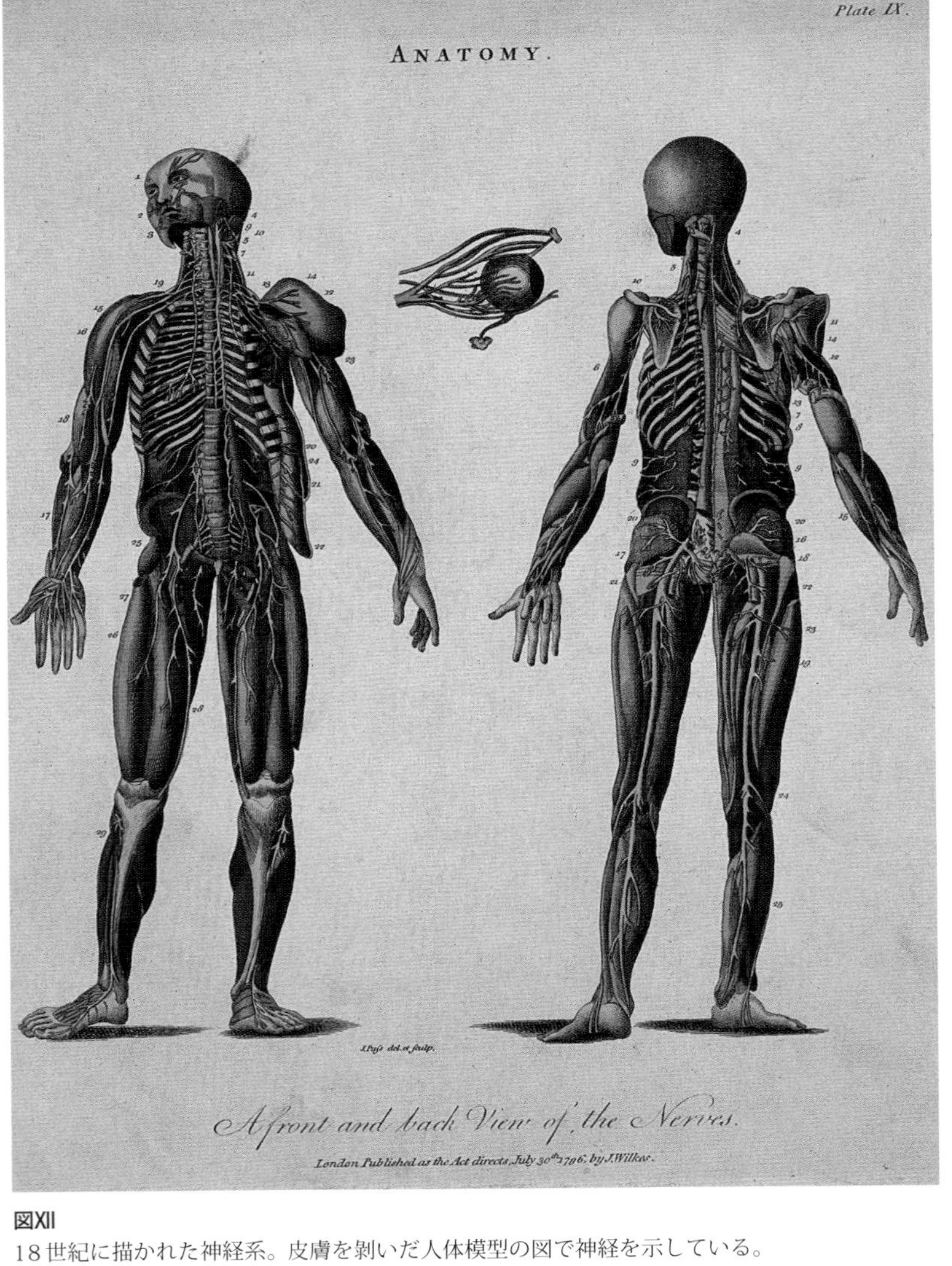
Plate IX.
ANATOMY.
J. Pass del. et sculp.
A front and back View of the Nerves.
London Published as the Act directs, July 30th 1796, by J. Wilkes.

図XII
18世紀に描かれた神経系。皮膚を剝いだ人体模型の図で神経を示している。
W・ヒューソンの画風にならったJ・パス作のカラー線影画、1796年。

図XIII
ジョゼフ・セヴァーン作のジョン・キーツ、1819年。

図XIV
トム・キーツ、19世紀。

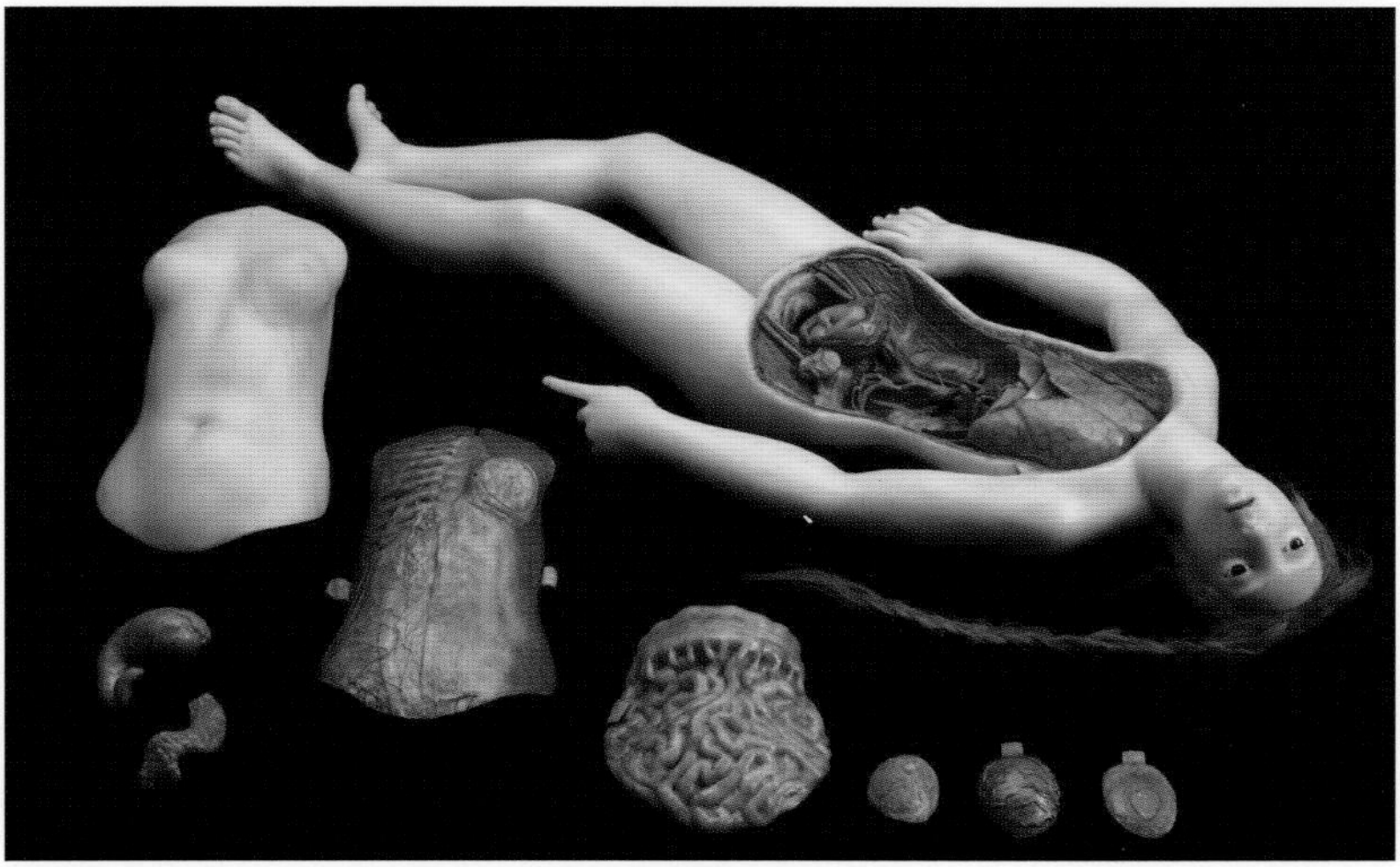

図XV
蠟製解剖模型のヴィーナス。芸術的な立場に刺激を受けた“ヴィーナス”、つまり女性の蠟製解剖模型は、単なる男女の肉体的な違いだけでなく、当時の性差に基づいた認識をはっきり示していた。制作者：クレメンテ・スシーニ、イタリアのフィレンツェで制作（1771～1800年）。

図XVI
『悲劇の象徴を手にするシドンズ夫人』サー・ウィリアム・ビーチー作のサラ・シドンズ、キャンバスに油彩、1793年。

図XⅦ
サー・トマス・ローレンス作のサリー・シドンズの肖像画。1795年ごろ。

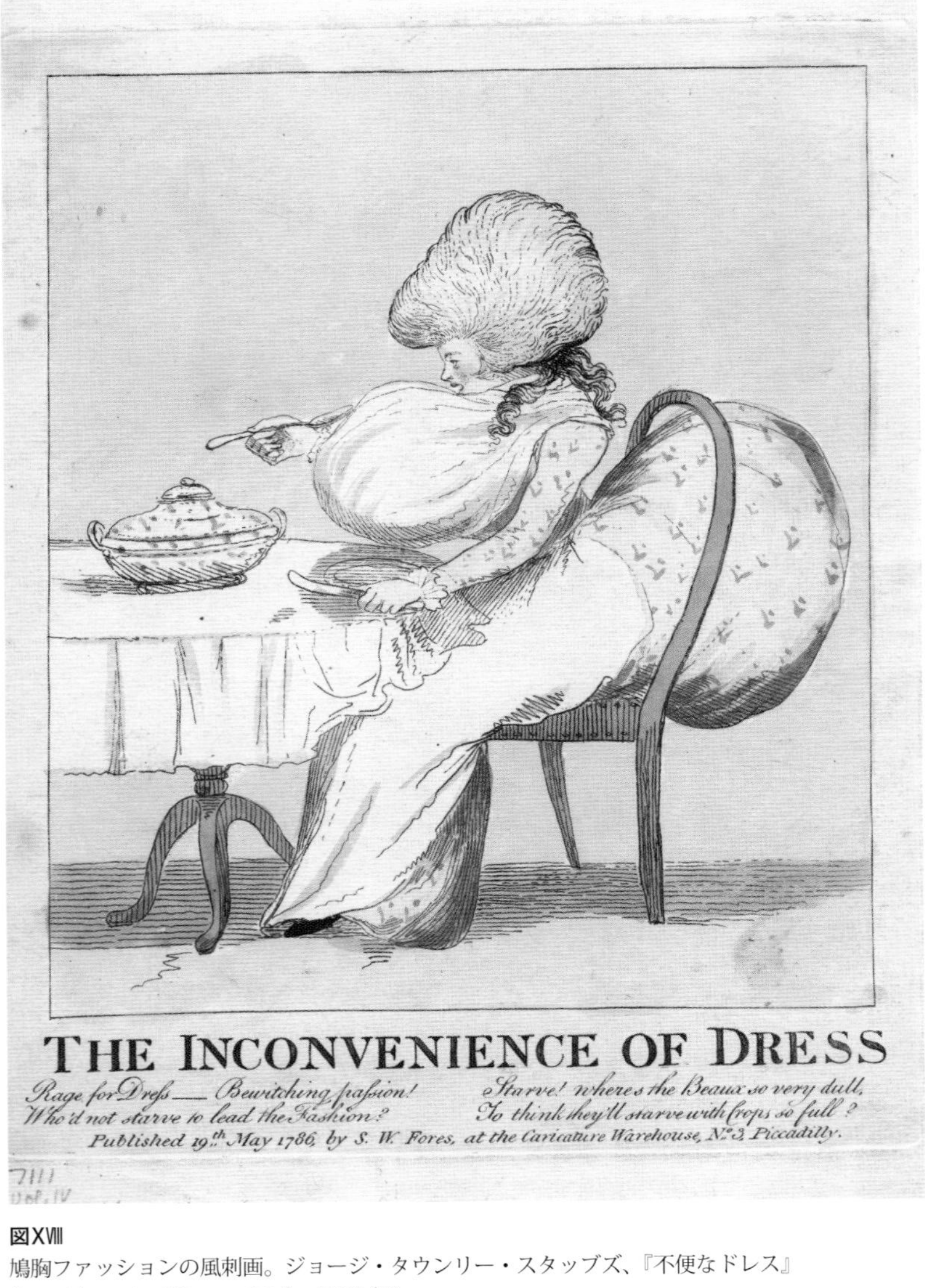
THE INCONVENIENCE OF DRESS
Rage for Dress ___ Bewitching passion!
Who'd not starve to lead the Fashion?
Starve! where's the Beaux so very dull,
To think they'll starve with Crops so full?
Published 19th May 1786, by S. W. Fores, at the Caricature Warehouse, No. 3, Piccadilly.

図XVIII

鳩胸ファッションの風刺画。ジョージ・タウンリー・スタッブズ、『不便なドレス』（ロンドン：S・W・フォアズ、1786年）。

図XIX　1790年代のファッション。
（左） 手彩色版画、フランス、1794年。
（右） 凝った帽子と髪型の女性を描いた手彩色版画、フランス、1790年ごろ。

図XX
心の窓。《ニュー・マンスリー・ベル・アッサンブレ》Vol. XXIV（ロンドン：ジョゼフ・ロジャーソン、1846年）。

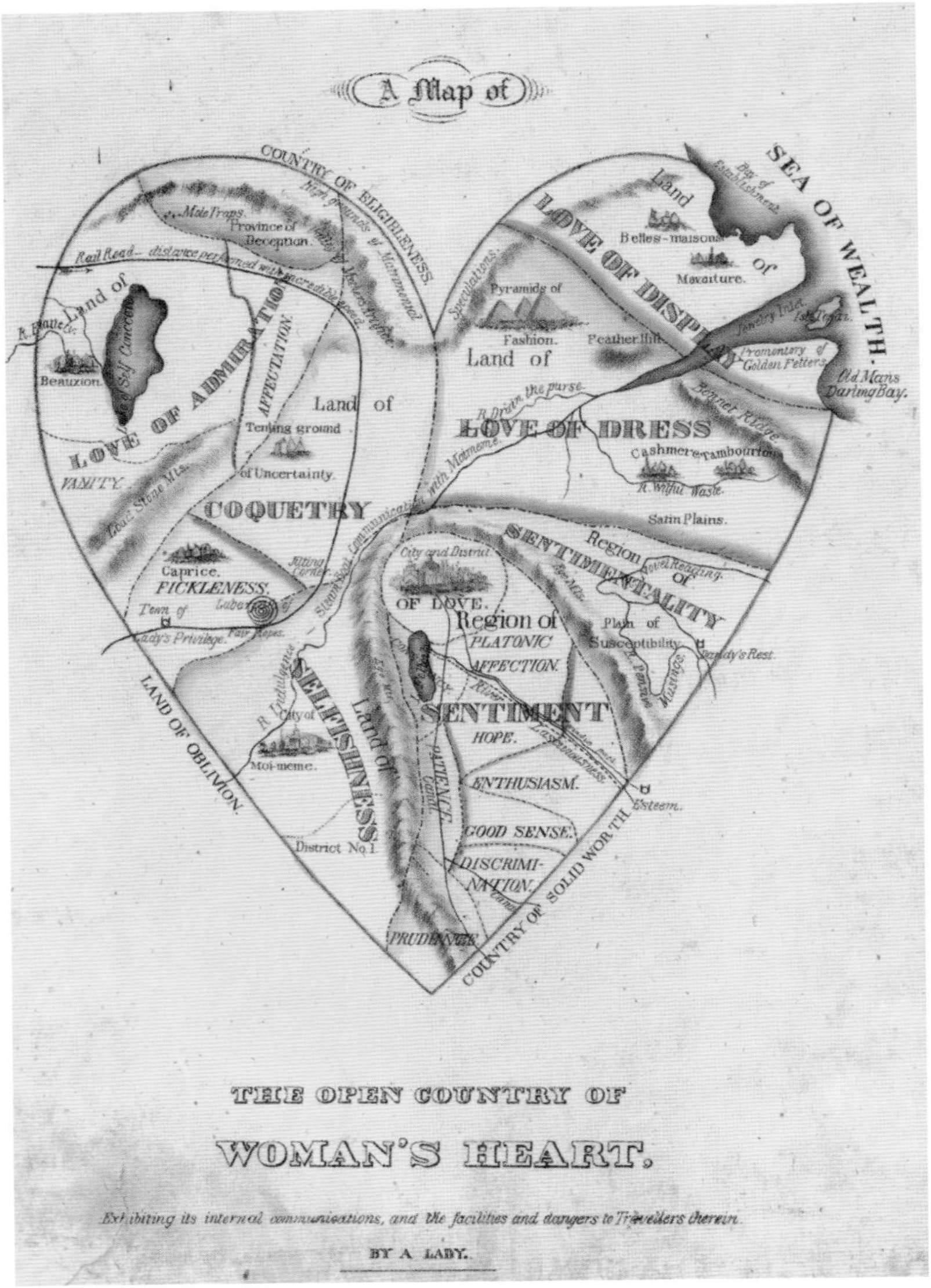

図XXI

広々とした女性の心の地図には、内部のコミュニケーションと、そのなかを旅する人のための情報と警告が示されている。ある貴婦人作。（ハートフォード：D・W・ケロッグ＆コーのリトグラフ、コネティカット州ハートフォード、1833～1842年）。

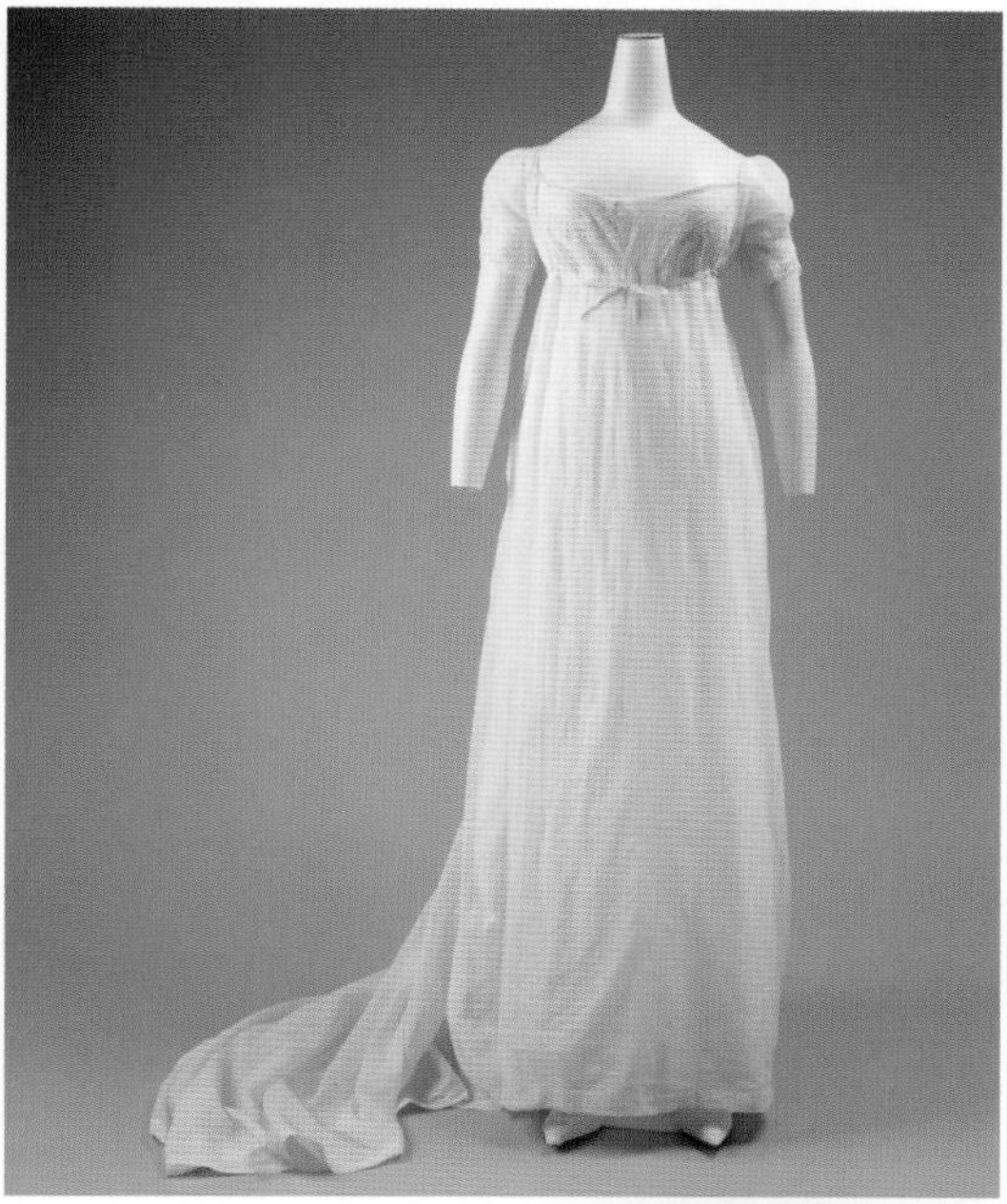

図XXⅡ
イングランドの裾の長い新古典主義ドレスの例（前・後）、1803年ごろ。

図XXⅢ
強調された深い襟ぐりと背中のあきを描いたスタイル画。「夜会用の正装1810年」《ラ・ベル・アッサンブレ》Vol. I（ロンドン：J・ベル、1810年）ケーシー・ファッション・プレーツ。

図XXⅣ
背骨をあらわにするかのように背中があいたドレス。イブニングドレス、1809年（フランス）。

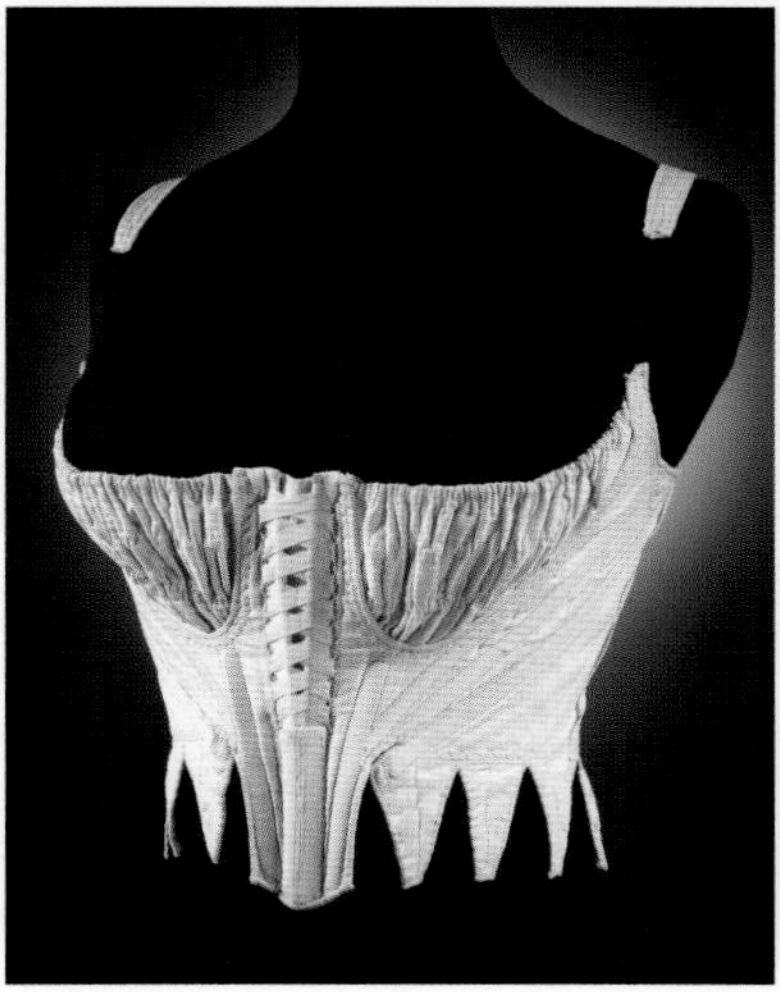

図XXⅤ
胸の下部までの短いコルセット。英国、1795～1805年。綿、リネン、クジラひげ、絹のリボンの縁取り。

図XXVI
昼用ドレス（1830 ～ 1834 年ごろ）。過剰なほど大きいジゴ袖と、それに応じて細くしたウエストのせいで、これを着た女性たちは“スズメバチ”、“クモ”、“アリ”などにたとえられるようになった。英国。

図ＸＸⅦ
感傷主義ドレス。英国製（1845～1850年ごろ）。

図XXⅧ
ロマン主義と感傷主義のイブニングドレスの装飾。

(上) ロマン主義ドレス、《ラ・ベル・アッサンブレ》Vol. XV（ロンドン：エドワード・ブル、1832年）、ケーシー・ファッション・プレーツ。

(下) 感傷主義ドレス、《月刊雑誌ロンドンとパリの宮廷ファッションの世界》Vol. XXV, No.286（ロンドン、1848年）。

図XXIX
ロマン主義と感傷主義の昼用ドレスの装飾。

(上) ロマン主義ドレス《ラ・ベル・アッサンブレ》Vol. XI（ロンドン：ホイッタカー、トリーチャー&コー、1830年）、ケーシー・ファッション・プレーツ。

(下) 感傷主義ドレス、《ニュー・マンスリー・ベル・アッサンブレ》Vol. XXIII（ロンドン：ノーフォーク・ストリートにて出版、1845年）。

図XXXI
ジャン=シャルル・オリヴィエ作のマリー・デュプレシ（1824～1847年）の肖像画、『椿姫』1840年ごろ。

図XXX
肺病を連想させる猫背。《マガジン・オブ・ザ・ボー・モンド》Vol. 11（ロンドン：1842年）。

図XXXⅡ
英国製ドレスの例。肺病を模倣した細長い形状から、よりがっしりした体形へ移行したことがわかる（1853～1862年ごろ）。

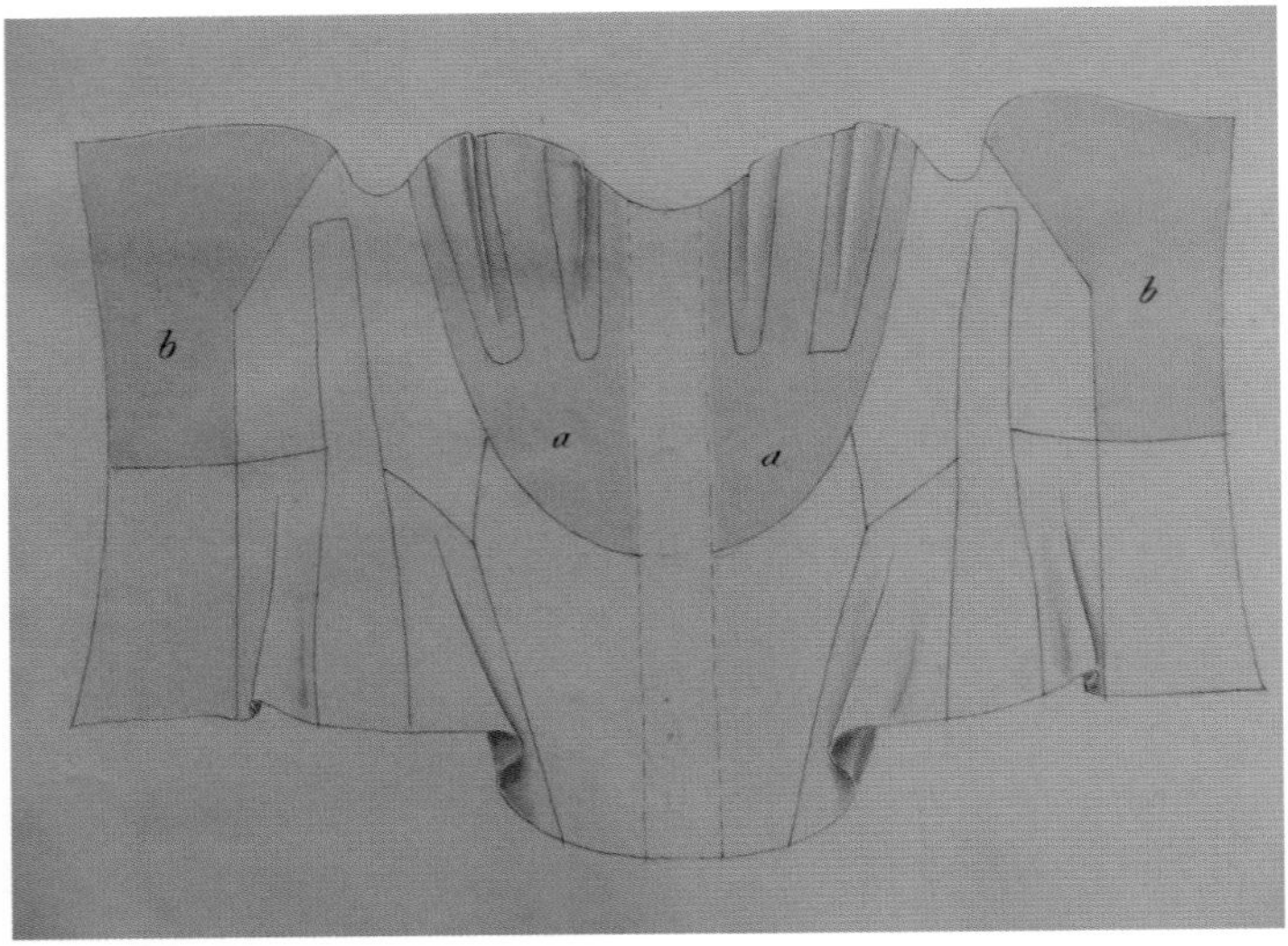

図XXXIII
ロキシー・アン・キャプリンの夫ジャン・フランソワ・イジドール・キャプリンが特許を取得した「衛生的で体の形状に合うコルセット」(1849年)。肺に焦点を合わせた濃いピンク色の部分は、「自然な体の形状にしっくりなじむ」ように設計されていた。

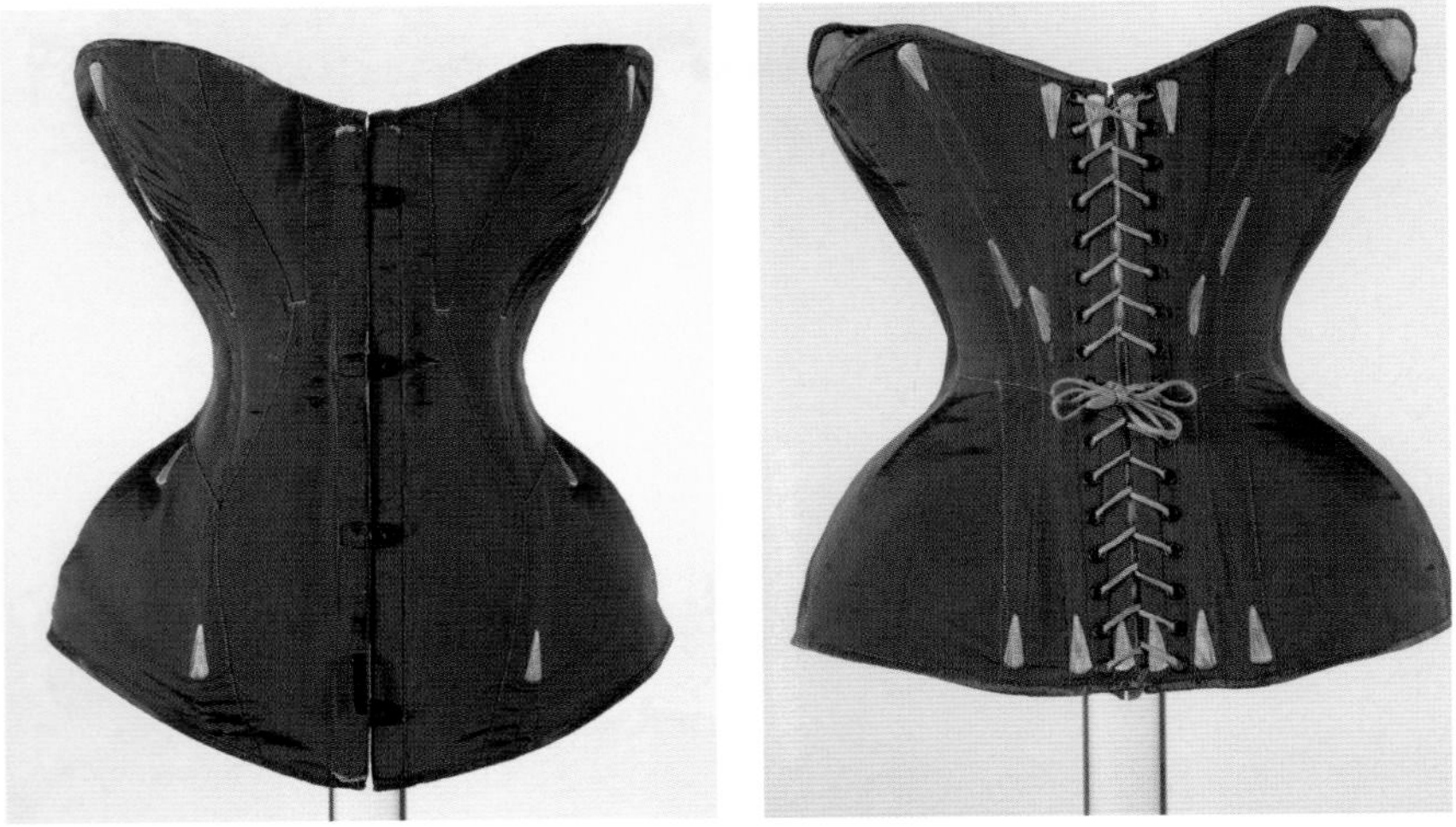

図XXXIV
新しいスタイルの「改良」コルセットの前面と後面。ロキシー・アン・キャプリンが製作した青い畝織りの絹のコルセットで、1851年の万国博覧会で展示された見本だと考えられる。

ヴィクトリア朝　病が変えた美と歴史

肺結核がもたらした美、文学、ファッション

目次

謝辞

本書は、十年以上にわたって常に楽しみながら続けてきた大好きな仕事の集大成であり、この場ではとても感謝し切れないほど多くの人々の手助けによって、どうにか完成させることができた。何よりも、わたしが研究分野を変更して自分の心に従うことに決めたとき、わたしを信じてくれたすばらしい家族にお礼を言いたい。夢を追いかけ、どんな障害にぶつかってもあきらめないよう教えてくれた父と母に心から感謝している。ドーナル、ロレイン、ベンジャミン、エミリー、あなたたちの愛と支えのおかげで生まれたこの本を、あなたたちに捧げる。最愛の姪エイヴァリンと甥ブレナンへ、ニー・ニーおばさんの本をものすごく楽しみにしながら、いつも何かの役に立とうとしてくれてありがとう。わたしがひとつひとつ資料を調べるあいだのあなたたちの熱狂ぶり、わたしが見つけ出した物語に対するあなたたちの切望が、執筆の過程をいっそうすてきなものにしてくれた。あなたたちがこのプロジェクトと同い年だなんてうそみたいだし、あなたたちとこの本がいっしょに成長していくのを見守るのは本当に特別なことだった。

まわりの研究者から受けた励ましや援助は、わたしの学者としての成長と本書『ヴィクトリア朝病が変えた美と歴史』のどちらにとってもかけがえのないものだった。現在とかつての同僚たち、すばらしい友人たち、わたしが学究生活を送り、出版の一から十までをたどっていくあいだ、常に助言と支えを与えてくれてありがとう。未熟な学者を支援してくださったマーク・スミス博士と、メアリー・グレアムのドレスについてご親切にも力添えくださったヒュー・ベルシー博士、クローディア・マクストン＝グレアムと夫ロバートには特別の感謝を捧げる。

わたしが初めて本書の着想を得たとき、企画を後押ししてくださったジェームズ・セコード博士にとても感謝している。また、ジョージ・バーンスタイン博士の絶え間ない支援にどれほど大きな意味があったか、とても言葉では言い表せない。わたしを門下生として迎えてくださったうえに、ファッションと病気という奇妙な並列をテーマにした論文を快く受け入れ、自由に書かせてくださったことに感謝する。本書が学位論文の研究計画にすぎなかったころから支持してくれたジェームズ・ボイデン博士とアリーサ・プラント博士にもお礼を言いたい。あなたたちの友情と見識はこの上なく貴重で、心からの感謝に値する。また、わたしは大勢の文書館員の寛大さに恩恵を受けてきたが、効率よく資料を探す手助けをしてくれたケンブリッジ大学図書館の貴重書室のすばらしいスタッフには特別の感謝を捧げたい。同様に、数々の調査旅行を実現させてくれたすばらしい友人レネー・ドマシュネズ博士にも、ありがとう。ちょうどわたしが調査を始めようとしていたとき、ハリケーン・カトリーナがニューオーリンズを襲い、テュレーン大学は閉鎖され、わたしの研究資金は消えてなくなった。レネーは、英国への最初の調査旅行と以後に続いた多くの訪問の際、無料で泊まれる場所を提供して、わたしと、わたしの学者としての経歴を救ってくれた。さらにその後、本書と次の著書を完成させるための何度もの調査旅行で宿泊先を提供してくれた友人のスティーヴ・メイソンにも心から感謝する。

図版クレジット

図I ©スコットランド国立美術館，**図II** 個人コレクション。クローディアとロバート・マクストン=グレアムの厚意ある許可を得て複写，**図III,V,X,XIII** ウェルカム図書館、ロンドン，**図IV** サイエンス・フォト・ライブラリー／ゲッティ・イメージズ，**図VI** Path.a.32、ケンブリッジ大学図書館，**図VII** NPG6520. ©ナショナル・ポートレート・ギャラリー、ロンドン，**図VIII** NPG1724©ナショナル・ポートレート・ギャラリー、ロンドン，**図IX** ©大英図書館理事会 **図XI** 右図:科学博物館A43107 左図:ウェルカム図書館、ロンドン，**図XIII** ©ナショナル・ポートレート・ギャラリー、ロンドン，**図XIV** プリント・コレクター／ハルトン・アーカイヴ／ゲッティ・イメージズ，**図XV** 科学博物館A627043. クリエイティブ・コモンズ表示4.0国際ライセンス(http://creativecommons.org/licenses/by/4.0/)のもとに利用を許諾された著作物，**図XVI** NPG5159. ©ナショナル・ポートレート・ギャラリー、ロンドン，**図XVII** 個人コレクション。ファイン・アート・イメージズ／ヘリティッジ・イメージズ／ゲッティ・イメージズ **図XVIII** 画像番号lwlpr05984. イェール大学ルイス・ウォルポール図書館の厚意により，**図XIX** 博物館番号:E.21620-1957. ©ヴィクトリア・アンド・アルバート博物館，**図XX** ルイジアナ州立大学特別コレクションズによる画像提供，**図XXI** アメリカ古書協会の厚意により，**図XXII** 受入番号:1983.401.1. ニューヨークのメトロポリタン美術館の厚意により，**図XXIII** ロサンゼルス中央図書館，**図XXIV** 受入番号:2009.300.1806. メトロポリタン美術館のブルックリン美術館コスチューム・コレクション，**図XXV** 博物館番号:T.237-1983. ©ヴィクトリア・アンド・アルバート博物館、ロンドン，**図XXVI** 博物館番号:T.168&A-1915.©ヴィクトリア・アンド・アルバート博物館、ロンドン，**図XXVII** 博物館番号:T.856-1919. ヴィクトリア・アンド・アルバート博物館、ロンドン，**図XXVIII** 上図:ロサンゼルス中央図書館　下図:ケンブリッジ大学図書館，**図XXIX** 上図:ロサンゼルス中央図書館 下図:ケンブリッジ大学図書館 **図XXX** ケンブリッジ大学図書館，**図XXXI** ファイン・アート・イメージズ／ヘリティッジ・イメージズ／ゲッティ・イメージズ，**図XXXII** 博物館番号:T.90&A-1964. ヴィクトリア・アンド・アルバート博物館、ロンドン，**図XXXIII** イギリス国立公文書館の厚意により，**図XXXIV** ロンドン博物館／ヘリティッジ・イメージズ／ゲッティ・イメージズ

図0-1, 1-1, 1-3, 2-1, 3-4, 3-5, 4-2, 5-1, 5-2, 6-2, 7-1, 7-3, 7-4, 7-7, 8-11 ウェルカム図書館、ロンドン。クリエイティブ・コモンズ表示4.0国際ライセンス（http://creativecommons.org/licenses/by/4.0/）のもとに利用を許諾された著作物，**図1-2** ハルトン・アーカイブ／ゲッティ・イメージズ，**図2-2** ニューヨーク公共図書館デジタルコレクション，**図4-1** NPG D11267 ©ナショナル・ポートレート・ギャラリー **図6-1, 6-3** ©大英博物館評議会，**図6-4** LAVMA画像ライブラリー，**図7-2** 博物館番号：P.57-1977.©ヴィクトリア・アンド・アルバート博物館、ロンドン，**図7-5** 画像番号：lwlpr14169.イェール大学ルイス・ウォルポール図書館の厚意により，**図7-6** e.9.628　ケンブリッジ大学図書館，**図8-1, 8-2** ©大英博物館評議会，**図8-3** 画像：lwlpr10384.イェール大学ルイス・ウォルポール図書館の厚意により　**図8-4** 左図：©メトロポリタン美術館　右図：ＬＡＣＭＡ画像ライブラリー，**図8-5** ロサンゼルス公共図書館，**図8-6** 画像番号：lwlpr12221.イェール大学ルイス・ウォルポール図書館の厚意により，**図8-7, 8-14, 8-15** イギリス国立公文書館，**図8-8** 受入番号：C.I.66.35.1©メトロポリタン美術館、ニューヨーク，**図8-9** 画像番号：lwlpr13285.イェール大学ルイス・ウォルポール図書館の厚意により，**図8-10** 博物館番号：T.57-1948.©ヴィクトリア・アンド・アルバート博物館、ロンドン，**図8-12** 80.L900.b.69.1、ケンブリッジ大学図書館，**図8-16** 受入番号：1972.7.マンチェスター市立美術館の厚意により，**図8-17** 56.8300.e.13.ケンブリッジ大学図書館，**図8-18** T434:6.b.6.1-.ケンブリッジ大学図書館

序章

キャスカート家に降りかかった悲劇は、十八世紀から十九世紀にかけて、数え切れないほどの家庭で繰り返されていたことだった。母、父、息子、娘ふたりが次々に結核に倒れたが、結核のあらゆる特徴がそろっていたのは、痛ましい死を遂げた次女メアリーだった。家族に愛され、特に夫に熱愛された美しく繊細で思いやりのある知的な女性は、その死を防ぐためのあらゆる努力もむなしく、一七九二年に静かに息を引き取った。メアリー・グレアム（一七五七～一七九二年）は、第九代キャスカート男爵の娘で、一七七四年十二月二十六日にバルゴワンのトマス・グレアムと結婚した。メアリーは、画家のトマス・ゲーンズバラの目を引いたらしかった。美術史家でゲーンズバラ作品の権威であるヒュー・ベルジーによれば、結婚して間もない十八歳の夫人の姿は、「ゲーンズバラの描いた肖像画のなかでも最高傑作のひとつに数えられる」[1]（口絵の図1参照）。

夫妻は互いに愛情を注ぎ、トマスは妻の健康を取り戻すためならどんな苦労もいとわなかった。夫の領地はスコットランドにあったが、妻の虚弱な体に障《さわ》らないよう、ふたりは比較的穏やかな気候のイングランドで多くの時間を過ごした。また、トマスとメアリーはいくつもの保養地に通い、ブライトンで海水浴療法を行ったり、肺病患者に人気の場所だったクリフトンを訪れたりした。[2] しかしこれでは不十分だとわかると、メアリーの療養のため、ふたりは何度も外国へ出かけて、一七八〇年にはベルギーの温泉地を訪れ、ポルトガルにも行った。一七八一年、この旅のあいだに、トマス・グレアムはメアリーの病状について次のように述べている。

> おそらく次の冬を自宅で過ごすことはないでしょう。それでも、妻はなかなか元気にしていますし、このような疲労にも驚くほどよく耐えています。ふたたび外国に行く必要がないことを願っていますが、イングランドの最南端のどこかに落ち着いて、できるだけのんびり過ごすのが賢明かもしれません。そういう場所なら、英国のどこよりも気候が穏やかでしょうから。[3]

ふたりはイングランドに戻り、これ以上の外国滞在を避けようと、レスターシャーに家を借りた。[4] しかしメアリーの健康状態は悪化の一途をたどり、一七九一年、追い詰められた夫妻は、穏やかな気候が助けになることを期待して、革命の騒乱も顧みずにフランスへ向かった。ふたりはパリでしばらく過ごしたのち、同行していたメアリーの主治医ウェブスター医師の助言に従って、ニース郊外のポワルに落ち着いた。夫妻は、海辺の空気の恩恵を受けられるよう、一七九二年五月までそこに滞在した。[5] メアリーの健康は衰え続け、一七九二年の夏には、本人も死が避けられないことを悟った。しかし、夫をさらに苦しめてしまうことを恐れたメアリーは、胸の内を夫に隠すことにし、代わりに友人のニュージェント夫人に「わたしに対する夫の愛情深いふるまい」について「グレアム氏のような人はめったにいません」と話し、「どれほど夫が苦しんでいるか」、「わたしに隠そうとどれほど努力しているか」を心配していた。[6]

主治医は航海に出るよう指示し、グレアム夫妻は六月十九日にニースを発った。出発の九日前、メアリーは夫宛ての手紙を書き、自分の死後に渡してもらうようにした。手紙には、あきらめと、あとに残された者たちへの気遣いが示されていた。最愛のトマスに、メアリーはこう書いた。「わたしはあなたがいなければ生きていけないのだから、先に逝けて幸せだということを、あなたの慰めとしてください」[7] メアリーは回復への希望をなくしていたが、トマスの日記には、甲板での食事を楽しんだり、『ドン・キホーテ』を読んだりし、船酔いすらしなかった妻の姿がうかがえる。トマスはこう書いた。「妻はまったく吐き気を催さず、あの強風を気にする様子もなく、むしろ飛ばされたものを片づけようとしていた人たちの混乱と戸惑いを楽しんでいた」[8] トマスは心から尽くしていたが、メアリーの最期を看取ることはできなかった。まだ危篤ではないと主治医に保証されていたので、一七九二年六月二十六日、イエールの海辺に宿泊先を探しに行き、戻ってみるとメアリーは亡くなっていた。トマスは嘆き悲しんだ。「あの天使が息を引き取ったときに不在だったことを、どれほど悔やんでも悔やみ切れない」[9]

試練はメアリーの死だけで終わらず、トマスは革命期のフランスから妻を連れ帰ろうとしたときも面倒に巻き込まれた。七月十四日、トゥールーズの郊外で、船が国民軍と義勇兵に止められた。そのときの出来事に、トマスは屈辱的な恐怖と怒りをみなぎらせ、こう書いた。「半分酔っ払ったごろつきども（中略）マスケット銃で武装した暴徒どもが（中略）封印された棺のなかを見せろと言い張った」トマスは妨害されずに通過できるよう町の吏員に許可を得ていたし、連中を止めようと何度も試みたが、「容赦ない暴力によって、やつらは何から何までこじあけた」。あまりに粗暴な扱いを受け、悲嘆に暮れた寡夫は、ウェブスター医師にメアリーの遺体を調べてもらう必要があると気づき、「何ひとつ損なわれてはいなかった」と聞いて深く安堵したが、こう続けた。「新しい鉛の棺が必要になった」[10]

トマス・グレアムはメアリーの死から二度と立ち直れず、妻の顔を見ることにも耐えられなかったので、ゲーンズバラが描いた肖像画を梱包して倉庫に置いていた。[11]しかし、メアリーの形見の品々は身近に持っていた。たとえば、五十年の寡夫暮らしのあいだずっとつけていた結婚指輪や、妻の最後の日々をもっとはっきり思い出させる形見――臨終の時に着ていたドレスなどだ（口絵の図Ⅱ参照）。このドレスには、痩せ衰えた病人に取りついた破滅的な肺病の影響がはっきり表れていて、メアリーが病床で最期を迎えたときどれほど華奢な体つきをしていたかがよくわかる。[12]それは、若くして奪われた命を肌で感じられる遺品として、さらには結核で弱っていった若く愛らしい女性の最後の日々を追悼するものとして残されている。ドレスと結核は、病気の存在を見て取るためだけでなく、精力的で意義深いさまざまな方法で結びつけられていった。

結核の解釈

十八世紀後半から十九世紀初頭にかけて、美しさをめぐる文化的な考えかたが結核という病気と組み合わさった結果、その病気の猛威は美しい光で飾り立てられた。咳や衰弱、容赦ない下痢、発熱、痰や血の喀出《かくしゅつ》を特徴とする病気が、いったいどうして美しさの証《あかし》であるだけでなく、おしゃれな病気とされるまでになったのだろうか？　このレトリックが実際にどう適用されたのか、そして肺病がどのようにして理想化され女性的とされるようになったのかが、本書の何より重大な関心事だ。

結核という病を人々がどのようにとらえ、表現してきたのか。その描写方法は、天然痘やコレラ、チフスなど、他の病気の場合とは異なっていた。その違いは、病気の体内での現れかたや、社会階層への分布のしかたによるものでもあった。肺病は患者の体を変化させたが、天然痘やコレラのように醜くすることはなかった。むしろ、消耗と青ざめた肌が特徴的な病気である肺病は、患者のもともとの魅力的な資質を際立たせて、いっそう美しくするようだった。結核は、慢性の持続的な症状を引き起こすという点でも、他の病気とは大きく隔たっていた。唐突に現れて瞬く間に蔓延する急性の病気とは違って、結核はあらゆる時代のあらゆる階級にずっと存在してきた。とはいえ、十八世紀の終わりごろから結核の死亡率は上昇し、ピーク時にはヨーロッパの全死亡者の二十五パーセントを占めるまでになり、その後一八五〇年以降は徐々に減少した。[13]この流行曲線は、肺病をよいものとしてとらえる傾向と比例していて、十九世紀半ばになるとそれが様変わりしている。

一七八〇年から一八五〇年にかけて、結核と、急速に変化する美やファッションの概念との結びつきはますます強くなった。結核の症状が人々の理想とする美しさと合致しただけでなく、結核は魅力的な美しさを特徴とする病気だというイメージが広がったからだ。この現象は、病気の死亡率の高さや、病気への対処方法の進歩、当時の社会運動の影響などの要素が合わさったことで起こった。こういう幅広い変化の結果として、結核に文化的な期待が向けられ、それが当時の医学論文、文学、詩、そしてファッションと女性の役割を定義しようとする研究のなかに記された。いずれも美しさの証と結核の症状を結びつける実例を挙げ、この病気が美しく魅力的であるという共通の意識を示している。

社会的状況

病気は主観的な経験であるだけでなく、地理的・歴史的な文化の違いによって定義される経験でもある。社会と病気の関係は入り組んでいて、健康と病気をめぐるさまざまな価値観が、確立された医学知識と生物学的な検証結果という枠組みを超えたところでも機能する。アメリカの作家スーザン・ソンタグの主張を踏まえて、フランスの社会学者クロディーヌ・エルズリッシュとジャニーヌ・ピエレはこう述べている。「あらゆる社会において、生物の秩序と社会の秩序のあいだには合致するところがある[14]」この相互作用によって、「病気の言語は、個人と社会の関係を表現する言語のなかで形成されていく[15]」。この過程の大部分は、体の定義と、体が健康と病気にどう関わっているかの定義が変化することで決まる。疾病の比喩表現の役割について探ったスーザン・ソンタグの研究――特に、結核をめぐる肯定的でロマンティックな描写と、ある種の病気(がんやエイズを含む)に着せられる汚名との対比――は、文化によって病気がつくられていく過程を解明する重要な一歩となった[16]。ミシェル・フーコーなどの社会・歴史理論家たちの主張によれば、病気はイデオロギーと社会と経済による発明品だという。[17] つまり病気には、人生と社会的価値を定義する複雑に絡み合った状況と、特定の時代においてその病気がいかに重要だったかという点が反映される。何世紀にもわたって、結核を描写するために使われてきたさまざまな用語には、ひとつの病気の比喩表現をつくるうえでの言語の力が見て取れる。またそれらの用語には、病気の一般的な解釈が映し出され、結核の原因や経過や意味をめぐる絶え間ない混乱が表れてもいる。結核感染症はいくつもの特異な名称を使って分類されてきたし、その推移は、病気に対して人々が新たな情報と態度を会話に反映していく過程を示している。[18]

「結核（tuberculosis）」という言葉が広く使われるようになったのは十九世紀後半になってからで、それまでこの病気は、肺癆《はいろう》（phthisis）、消耗（consumption）、瘰癧《るいれき》（scrofula 肺外結核を指した）など、さまざまな名称で呼ばれた。ほかにも、癆症《ろうしょう》（tabes）、肺炎、気管支炎、無力症、狼瘡《ろうそう》、墓場の咳、消耗熱などの呼び名が使われている。一七二五年、詩人で医師のリチャード・ブラックモアは、こういう多様な名称を持つ病気を分類するむずかしさを訴え、ギリシャ語に由来するphthisisを使うことで、古代医学が病気の理解に卓越していたことを強調した。この言葉はすでに十六世紀には一般に使われていて、衰弱や消滅、肉体の腐敗と翻訳され、病気の末期に特徴的な症状だった発汗や憔悴を示すのにも使われた。

「肺癆（phthisis）」という言葉は十九世紀になっても一般には使われ続けていたが、一六六〇年には「消耗（consumption）」が結核性疾患を表すのに使われるようになり、しだいにこちらが優勢になった。[19] この言葉は、病気が患者をすっかり消耗させ、しなびた抜け殻と荒涼とした廃墟を残すように見えることを物語っていた。ただ、イメージをかき立てはするが、大多数の消耗性疾患を呼ぶのに使われていたので、正確でもなければ専門的でもなかった。一八四七年、医師のヘンリー・デションはこの用語のむやみな使用を批判し、こう述べた。「肺を冒す病気を表すのに一般に使われる〝消耗（consumption）〟という言葉は、あまりにも漠然と見境なく使用されている（中略）結節の形成による一般的な健康の衰えには、〝肺性消耗（pulmonary consumption）〟または〝肺性癆症（phthisis pulmonalis）〟を適用するのがより正確だろう」[20] 用語を混ぜ合わせて入れ替え可能にする奇妙な方法には、病気の識別と数値化をめぐる当時の混乱ぶりが表れているが、この病気を診断する際、結節（tubercle）の役割がしだいに重要になってきた**（口絵の図Ⅲ参照）**。

「結核（tuberculosis）」という言葉が初めて文献に現れたのは一八三九年、チューリヒの医学教授J・L・シェーンラインが、この病気のあらゆる症状を表す一般的な俗称として提案したときだった。ラテン語語源の「結節（tubercle）」は、この時点で、病理の基本単位として広く理解されていた。ラテン語のtuberculumに由来し、「かたまり」と翻訳された言葉だ。[21] 結節が病気の原因や経過、結果に及ぼす本当の役割を医学研究者が探っていくにつれ、その言葉は病理解剖学とともに重視されていった。一八五二年には、医師のヘンリー・アンセルが、結核関連のあらゆる定義の適切な用法を解説した。

「結核（tuberculosis）」という言葉は、体質を原因とする消耗（consumption）や瘰癧（scrofula）のあらゆる局所症状を表すのに使われ、「結節（tubercle）」は特殊な病的要素を表すのに使われる。「結節性（tubercular）」は一般に、結節の存在が示唆される場面で使われ、「結核性（tuberculous）」はそうではない場面で使われる。しかし、かつての執筆者らによるこれらの用語の不明確な使いかたのせいで、どんな規則にもきちんと従うことが不可能になっていた。[22]

それでも、結核という言葉が、消耗あるいは肺癆に取って代わったのは、二十世紀が始まろうとするころだった。[23] 一八八二年にドイツの細菌学者ロベルト・コッホがヒト型結核菌を発見したことで、病気の細菌病原説を受け入れる重要な段階が築かれ、ようやく結核という言葉は浸透していった。

結核の学究的な解釈

結核に関する学究的な取り組みは、それ自体が特定の社会的・文化的な問題に影響を受けてきた——特に、階級、貧困、国家の役割をめぐる問題だ。学者たちは昔から〝白い疫病〟こと肺結核の研究に興味をいだいてきたとはいえ、彼らの関心はおもにその死亡率の低下を説明すること、あるいはさまざまな国で病気の影響を和らげるための活動が行われた経緯を分析することに向けられてきた。[24] 一九八〇年代に結核がふたたび公衆衛生を脅かすものになり、ヒト免疫不全ウイルス（ＨＩＶ）を持つ人に重感染する傾向を示すと、それがきっかけとなって学者たちの興味が復活し、一九九〇年代にはアメリカ社会で結核に関するいくつもの研究が発表された。[25]

脅威は去っておらず、結核はまたもや世界規模の重大な公衆衛生問題になっている。二〇〇七年には、結核による死亡者数は約百七十万人、新たな患者数は九百二十七万人となり、さらに衝撃的なことに、世界人口の三分の一はヒト型結核菌に感染していると考えられる[26]**（口絵の図Ⅳ参照）**。結核の撲滅に向けての世界的な取り組みは、ますます増えるMDR－TB（多剤耐性結核）の発生や、XDR－TB（広範囲薬剤耐性結核）の出現[27]、何十年も前の古い薬物療法への依存によって困難になっている[28]。これらの要因が組み合わさったせいで、「結核治療は、結核患者の五十パーセントが死亡していた抗生物質以前の時代に逆戻りするおそれがある」[29]。MDR－TBに対する現在の治療には八～十種類の薬の組み合わせが使われ、治療過程は平均で十八～二十四カ月にわたる。これほど積極的な策をとっても、XDR－TBの症例のおよそ三十パーセントでは、治療が失敗する[30]。

いまだに去らない結核への懸念は、結核やその新しい歴史をテーマにした新たな科学研究の多さに表れている[31]。しかし、英国だけに的を絞った結核研究はまだ少なく、十九世紀後半や二十世紀に焦点を当てた研究も不足している。一般に、十九世紀の結核研究は、世紀初頭の病気のとらえかたに注目して労働者階級のみに焦点を当てるか、世紀の後半に病気がどう評価されたかに関心を向けていた。それらの研究はたいてい、文献のなかにロマンティックな神話の存在を認めているが、このテーマは、ノーサンブリア大学人文学教授クラーク・ローラーが『結核と文学――ロマンティックな病気の形成（Consumption and Literature: The Making of the Romantic Disease）』（二〇〇六年）を書くまで適切に調査されていなかった。ローラーの著書は、生物学的な現実と文学的な解釈のあいだの不均衡を検討しており、現在でも結核の〝美学〟を深く掘り下げた唯一の研究となっている。しかし、ローラーはおもに文学に焦点を当てていて、そのレトリックの一般的な適用や、当時の美の理想との合致について深く掘り下げてはいない。このテーマをめぐる最新の研究、たとえばキャサリン・バーンの

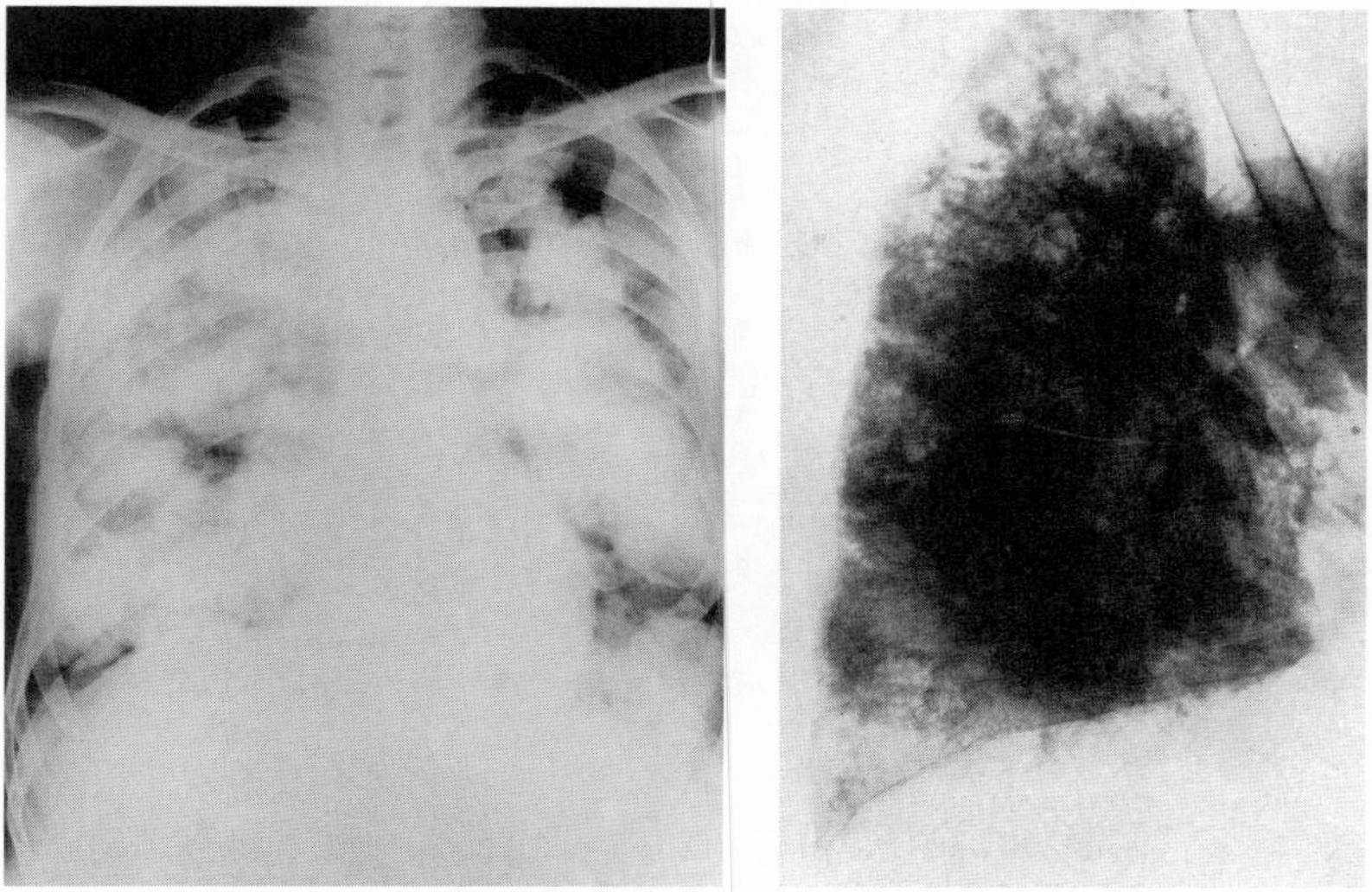

図0-1
（左） 結核を示す胸部のX線写真。**（右）** 患者が結核で死亡したのちに撮影された肺の写真。フランシス・ヘンリー・ウィリアムズ『医学と手術における診断の補助と治療手段としてのレントゲン線』（ニューヨーク、ロンドン：マクミラン、1903年）。

『結核とヴィクトリア朝文学の想像力（Tuberculosis and the Victorian Literary Imagination）』（二〇一一年）やヘレン・バイナムの『喀血――結核の歴史（Spitting Blood: The History of Tuberculosis）』（二〇一二年）でさえ、病気の美学には軽く触れているだけだ。

女性の役割、ファッション、そして美の概念のあいだには明確な関係があり、それは結核に対する社会的な見かたの変化を映し出し、支えてもいた。本書の主眼は、十八世紀後半から十九世紀前半に、個人として、あるいは社会の一員としての上流・中流階級の女性に、結核が与えた影響の本質を探ることにある。当時は、上流・中流階級の人間が肺病にかかった場合、美しい女性であるかないかで診断されるだけでなく、その病気自体が患者に美しさを与えるという考えが根強く優勢だった。つまり、結核は女性にとってよい病気、美の理想やファッションで手本とされる病気と解釈された。とはいえ、反駁《はんばく》もあった。ファッションや社交界の生活様式が原因で、上流・中流階級の女性に病気が〝引き起こされる〟と考えられていたからだ。この階級の女性たちは、肺病の素因を持っていて、生来の女らしい性格がその素因をより活性化させやすくするといわれた。しかし、肺病とその〝見た目〟に伴うよいイメージのせいで、一般の人は病気の原因と考えられていた服装や社交界の慣習に対する警告を笑い飛ばしていた。たとえ反証があっても、結核は比較的苦しみが少なく美しい死にかたとして描かれた。恐ろしい現実があるにもかかわらず、どうしてこういう感動的な肺病の描写がなされたのだろうか？　しかも、なぜこの病気は、情熱や愛といった強い感情の表れとして、あるいは天才や霊性の印としてだけでなく、身体的な美しさの証として審美的に解釈されたのだろうか？

第1章 病気へのアプローチ

結核の死亡率

十九世紀には、かつて猛威をふるったペストや天然痘などの流行病に代わって、肺病が人々の心を占めていた。イングランドでは、十七世紀半ばから明らかにこの病気の存在感が高まり始め、その蔓延ぶりはすぐに認識されるようになった。一六七四年版の『英国人の病――あるいは肺病の分析(Morbus Anglicus: or The Anatomy of Consumptions)』で、医師のギデオン・ハーヴィーは、最も病気にかかりやすい人たちについてこう説明した。「イングランドの気候のなかで、肺病にかからず墓場にたどり着くことはたいへんな幸運であり、死の扉にじかにつながっている人々を挙げるとすれば、ごく勤勉な学生、神学者、医師、哲学者、情熱的な恋人たち、狂信者たちなどだろう」[1] ハーヴィーがつけた〝英国人の病〟というタイトルは、イングランドにこの病気が蔓延していることを認めていたし、[2] 新たに発生したこの〝社会の災い〟は独特のイメージを伴っていた。

一般に、感染症は流行のパターンを忠実にたどる。最初はきわめて急速に増加してから、一定のレベルに達すると、ゆっくり重症度と発生率が下がってくる。結核の発病と経過は他の感染性の病気と比べてあまり〝派手〟ではないものの、やはり典型的な感染症の流行パターンに従っているが、その進行は並外れて遅いことが多く、数週間や数カ月どころか数十年かかることもある。ヨーロッパでは、結核の流行曲線は十七世紀後半に始まり、十九世紀半ばにピークに達した。十九世紀末になっても、世界人口の七分の一が結核で死亡していて、一九四〇年の時点でも、結核はほかのどんな単一の感染症よりも多くの命を奪っていた。[3] 英国では一八四〇年に先立つ二百年にわたって、結核は他の病気すべての患者を合わせた数とほぼ同数の人が罹患している主要な風土病だった。[4] 実際の数字はどうあれ、十八世紀には肺病での死亡率が上昇しているという認識があった。その病気が蔓延し、死をもたらすことは広く知られていた。たとえば、医療統計学についていくつか著書のある医師のウィリアム・ブラックは、一七八八年にこう述べた。「ロンドンの全死亡率の五分の一から六分の一は、肺病によるものだ。これは天然痘の死亡率の二倍近くにもなる」さらに、「肺癆、肺癆、肺癆、とてつもなく巨大な姿でそびえ立ち」、ロンドンの葬儀目録の大半を占めている、と続けた。[5]

この病気が一見したところ無差別に患者の命を奪い、安アパートの住人だけでなく大邸宅の住人も襲うさまは、衝撃をもたらした。都市部で流行していたが、街なかに限られてはおらず、性別、身分、年齢、職業にもお構いなしだった。一八一八年、医師のジョン・マンスフォードは、肺病が増加していると論じた。

> 肺病の最も重要な特徴は、増加し続ける病気であるという点だ。この国の巨大な病弊と呼ばれてしかるべきであり、それは巨人のような恐ろしい足取りでわたしたちに迫りくる（中略）おそらく、英国では肺病の死亡者数が前世紀中に三分の一増加した（中略）と考えられ、現在では年間五万五

千人という膨大な数に達している。[6]

結核の死亡者数が増えているという確信はあったものの、正確な死亡率のデータがなかったせいで、肺病の具体的な発生率を確定するのは依然としてむずかしく、当時の診断の不明確さが状況をさらに複雑にしていた。結核はゆっくりと徐々に進行するので末期まで気づかれないことが多く、消耗(consumption)という名称がさらに死亡率の評価を困難にする。肺癆(phthisis)と肺性消耗(pulmonary consumption)という言葉は、さまざまな無関係の病気を示すのにほとんど見境なく使われた。[7]消耗という名称は、往々にして体重減少を伴うどんな病気にも使われたので、特に厄介だった。

図1-1
A・ハートクス作のギデオン・ハーヴィー。

しかし病気の実際の影響と想像上の影響のどちらを挙げるにしても、十九世紀は明らかに、〝結核の時代〟と呼ばれてしかるべきだろう。さらに、医療統計学の時代と名づけることもできる。[8]十九世紀になるまで、イングランドでは量的な死亡率の定期的な記録も正確な記録も残されていなかった。病院のような施設や一部の都市で、出生と死亡の記録を残す試みがなかったわけではない。一八三六年、議会の命令によってその取り組みが正式に承認され、出生、死亡、婚姻を登録する全国的な制度が創設されることになった。翌年、統計学者で医師でもあったウィリアム・ファーは、医業を断念し、戸籍本署に一時的に雇用されて、この情報の整理と分類を手伝い、一八三九年には正式な地位に就いた。[9] ファーが『戸籍本署長官による出生、死亡、婚姻の第一回年次報告書（The First Annual Report of the Registrar General of Births, Deaths, and Marriages）』を発表すると、イングランドの行政機関は結核を含むさまざまな病気の死亡率を系統的に追跡調査し始めた。

この新たな統計は、結核によって全国的に人命が損なわれていることを如実に物語っていた――この病気の記録を取っている者なら見逃すはずのない状況だった。そういう調査員のひとり、ヘンリー・ギルバートはこう書いた。「戸籍本署長官の報告書によると、肺病は［一八三七年七月一日から十二月三十一日までの］六カ月間で、コレラ、流感、天然痘、麻疹、マラリア熱、発疹チフス、恐水病、卒中、脱腸、疝痛、肝臓疾患、結石、リウマチ、潰瘍、痔瘻《じろう》、壊疽《えそ》のどれより多くの人命を奪っていた！」[10] ギルバートはすぐさまその統計を利用して、こう論じた。「肺病ほど広範囲に蔓延している病気はほかになく、これほど致命的な病気もない。最良のデータによると、医師らの計算では、英国とアイルランドにおける全死亡者の四分の一は、肺病を死因としている」[11] 一八五〇年までには、『年次報告書』は、大都市に見られる結核の死亡率の高さを公然と強調し始めていた。[12] 十九世紀後半を通じて、かなり深刻な死亡率が知られたおかげで人々の意識が高まり、医学界もこの病気に注目するようになった。一八八二年、ロベルト・コッホは、結核の影響についてこう書いた。「ある病気が奪う人命の数がその重要性の尺度であるとすれば、とりわけ最も恐ろしい感染症、たとえば腺ペストやアジアコレラなどを含むあらゆる病気が、結核のはるか下に位置することになるはずだ。統計によると、全人類の七分の一は結核で死亡しており、生産的な中年層だけを見てみると、結核が三分の一、もしくはそれ以上の命を奪っていることが多い[13]」

病気への病理解剖学的アプローチ

結核に対する意識が高まっただけではなく、十九世紀前半には病理解剖学的アプローチが盛んになり、この病気への対処にも用いられた。十八世紀には、病理解剖学的な探究のおかげで、病気の局所的な変化に注目する考えかたが発展した。一七六〇年代、イタリアの解剖学者ジョヴァンニ・バティスタ・モルガーニは、著書『病気の所在と原因について（De sedibus et causis morborum）』で病気と解剖学的所見を結びつけ、解剖によって症状と病変を関連づけるべきだという考えを世に広めた。病理学と、明確な局所病変が果たす役割を重視することで、病気の理論的なイデオロギーを変える一助となったのだ。この新たな解剖学の観点から、医学研究のレンズは、全体よりも部分に焦点を当てた[14]。しだいに、存命中の患者に現れた症状は、死後の解剖で見られる構造変化と関連づけられるようになった[15]。フランスの草分け的な病理解剖学者クサヴィエ・ビシャは、この理論の確立に努め、医師に解剖と観察を行うよう助言した[16]。新しいアプローチの支えとなったのは、病気には特定の病理学的な症状があり、その詳細を調べれば病気の原因についての答えが見つかるという考えだった。この知的なアプローチが疾患過程を分類する新しい方法につながったが、結核については、解剖学的情報の奥深さと質が向上するにつれて、答えよりも疑問がますます増えていった。

結核では、病理解剖学的アプローチの利用は診断学と病理学的指標の確認に限られていたが、見つかった病的症状の原因を解明することはできなかった。医学研究者たちは徐々に、死体だけでなく生体内でも疾患過程を精査するための新しい方法論と器具を開発し始めた。この目的に向けた打診法の発見と聴診器の開発が、結核に関する知識の向上とその診断に役立った。[17] 一八一六年にテオフィル＝ヤサント・ラエンネックが発明した聴診器は、医学への新しい解剖学的アプローチの主要な道具となった**（口絵の図V参照）**。音を通じて生体を〝解剖〟することで、聴診器は病人を検査する新しい手段を与えた。こうして、死者だけでなく生者の病理検査も行えるようになった。[18] 聴診器とそれに付随する方法論は、呼吸器疾患へのアプローチを大きく変え、

図1-2
結核菌の発見によって新たな聖ゲオルギオスにたとえられたロベルト・コッホ。

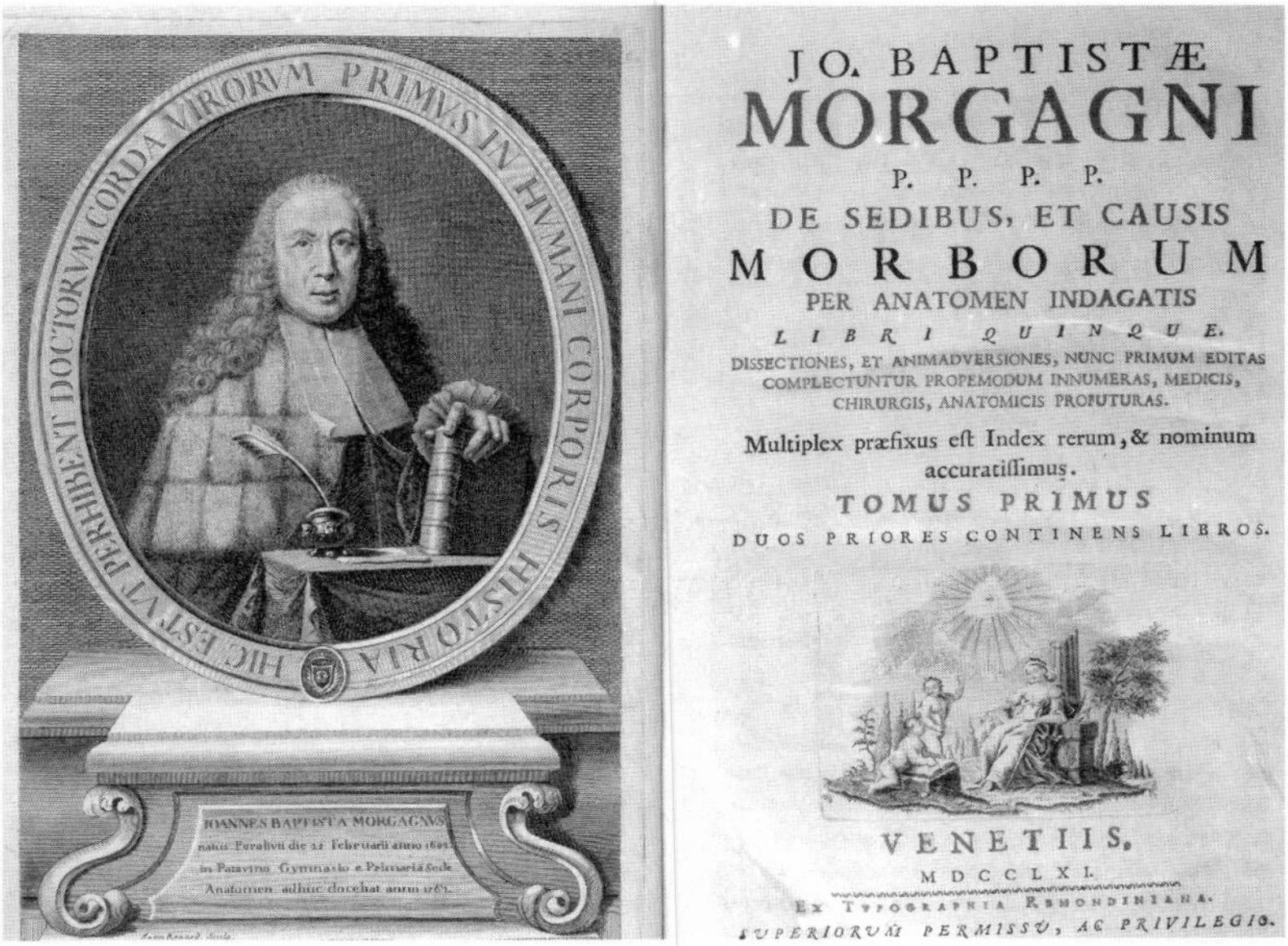

図1-3
ジョヴァンニ・バティスタ・モルガーニ『病気の所在と原因について』
(ヴェネチア、レモンディニアニ、1761年)。

ラエンネックはその新しい武器を肺病に適用した。『胸の病気と間接聴診法についての論文(A Treatise on the Diseases of the Chest and on Mediate Auscultation)』(一八一九年にフランスで出版され、一八二一年に英語に翻訳された)では、結核の臨床経過を明確に説明してみせた。[19] 著書のなかでラエンネックは、肺病診断のガイドラインを確立しただけでなく、結節は、肺にあろうと、肝臓や腸など体内の別の場所にあろうと、ただひとつの病気を指し示すものだと論じた。ラエンネックは消耗性疾患の一元説を提唱し、それは一八八二年に結核菌が発見されるまでは一般的な見解となった。[20] 一八四三年、医師のジョン・ヘースティングズはラエンネックの貢献に敬意を表して次のように述べた。

ラエンネックの時代以前にも、肺病研究には多種多様なものがあったが、聴診による彼の膨大な発見の数々は、研究に新たな光を降り注ぎ、その歴史に新時代をもたらした（中略）しかし奇妙に思えるかもしれないが、肺病の特徴を判断する知識は増えているのに比べて、治療の手段は減ってきたように思える。聴診器が発明されて以来、歴史のなかでこれほど救いがたい時代はなかった。[21]

ラエンネックの説に信憑性《しんぴょうせい》を与えることになったのは、同時代のフランスの医師ガスパール・ローラン・ベールだった。ベールの著書『肺病の研究（Recherches sur la phthisie pulmonaire）』（一八一〇年）も、結核はなんらかの先立つ病気の結果として起こった広汎性の全身性消耗病ではなく、明確で特異的な疾患だと論じた。さらにベールは、なんらかの症状が出る前に、まず結節が発生すると主張した。はっきりと見て取れる結核の症状は病気の進行度合いを示しているのであって、特徴的な症状がないからといって病気が存在しないことを示すわけではないと、ベールは考えた。[22]研究では、九百例以上の解剖を行った結果を自身の観察と統合し、最もよく見られる病理学的症状の分析を行って、疾患過程で生じる器質性変化を系統的に追跡した。この病理所見と臨床所見の比較から、小さな結節が肺病の他の病変の発端になると結論づけた。そして肺病患者の腸や喉頭、リンパ節などに見られる合併症は、肺病から生じたもので、別の病気ではないと断言した。[23]

サー・ロバート・カーズウェルの著書『病理解剖学（Pathological Anatomy）』（一八三八年）は、ラエンネック、ベール、ガブリエル・アンドラルなどの医学研究者による結節についてのおびただしい記述を統合して評価し、一見変わりやすいその性質を分析した。[24] カーズウェルは英国の医学者のなかでも傑出した人物で、新しい病理解剖学の概念を学ぶためにフランスに渡った。その地で解剖を観察し、新たな医療技術（間接聴診法など）に精通するようになると同時に、ピエール＝シャルル・アレクサンドル・ルイやラエンネックと時を過ごした。[25] カーズウェルはフランスで標本の解剖を行った際に描いた驚くべき図解で最もよく知られているが、それだけでなく、イングランドで病理解剖学を医学分野のひとつに加えることになった研究を行った重要な人物だ。[26] またカーズウェルは、結核の原因と経過を正確に判断するむずかしさに変わりはないことも示した。解剖を行って、病気の局所的なありかたを示す観察結果から色つきの図解を作成したが、付随する症例記録ではもっと全体論的なアプローチが示されていた。[27]『病理解剖学』では、医学界を悩ませ続けている結節についての疑問が提起された（**口絵の図VI参照**）。これらの病変の発端は？　これらはなんなのか、そして肺病の経過と関連しているのか？　ある通説では、結節は損傷した小さな腺で、それが拡大するのは病気による傷害の結果だとされた。結節は病気に植えつけられた新しい何かで、腫瘍のように成長すると考える者もいた。結節の大きさや硬さから発端や位置まで、あらゆることについての推測が続けられた。さらに、結節の性質の調査によって、肺で発見される結節と、体の別の場所で発見される結節との関係についてもさまざまな疑問が生じた。一八四九年、医師のロバート・ハルはこう論じた。「肺病は体系的な病気だ。肺だけが冒されることもあれば、腹部の内臓まで同時に冒されることもある」[28] 疑問は残っていた。たとえば瘰癧に見られる肺以外の結節と、肺病の結節には関係があるのか？[29] ベールの影響力やハルらの研究があったにもかかわらず、医師の大半はこれらの多様な病理学的症状を、他の無関係な病気の結果と見なしていたようだ。

この混乱にいくらか秩序を見出そうと、医学研究者たちは異なる病状を、存在する潰瘍、結節、または空洞の種類で注意深く分類した。[30] 結節が肺の外に現れた症例は、肺病とは異なる名称をつけられ、十九世紀後半までは、独自の病因で治療法も異なる別の病気だと考えられていた。カーズウェルは、病理解剖学の観点で肺病の研究をすべきだと論じながらも、研究の限界も認識していて、基本原理や経済、さらには病気の後天的性質や遺伝的性質などの要素が果たす役割についても述べている。しかし、その性質とはどんなものか？　病理解剖学的アプローチが残した穴を埋める理論が必要だった。そして、結核を含む多くの病気には遺伝性があると受け止められていた。

肺病の蔓延と破壊的な性質は広く認識されていたが、その原因、診断、治療法を確定するのはむずかしいことがわかった。一八〇八年、医師のジェームズ・サンダーズは、この圧倒的な無知を嘆いて、次のように書いた。

> 彼らの著作からは、症状を発生順に、矛盾なく、体質から来る変化と関連づけようとする姿勢はほとんど見て取れなかった。おそらくそれがおもな原因で、肺病によって命を奪われた無数の遺体をたいへんな辛抱強さと解剖学的な識別力で調べてきたにもかかわらず、病気の性質について意見の一致が見られずにいる。[31]

半世紀近くたっても混乱は続き、一八五五年、医師のヘンリー・マコーマックはこう書いた。「何世代にもわたって、肺病は医学に恥辱をもたらしてきた。おそらく、これほど丹念に調査されながら、これほど何度も研究を頓挫させ、これほど徹底的に経験主義や絶望にとらわれてきた病気はほかにないだろう[32]」

第2章

肺病の興味深い症例――家族の問題

接触伝染するのか？

病理解剖学は、結核が体内でどのように現れるかについての理解を進歩させたが、罹患に個人差があることや結節の発生源についてはほとんど何も説明できなかった。さまざまな説が唱えられ、ヨーロッパ大陸、特に南部では、肺病は一般に伝染病と見なされ、空気を通じてや、感染者や感染物質との接触を通じて広がるとされた。[1] 別の場所――たとえばイングランド――では、結核は個人の体質上の問題、たとえば顔立ちや髪の色などの身体的特徴のように、しばしば遺伝し、親から子へ受け継がれる欠陥に原因があると考えられた。[2] 接触伝染説ではすべての肺病罹患例を説明できず、多くの研究者は結核を、伝染病であり遺伝病でもある病気としてとらえていた。ギデオン・ハーヴィーのような医師らは、肺病と個人的な欠陥との関連を強調しながら、同時に接触伝染の重要性を受け入れた。ハーヴィーは肺病についてこう述べている。

悪性でうつりやすいことからして（中略）最悪の流行病と並び称されるかもしれない。ペストや壊血症、ハンセン病に次いで、伝染性についてはどんな病気にも劣らないからだ（中略）しかも、健康な肺でさえ、肺病患者の悪臭を放つ潰瘍のできた肺から息を吹きかけられれば、瞬く間に冒されてしまう。肺病患者の吐息や唾液のにおいをかいだだけで肺病にかかる人は多く、患者の飲み残しを飲んだせいで、さらには、亡くなって二年にもなる肺病患者の服を着たせいで発病する人もいる。[3]

ハーヴィーは接触伝染説にかなり傾倒していたものの、この病気が「肺病の親から子どもへしばしば受け継がれるので、「肺病にかかった先祖を起源として、家族全員に至るまで遺伝によって肺病で亡くなってきた[4]」とも書いた。

十七世紀末までには、接触伝染説の妥当性に対する疑念が高まっていた。

北欧の医師たちは、この病気が一部の家族間で容赦なく広がる傾向を、遺伝的な体質上の欠陥が肺病の原因である証拠として利用した。[5]十八世紀には、ヨーロッパの南部と北部で、結核の接触伝染性をめぐる考えに決定的な分裂が生じた。北欧の多くの人は、肺病が接触伝染する可能性を認めようとしなかったからだ。[6]十九世紀の英国では、

図2-1
若くおしゃれな医師たちの一団。L・ボワイーの画風にならったF＝S・デルペシュ作のリトグラフ、1823年。

経験的証拠に欠けているとして接触伝染説を強く非難する声があった。『結核についての論文（A Treatise on Tuberculosis）』（一八五二年）は次のように述べた。

しかし、接触伝染説は常に、とても曖昧で不十分な証拠に基づいている。たとえば、以前に病人をつききりで看護していた人が発病した場合や、夫婦で最初に病気にかかったほうが死亡するまで同じベッドで眠っていた場合などの、ごくまれな症例だ（中略）接触伝染説を支持しているかに見えるわずかな事実に対し、反証は何万例もある。[7]

接触伝染説が否定されたことで別の体系立った説明が必要になり、遺伝という概念が病因論のレパートリーに組み込まれた。十九世紀前半までには多くの研究者が、結核、痛風、精神障害などの疾患は、はっきりしない一群の環境的な要素と影響による多面的な原因で起こると信じるようになっていた。とはいえ、結核については、接触伝染から遺伝、体質から環境に至るまで、さまざまな説をめぐって激しい議論が続いた。一般には、なんらかの生まれつきの罹患しやすさに原因があるという意見の一致があった。[8]

体質

病理解剖学的アプローチは評判になりつつあったものの、体質上の虚弱な傾向が結核を含むさまざまな慢性病を引き起こすという説が優勢になっていた。一八〇六年、医師のジョン・リードは体質説にはっきりと賛成の論を唱えた。

しかしながら（中略）発生源はどこであれ、真性の肺病にかかりやすい体質的な傾向にはさまざまなものが認められる。〝死の使い〟と呼ばれる肺病は、自然からのある種の逸脱に普遍的な報いを与える一方で、特定の個人を主たる犠牲者として選び出す。誰だろうと結核の原因に果敢に身をさらす必要はないが、すべての人が等しく恐れる理由を持つわけではない（中略）おそらく自然の機構、年齢、性別、職業、他の活動や習癖などが、先天的だろうと後天的だろうと、肺病にかかりやすくさせる特異な体質をつくり上げるのだろう。あるいは体系学の言葉を使うなら、この恐るべき破壊的な病の素因と誘因を持つようになるのだろう。[9]

「体質説」では、体は基本的な特徴を全般的に遺伝で受け継ぐ秩序立った構造であり、病気に抵抗できる強い体質か、病気にかかりやすい弱い体質かのどちらかになるとされた。[10]医師らは体質を説明の中心に据えることで、生まれつきの体質的な不均衡を正す術《すべ》はほとんどないという、生理学的な原因仮説を練り上げた。

徐々に、ある種の病気は遺伝という概念と分かちがたく結びつくようになった。政治家で作家のホレス・ウォルポール（一七一七〜一七九七年）は、家族に見られた虚弱体質の影響と、自分の幼少時の苦労を回想し、こう述べている。「[わたしは、]今も見てのとおりとても体が弱く繊細で、四十歳を過ぎてから痛風になるまで体質性の病気はなかったものの、姉妹ふたりは肺病で亡くなったので、[11]わたしの世話（〝あの子は長生きできないだろう〟と誰かが言うのをよく耳にした）に母は没頭しすぎてしまい、憐れみと優しさは、ほどなく過剰な溺愛へと変わった[12]」医師らの考えでは、遺伝病は個人の体質に組み込まれていて、ウォルポールの家族に肺病と痛風の両方が現れたように、さまざまな形で現れるものだった（口絵の図Ⅶ参照）。サー・ジェームズ・クラークは、著書『肺病についての論文（A Treatise on Pulmonary Consumption）』（一八三五年）で、体質の重要性を明らかにした。「肺病について正確な知識を得るには、肺疾患にとどまらない調査を行う必要がある。肺病は二次疾患にすぎず、結節の増殖を促す必要条件である既存の体質性疾患の結果だからだ[13]」

遺伝病をめぐる議論において、体質と遺伝性疾患の関係は明白だが、複雑な理論が生まれた背景には、医師たちの事情があった[14]。ある種の治療の効きにくい病気――結核、精神錯乱や精神障害――に対して、医師はほとんど対処法を持たなかった。環境の影響やライフスタイルのせいにするだけでは、行動修正や環境条件の変更を実践しても、たいてい永続的な改善は得られず、そういう病気の容赦のなさは説明のしようがなかったのだ。慢性病と体質を絡み合わせれば、医師らは肺病のような病気の進行を止められない理由を説明できた。そして、こういう病気を体質的なものだと主張することで、それらを遺伝病と見なしがちにもなった[15]。

遺伝という解釈は、病気が家族全員の命を奪った場合や、数人しか発病しなかった場合でも説得力があった。受け継がれるのは病気自体ではなく、肺病になりやすい体質だったからだ。一七八二年に、医師のトマス・リードはこう論じた。「この病気は繊細で虚弱な体質の人々を襲うことが多く、そういう体質はある種の家族に特有のものであり、その場合は遺伝病と呼ぶことにも一理あるだろう」[16]肺病は、家族間に広がることで特に悪名高かった。たとえばブロンテ家では、不幸なことに、この病気で家族が次から次へと命を落とした（口絵の図Ⅷ参照）。長女マリアと次女エリザベスは、一八二五年に結核で亡くなった。続いて、ブランウェル（一八四八年）、エミリー（一八四八年）、アン（一八四九年）が、すべて肺病でこの世を去った。一八五五年に亡くなったシャーロットも、妊娠に伴う結核の合併症を起こしたと考えられている。[17]一八四九年一月に、

図2-2
虚弱体質の人には海水浴が勧められることが多かった。「海水浴」ジョージ・ウォーカー『ヨークシャーの服装』より（ロンドン：ロングマン、ハースト、リーズ、オーム、ブラウン、1813年）。

シャーロットはこう書いた。「九月以降、病気はこの家から立ち去ろうとしません。これまで何もなかったことが不思議なほどですが、今ではそのすべてが何年もかけて現れてきたのだろうと思います。わたしたちの誰も、健康な体を持つことには縁がなかったので、衰弱が徐々に忍び寄っていることに気づかず、それが病気の症状だとはわかりませんでした。軽い咳、食の細さ、あらゆる天候での風邪の引きやすさは、いつものことと考えてきました。今では別の見かたをしています」[18] 一八三六年、エミリー・ショアは、急速に進行する奔馬《ほんば》性肺結核に冒されたらしい一家族について次のように述べた。

海水浴をしていた女性たちが（中略）母に、三十六番地の家族についてちょっとしたうわさ話をしていた。どうやら一家のあいだでは、死がとても身近らしい。二十歳になったとたんに、死んでしまうのだという。わたしたちが見た葬儀用の馬車に乗せられていたのは四番めの子で、死ぬには若すぎるし、今度はもうひとりの娘の順番がやってきそうだとか――青白い顔をした、ふたりのうちの年上のほうらしい。家族が次々に死ぬ理由はわからなかったが、おそらく肺病だろう。とても急速に進む肺病に思えるけれど。[19]

このように、一家の複数のメンバーが肺病にかかったり、家族全員がこの病気で死亡したりする状況がよくあったので、北欧の大半の地域では、この病気は虚弱体質を受け継いだ結果だという仮説が支持されるようになった。[20] また体質説は、家族のひとりしか死亡しなかった状況でも都合のいい説明を与えてくれた。患者は虚弱体質を受け継いだ唯一の家族だったと主張できるからだ。十九世紀の医師も一般人も、肺病とは基本的に、個人が家族から受け継いだものとその人が置かれた環境の表れだという考えを受け入れていた。医師のJ・J・ファーニヴァルは、一八三五年にこう書いた。

現在では、「結核性体質が特異体質の発現と正比例する」ことと、結節の沈着が、遺伝的に病気にかかりやすく大事に育てられた人々や、結節の形成や局在化に直接つながる（中略）健康な神経支配からの逸脱を生じやすい人に起こることは、ほとんど疑いの余地がない。[21]

遺伝と体質、さらに有害な気候と生活環境という組み合わせは、接触伝染に代わる説得力のある説に思えた。医師らは、もし結核が接触伝染するなら、家にいる全員が病気にかかるはずだと主張した。たとえば、『肺病の性質、治療、および予防（On the Nature, Treatment and Prevention of Pulmonary Consumption）』には、こうあった。

脚の骨折がうつらないのと同じく、肺病はどんな感染症、どんな接触伝染病の病原体からもうつるものではない。とはいえ、同じアパートメントに住み、病気を引き起こし長患いをさせる同じ悪影響にさらされた同じ家族に属する人たちが次々と肺癆に襲われ、家族全員がその病気で死亡することは十分に起こりうる。これこそが、肺癆という病気の人から人への伝染性だけでなく、家族間の伝染を信じる説につながってきた。[22]

体質という概念と遺伝性という概念のイデオロギー上のつながりには、矛盾がないわけではなかった。肺病は家族間に広がる傾向があったが、そこになんらかの予測可能な一貫性はなかった。医師のトマス・バートレットは、一八五五年にこう説明した。「痛風や肺病もそうだが、病気は一、二世代のあいだ襲うのをやめたあと、後の世代にふたたび現れることがよくある」[23] この難題に対抗するため、遺伝的素因という概念が導入された。この概念は理論的な懸け橋となり、それに従えば、個人は実際の病気ではなく、病気にかかりやすい傾向や性質を受け継ぎ、その病気は相応の環境条件や刺激のもとでのみ罹患すると考えることができた。[24]

病気の多種多様な誘因の役割を説明するために、十八世紀後半から十九世紀初頭には、病気の素因が注目されるようになった。ほとんどの場合、素因という言葉は病気にかかりやすい傾向を表すのに使われたが、ときには身体に永久的な損傷を負ったあと、それが病気にかかりやすい傾向として受け継がれる状態を説明するのに使われることもあった。つまり素因は、病気にかかりやすい傾向をつくる急性の損傷と、病気にかかりやすい傾向そのものの両方を意味した。[25] 素因は遺伝する場合もあれば、人生の過程で獲得される場合もあるとされたことから、遺伝病という概念が、病気の体質説の副産物として現れた。痛風などのいくつかの病気では、素因はまず後天的に獲得されてから受け継がれると考えられた。ジョン・マリーの『肺病についての論文』は遺伝病の罹患における親の役割について述べ、こう論じている。「腺病や肺病、消化不良、痛風などにかかった親の子どもは、慢性の肺病に通じる外的な作用を受けやすい体質を持ってこの世に生まれてくるだろう。肺病が遺伝病だといえるのはこういう場合のみなので、肺病は文字どおり〝孫や曾孫にも降りかかる父親たちの罪〟なのだ[26]」

体質の違いは、死亡率や、個々の症例での病気の進行度合いにばらつきが見られる理由の説明になった。肺病の壊滅的な影響とばらつきのある死亡率が発端となって、「結核性体質」と、個人の先天的な罹患しやすさにつながる特質をとらえようとする研究が進められた。[27]体質に永続的な変化を起こすのは反復的な作用だけと考えられていたので、患者の体が慢性病に繰り返し襲われることによって、さまざまな遺伝上の問題が生じるとされた。一七九九年、医師のウィリアム・グラントは、罹患した個人の体質に大幅な変化が起こって初めて、病気は遺伝性になると論じた。同様に、十九世紀初頭、医師のホレーショ・プレーターはこう述べた。「遺伝性疾患と非遺伝性疾患の大きな違いは、前者が根底から永続的に構造を変えるのに対し（中略）後者はあらゆる部分を表面的に冒すことであるようだ[28]」こういう主張は、遺伝的素因をめぐる解決しづらい問題のひとつをあらわにしている――病気が体質に圧倒的な変化を起こしうる具体的な状況を、どう定義するかという問題だ。医師らのいつもの答えは、損傷を受ける期間の長さが重要であるという主張だった。十九世紀には、「素因」という言葉は、急性疾患ではなく、おもに慢性疾患のことを指すようになっていた。特に、喘息、痛風、がん、てんかん、精神障害、そしてもちろん肺病の患者に断続的に、あるいは段階的に影響を及ぼす病気だ。[29]

十八世紀後半に始まり十九世紀に入ってからも、慢性病の遺伝的な解釈はほとんど普遍的になり、医学論文や疾病分類学、教科書などで喧伝された。たとえば一八三四年、ジェームズ・クラークは、遺伝性と結核というテーマに対する感想をまとめ、遺伝するのは病気ではなく、体質的な傾向であると論じた。「肺病が遺伝性疾患であること、言い換えれば結核性体質が親から子へ伝わることは、否定できない事実だ。それどころか、病因論において屈指の確立された事項だとわたしは見なしている[30]」医師らは、慢性病が一度しっかり確立してしまうと、不治と同義の遺伝病を追い払うのは、不可能ではないにしてもきわめてむずかしいと考えていた。こういう病気は治しようがなかったので、治療よりも予防に焦点が向けられ、患者の望みは素因の確立から逃れることにかかっていた。

治療より緩和を

結核は慢性病として、素因と不治のセットで語られるようになった。したがって、《ランセット》の一八二七年の記事で「だが、肺病は治せるのか？」と問われたとき、答えは決まっていた。「いやはや、それは、解剖室を住みかとする男なら笑うべき質問だ（中略）ある程度まで進行している場合、治せる症例はないのだから[31]」素因を持つ人が肺病を予防することはほぼできないと、広く信じられていた。十九世紀の多くの医学研究者ができる忠告はせいぜい、病歴のない家族のもとに生まれなさい、ということぐらいだった。そのうえ、肺病罹患の起源とパターンは、個人の性別、人種、職業、地位、生活環境、あるいはこういう要素の任意の組み合わせによる作用だと考えられていた。一八〇八年の『肺病についての論文』にはこうあった。

もともとの構造から肺にひどい欠陥があるのではないかと想定するのは、決してばかげたことで

図2-3
痛風に苦しむ男（踊る青い悪魔の一団が病気を表している）。リチャード・ニュートン（ロンドン：W・ホランド、1795年）。

はない。そういう欠陥が形成不全という結果を招き、病気を引き起こすようにわたしには思える。粗悪な食事や過度な性交、天候の変動など、全身を衰弱させる条件は、他のあらゆる疾患と同様、肺病にかかりやすくさせることはなく、素因はそういう条件より優先するに違いない。[32]

素因の問題をさらに複雑にしたのは、十九世紀の医療従事者が、いったん肺病と確定すると治療への望みを捨てたことだった。これによって治療の選択肢が限られ、人々は不満を抱くようになった。いんちき療法は悩みの種で、不徳な連中は肺病によく効く薬があると称し、藁《わら》にもすがりたい患者はたいていなんでも試した。たとえばカッシン嬢は、肺病にかかることを恐れて、ジョン・セント・ジョン・ロングというにせ医者の治療を受けた。この男は、腐食剤で背中をこするなどの処置を施し、恐ろしいただれから感染症を起こさせた結果、一八三〇年十月にカッシン嬢を死亡させてしまった。セント・ジョン・ロングは裁判にかけられ故殺で有罪となったが、投獄は免れて、二百五十ポンドの罰金を科された。[33]

肺病の長期にわたる潜伏期と漠然とした症状は、病気の最終段階まで誤診を招くことが多かった。病気がはっきり現れるころには、患者は医師がなんらかの手を施せる段階を過ぎていた。肺病で娘を亡くしたばかりの父親への悔やみ状で、書き手はこの病のむずかしさについて述べている。

お手紙を受け取る日まで、あなたがたいへんなご不幸に見舞われたことをまったく存じませんでした（中略）しかも、それほどの危険があったということも察しておりませんでした。医師団はしくじったとはいえ、肺がひどく冒された病気の場合、医療の手助けはほとんど役に立たないのだろうと存じます。[34]

良薬と称するものが効いたり、良好な結果が出たりした症例は、単に肺病と誤診された別の治せる病気だったというのが通説だ。

無限に思えるほど多様な症状があるせいで、肺病にはおびただしい数の用語と病気の型がつくられた。この病気は〝ギャロップする〟ことがある（急速に進行する肺病の型）。あるいは、ウィリアム・ブラックが言ったように、「一、三カ月で患者を骨と皮だけの姿へとギャロップさせる」[35]。しかし、たいていはゆっくり進行し、初期段階には一

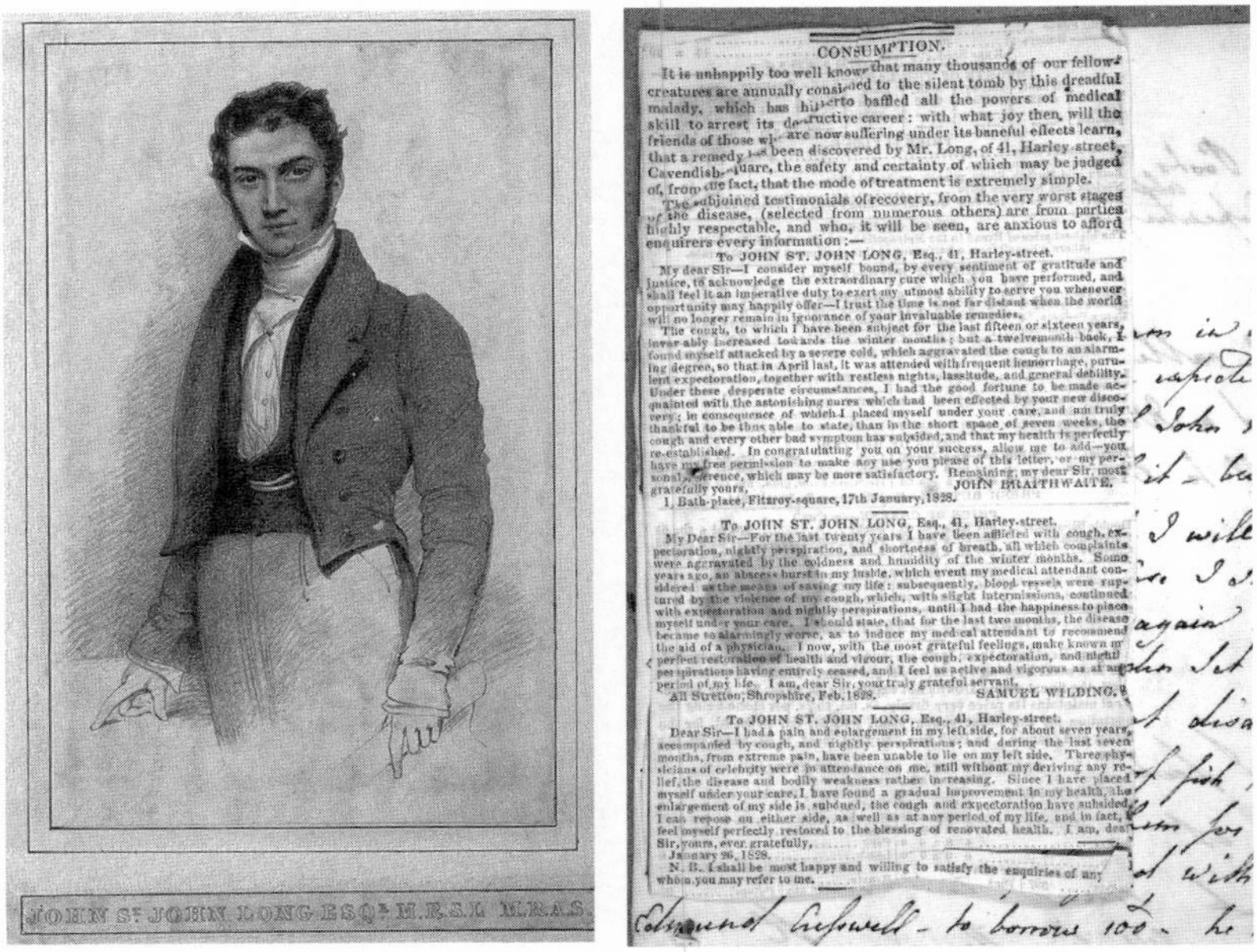

CONSUMPTION.

It is unhappily too well known that many thousands of our fellow-creatures are annually consigned to the silent tomb by this dreadful malady, which has hitherto baffled all the powers of medical skill to arrest its destructive career: with what joy then, will the friends of those who are now suffering under its baneful effects learn, that a remedy has been discovered by Mr. Long, of 41, Harley-street, Cavendish-square, the safety and certainty of which may be judged of, from the fact, that the mode of treatment is extremely simple.

The subjoined testimonials of recovery, from the very worst stages of the disease, (selected from numerous others) are from parties highly respectable, and who, it will be seen, are anxious to afford enquirers every information:—

To JOHN ST. JOHN LONG, Esq., 41, Harley-street.

My dear Sir—I consider myself bound, by every sentiment of gratitude and justice, to acknowledge the extraordinary cure which you have performed, and shall feel it an imperative duty to exert my utmost ability to serve you whenever opportunity may happily offer—I trust the time is not far distant when the world will no longer remain in ignorance of your invaluable remedies.

The cough, to which I have been subject for the last fifteen or sixteen years, invariably increased towards the winter months; but a twelvemonth back, I found myself attacked by a severe cold, which aggravated the cough to an alarming degree, so that in April last, it was attended with frequent hemorrhage, purulent expectoration, together with restless nights, lassitude, and general debility. Under these desperate circumstances, I had the good fortune to be made acquainted with the astonishing cures which had been effected by your new discovery; in consequence of which I placed myself under your care, and am truly thankful to be thus able to state, that in the short space of seven weeks, the cough and every other bad symptom has subsided, and that my health is perfectly re-established. In congratulating you on your success, allow me to add—you have my free permission to make any use you please of this letter, or my personal reference, which may be more satisfactory. Remaining, my dear Sir, most gratefully yours,

JOHN BRAITHWAITE.

1, Bath-place, Fitzroy-square, 17th January, 1828.

To JOHN ST. JOHN LONG, Esq., 41, Harley-street.

My Dear Sir—For the last twenty years I have been afflicted with cough, expectoration, nightly perspiration, and shortness of breath, all which complaints were aggravated by the coldness and humidity of the winter months. Some years ago, an abscess burst in my inside, which event my medical attendant considered as the means of saving my life: subsequently, blood vessels were ruptured by the violence of my cough, which, with slight intermissions, continued with expectoration and nightly perspirations, until I had the happiness to place myself under your care. I should state, that for the last two months, the disease became so alarmingly worse, as to induce my medical attendant to recommend the aid of a physician. I now, with the most grateful feelings, make known my perfect restoration of health and vigour, the cough, expectoration, and nightly perspirations having entirely ceased, and I feel as active and vigorous as at any period of my life. I am, dear Sir, your truly grateful servant,

SAMUEL WILDING.

All Stretton, Shropshire, Feb. 1828.

To JOHN ST. JOHN LONG, Esq., 41, Harley-street.

Dear Sir—I had a pain and enlargement in my left side, for about seven years, accompanied by cough, and nightly perspirations; and during the last seven months, from extreme pain, have been unable to lie on my left side. Three physicians of celebrity were in attendance on me, still without my deriving any relief, the disease and bodily weakness rather increasing. Since I have placed myself under your care, I have found a gradual improvement in my health, the enlargement of my side is subdued, the cough and expectoration have subsided, I can repose on either side, as well as at any period of my life, and in fact, I feel myself perfectly restored to the blessing of renovated health. I am, dear Sir, yours, ever gratefully,

January 26, 1828.

N. B. I shall be most happy and willing to satisfy the enquiries of any whom you may refer to me.

図2-4
ジョン・セント・ジョン・ロングの肖像画（リトグラフ）と、ある肺病患者がセント・ジョン・ロングの療法の広告を添えて「注目に値すると思います」と書いた手紙（1828年）。

見取るに足りない、もしくは不明確な症状が現れるだけだった。最もよくある最初の兆候は慢性の咳で、血色の悪さを伴うことが多かった。病気が進行するにつれ、患者は食欲と体重を落としていった。それ以外の指標に、持続性の微熱と寝汗があった。さらに病気が進行すると、患者はたいていいくつか組み合わさった症状を示した。たとえば、低く響く咳、ゼイゼイという呼吸、息切れ、脇腹の痛み、頬の「消耗性紅潮」を生じる軽度の間欠性の「消耗熱」などだ。進行期になると、肺病はしだいにあらわになり、患者は衰弱の兆候を示した。目はうつろになり、落ちくぼんで大きく見え、頬骨は突き出てくる。肩は上がり、鎖骨は張り出し、背中に翼があるかのような特徴的な見た目になる。また肺病患者は、寝汗や体力喪失、衰弱、頻繁な鋭い胸の痛み、脇腹の激痛、頻脈、便秘などにも苦しんだ。

病気は患者の骨格にも現れ、やつれた顔つきや突き出た骨を目立たせた。後期になると、「消耗熱」が激しくなり、夜間には発熱の回数がいっそう増えた。ますます虚弱になっていく体は絶えず激しい咳の発作に襲われ、患者の肺が壊れつつあることを示す。喀血（血や壊死した組織片の喀出）が現れると、その状況はさらにはっきりする。病気が進行すると、咳はひっきりなしになり、嘔吐を伴った。患者の声はしわがれ、歯は白くなり、静脈が目立ってきて、胸の痛みは増し、呼吸はさらに苦しげになって、膿状物質の喀出も増え、それらはようやく患者の死で終わりを迎えるのだった。

正しく診断されたとしても、医師の大多数と一般の人々は、肺病を回復の望みがない病気と見なしていた。一八四〇年、医師のジョージ・ボディントンは、医師たちが肺病と向き合ったときに味わう無力感と失望をこう表現した。「この病気の治療では、改善に向けてまだほとんど何も成し遂げられてはいなかった。なにしろ肺病患者はこれまでと同じく途方に暮れていて、ほとんどの医者に救いよ

図 2-5
喪服をまとったセント・ジョン・ロングが、「にせ医者《クワック》！」と鳴くアヒルと、患者を死なせた医療ミス事件を宣伝するプラカードに囲まれている。「ハーリー通りの予言者」シャープシューター（？）作のカラーエッチング（ロンドン：G・ハンフリー、1830 年）。

うのない絶望的な患者と見なされ、治療はたいてい破滅的な惨事をかろうじて遅らせるような非効率な計画に基づいて行われるのだ」[36]治らないという不安と相まって、まともな肺病治療の選択肢の少なさに対する不満が広まった。経済誌の《マガジン・オブ・ドメスティック・エコノミー》（一八四〇年）にまで最新の治療法についての議論が載っていて、そこには病気が患者とその家族にもたらす無力感がうかがえる。「多くのいかがわしい薬が折に触れて世間にばらまかれ、この不治の病に効くと称する治療法が宣伝されたものの、最も尊敬すべき学者たちは、医療が施せるどんな治療法への希望もずっと前に捨ててしまった」[37]このきびしい見通しは予防の重要性を高めたが、一方でさまざまな治療法がさらに増え続けた。努力をせずに、ただ病気を進行させておく医者はいないからだ。

とはいえ診断と見通しが不確かなせいで、医師も患者もとれる手段が限られていた。結果として、実践に頼る治療法が開発されることになった。肺病の療法は、経験則から古い時代にさかのぼって、当時の慣習や処置に基づくものが多かった。最も長い歴史を持つ療法は乗馬で、医師のトマス・シデ

図2-6
「奔馬性（ギャロッピング）結核」の風刺画。

ナム（一六二四〜一六八九年）が普及させ、彼の死後も長いあいだ標準治療であり続けた。シデナムの主張によると、軽い乗馬は、外気に触れながら、全身を酷使することなく虚弱体質を改善するという二重の利点によって、肺病患者に適度な刺激を与える運動だった。[38] 乗馬は十九世紀になっても、結核を治療するひとつの方法として残っていた。

十八世紀のシデナムの後継者たちはさらに別の運動療法を提案し、運動の優れた効果を奨励した。たとえば一七八七年、スコットランドの医師ジェームズ・カーマイケル・スマイスは、ブランコ漕ぎの効果を大いに宣伝し、完全に「どの筋肉運動からも独立した」運動機構だと主張した。[39] スマイスにとって、ブランコ漕ぎは、船酔いなどのひどい副作用なしに、船旅のよい効果を得られる手軽な方法でもあった**（口絵の図Ⅸ参照）**。船旅の効果は一般に受け入れられていたが、他のほとんどの療法と同じく、その効果とは何かについて一致した意見がないことはスマイス自身も認めるところだった。スマイスの推測では、船旅で得られる動きには「咳の作用を除去する、あるいは少なくとも一時的に止めるうえで即効性があり」、ブランコを漕げばまさにその動きが再現される。[40] 確かに、船旅は肺病の影響を和らげるのに有効だという説があった。一八三八年、ある若い女性は健康の回復を願って船でスペインへ向かう途中、こう書いた。「ずっと船酔いもせず、船上の生活をすっかり楽しんでいる。咳はほとんど止まっているし、イングランドにいたときのように熱や動悸で目が覚めることもない。きっとマデイラに着くころには、病人とはいえないほどになっているでしょう[41]」

肺病の治療は一般に、病気の容赦ない進行を遅らせるのに役立つライフスタイルや気候を勧めることに限られていた。最も長く受け継がれてきた療法のひとつが、患者を温暖な気候の土地に移動させることだった。たいていは、暖かく日当たりのよい環境で暮らすようにという指示が添えられた。そういう場所には、放っておけば死につながる肺の破壊を遅らせる力があると考えられていたからだ。[42] 国王ジョージ三世の手紙には、当時の希望が映し出されている。「首席判事殿は、健康のため転地を要するご長女とともにリスボンへ赴くとの由。（中略）船旅とリスボンの穏やかなる陽気がご令嬢の益とならんことを余がいかに切に願うかを、大法官殿から首席判事殿にお伝えいただきたい」[43] 一八一八年、医師のジョン・アームストロングは、温暖な気候を求めての転地と組み合わせた船旅の利点について述べた。「肺病が疑われる、あるいは実際に初期症状がある人にしてやれる最良のことは、温暖な気候の土地へすぐさま送り出してやることだ。そして目的地への旅は、短いより長いほうがよいだろう。船で海を渡るのは、多くの理由でとても役に立つ」[44] そういう肺病患者のひとりだったエマ・ウィルソンは、自分の病気とイタリアへの旅を記録にとどめている。

時が過ぎても体調に改善は見られず、日に日に弱って、ありとあらゆる悪い症状が減るどころか増えている。高名なスチュアート先生がローマに到着なさった（中略）肺病患者の体力増進システムを発明なさったかただ（中略）先生は、わたしの病状がたいへん重いとお考えで、体力増進システムに従えばすぐによくなると期待されているけれど、薬をいくつ飲んだかを詳しく書いて日記を埋めるわけにはいかない。[45]

陽光が降り注ぐ乾燥した温暖な地域の人気は衰えず、過ごしやすい気候を求めての転地は結核の治療法にとって不可欠な要素であり続けた。

十九世紀に最も影響力のあった転地支持者のひとりは、ジェームズ・クラーク医師だった。クラークは一八一八年、ある重度の肺病患者を連れて治療のためフランス南部へ行き、大陸への旅行で執筆意欲をかき立てられて、一八二〇年にはフランス、スイス、イタリアの医療機関、気候、流行している病気について比較調査を実施した。その後十年のうちに調査を広げ、慢性病の治療と予防について、さらには慢性病における気候の役割についての助言を加えた。[46] クラークはローマで診療所を開いて成功を収め、症状の緩和を求める裕福な英国人の男女（詩人のジョン・キーツを含む）を治療した。

クラークの意義深く評判の高かった著書『肺病についての論文』は、予防に焦点を当てていた。クラークは、肺病の既知の情報すべてを体系化しただけでなく、一般大衆が入手できるようにした初めての人物だった。その研究は、一八三七年にヴィクトリア女王の主治医に任命されるうえで有利に働いた。[47]

一八四一年、クラークは『気候の治癒的な影響（The Sanative Influence of Climate）』を出版した。著書は、肺病患者に旅行をするよう明確な指示を出し、ニースとローマ、マデイラとピサを比べた気象条件の相対的な利点の区別までしていた。[48] 多くの医学研究者は、国によって病気のパターンに違いが見られる理由を説明するために、気候を利用した。異なる地域での肺病の性質を比較した医学論文があふれ返り、人種による病気の影響の違いを評価した論文も同様だった。説明のため、〝気候〟の意味は拡大されて、その気候の変動が果たす役割までが含められた。この変動性は、イングランドに肺病が蔓延する最大の理由のひとつと考えられるようになった。

また、肺病のいくつかの症状を標的にした薬や強壮剤も、ますます増えていた。結核の根絶ではなく、症状を緩和する治療法に焦点が当てられたのは、後期になってから診断が下るせいもあった。その時点で治癒は不可能と考えられていたので、症状の軽減が第一と見なされたのだ。[49]新たな治療が普及するかどうかは、患者の苦痛を和らげる力がどの程度なのかにかかっていた。多くの人は、「望みのない病気の場合、古い手段が役に立たないのなら、新しい手段に頼ることが理にかなっている」と考えた。[50]こういう新しい治療法のいくつかが、実証済みの方法と並べて語られることもめずらしくなかった。一八三二年、《ランセット》で発表された臨床講義では、ある医師が結核の症状を治療する試みが描写されている。

> 九年ほど前、ふたりの子どもを持つ若い既婚女性が、咳や粘液膿性痰の喀出など、慢性の肺病を示すあらゆる症状で診察を受けに来た。ときおり少量の血を吐き、寝汗と液化下痢の症状もあった。わたしは、脈拍に異常がないかぎりは、動物性食品と多少の発酵酒、戸外での軽い運動で体力を養い、部屋の換気を行うように指示した。下痢止めとして、カテキュー、ロングウッド、ときにはアヘン剤を処方した。たまに半ダースのヒルや発泡薬（皮膚に貼って水泡を生じさせ、その刺激で治療するための薬）を適用し、急性炎症が見られたときには二、三日ジギタリスを投与した。ときには樹皮と炭酸ソーダ、ときには汗を抑えるため、希硫酸を加えたキニーネを与えることもあった。[51]

この記述は、受動的であれ能動的であれ、肺病に対して用いられた無数にある治療の組み合わせの一例にすぎない。食事の管理、患者の環境改善、安静の指示、喀血を緩和する試みとして砕いた氷を吸わせることなどはすべて、さまざまな薬剤の適用を含めた積極的な治療とともに追究された方法だった。ラバの乳は肺病患者の食事の定番であり、あるとき医師のトマス・ヤングは、治療として特定の一日に半ポンドの羊脂を処方した。[52] アヘン剤も、末期のやまない咳や痛みを鎮めるためによく使われ、瀉血《しゃけつ》の人気は衰えていたが、吸角法[53]やヒルの使用は続けられていた**（口絵の図Xおよび図XI参照）**。多様な症状の治療に使われた化学薬品や治療法には、塩化第一水銀、ヨウ素、タラ肝油[54]、キニーネ、サリチル酸、ジギタリス、酢酸鉛、さまざまな吐剤、硝酸カリウム、硫酸アンチモン、

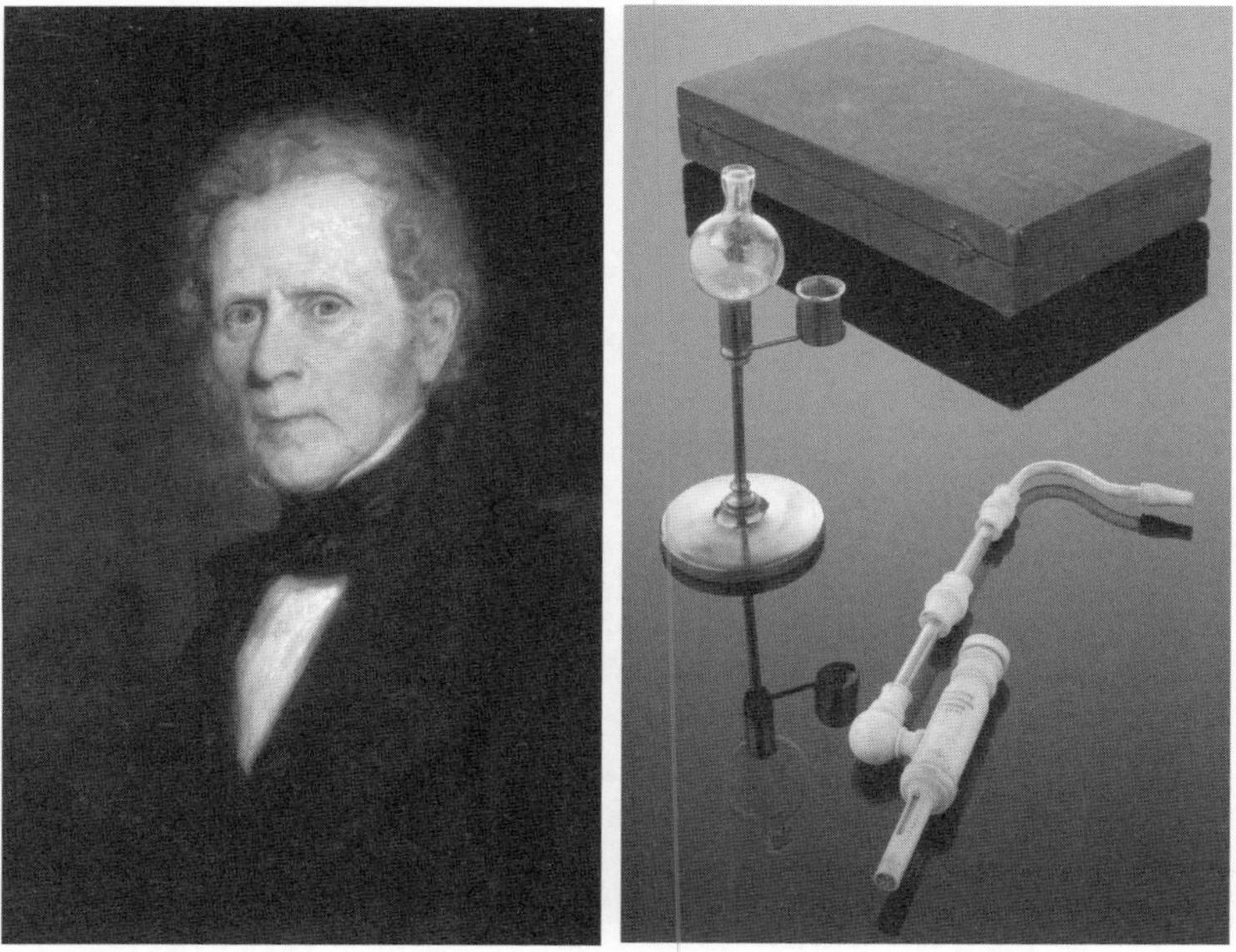

図2-7
サー・アレクサンダー・クライトンとヨウ素吸入器。**（左）** サー・アレクサンダー・クライトン。**（右）** 結核治療用のフランス製ヨウ素吸入器、製作者不明、1830～1870年ごろ。

ホウ酸、クレオソートなどもあった。[55]

十九世紀には、売薬の数が着実に増え、各種の抗肺病薬が庶民にも入手できるようになった。一方で、医療従事者は病理の基本単位である結節に対処しようと、さまざまな吸入療法を開発した。いろいろな種類のバルサム（香油の一種）、収斂剤《しゅうれんざい》、樹脂の吸入療法があった。一八二三年、スコットランドの医師サー・アレクサンダー・クライトンは、結核の治療にタールを吸入する効果についてこう論じた。「近年、わたしが数人の同業者とともに肺病の治癒にいだいている期待は完全に経験に基づいたもので、とりわけタール蒸気と気温の効果には注目している」[56]一八三〇年代には、特にヨウ素蒸気の吸入が人気になり、のちには石炭酸やクレオソート、硫化水素が吸入剤として受け入れられるようになった。[57]治療法はたくさんあったものの、肺病は「今日のわれわれの知識では征服できず、概して死亡に至る（中略）病気」であるという点で意見が一致していた。[58]

医学的な解決策がないなか、社会的な解決策が生み出され、予防に注目が集まるようになった。しかしそれもまた、期待されていたほど単純明快ではなかった。結核の環境的原因と遺伝的原因のあいだに明確な区別はなく、解釈は錯綜したままだった。一般に、遺伝的な罹患しやすさがなんらかの誘因で悪化し、急性または持続性の病気を起こしてさらに虚弱になると、いっそう重い病気にかかりやすくなるのだと考えられていた。[61]遺伝的な体質、個人の生理的な健康状態、環境の質、そしてライフスタイルによるさまざまな重圧は、結核の実用的知識の重要なテーマであり続けた。

第3章 興奮が招く肺病——病気の原因と文化

一八五五年、トマス・バートレットはこう述べた。「肺病は人を選ばない病気である。貴賤の別なく狙いを定め、その攻撃を免れうる社会的地位はない。どの階級も性別も特別扱いはされず、年齢による免疫性はなく、誰もが（中略）この恐ろしい病気の襲撃にさらされるのだ」[1] 肺病は至るところに存在したが、人々をまとめる力としては働かず、むしろおびただしい数の論議の対象となって、認識上の分類を促し、患者は健康な人とは〝別の人間〟とされた。健康な人と病気の人を正反対に描写することは二分法を通り越し、そこには患者のコミュニティー内での階級や性別による差別化もあった。クラーク・ローラーと医学史研究者の鈴木晃仁はこう論じた。「十八世紀が過ぎていくにつれ、肺病は個人の感受性、才能、全般的な個人の非凡さの印となった。文学や芸術における誇張されたその描写は、人々が認識する自己の文化的価値を反映し、ある程度強化もした[2]」

個人の環境——ステータスシンボル

十九世紀には、肺病の論議は、一見無関係に思えるまったく別のふたつの観点から展開されていった。そこでは裕福な階級の患者が賛美される一方で、貧困層の患者は汚名を着せられた。この病気の治療法は患者の社会的地位によって変わり、患者の個性や特徴に応じて、多くの面で異なるものとして扱われた。結核は社会的地位といくぶんか結びついているという理解が、個人の生活様式、ひいては環境を判断するうえでの鍵だった。労働者階級に結核が蔓延しているのは悪い環境のせいだという説明が、一般的になった。そしてそれが、貧困層の病気に対する否定的な見かたを生んだ。下層社会の人たちは、社会改革者や医学研究者によって、犠牲者ではなく、自ら死を招く者として描写された。それに対して富裕層では、肺病はおもに遺伝的な欠陥がなんらかの誘因によって悪化した結果と見なされた。つまり裕福な患者は、病気を引き起こした状況を自分ではどうすることもできないということだった。下層階級のあいだでは、結核性体質になるのは、空気の質の悪さや酒の飲みすぎ、物質的な欠乏など、すべて自らの生活環境のせいだと見なされた。肺病が都市で目立ってきたことから、おもに都会の病気と解釈されていたことを考えれば、当然の流れとして、大都市での不健康な生活が肺病の罹患率を高めているとされた。[3]

人々が仕事を求めて田舎から大きな町や都市へ移動したときに向き合わされる生活や労働の条件は、病気が猛威をふるうのに最適な環境をつくり出していた。これに基づいて、ドイツの社会思想家フリードリヒ・エンゲルスは、肺病が頻発する原因は生活と労働の状況にあると論じた。

ロンドン、特に労働者階級が住む地区の空気の悪さが肺病の発生を最大限に助長していることは、

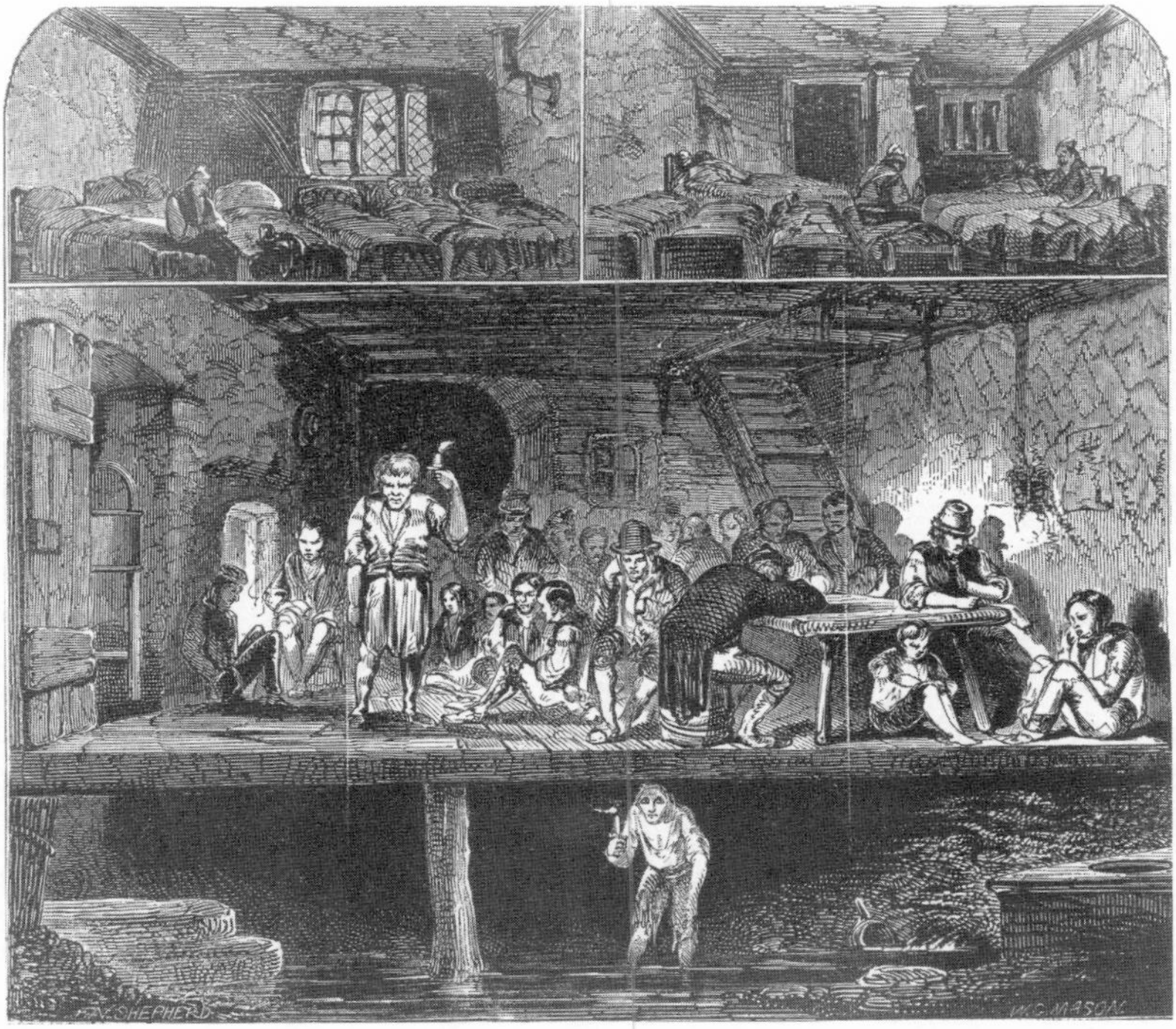

図3-1
「フィールド・レーンの下宿屋」ヘクター・ギャヴィン『公衆衛生をめぐるとりとめのない考察』(ロンドン：チャーチル、1848年)。

消耗熱で頬を紅潮させた大勢の人を見ればよくわかる。群衆が仕事へ向かう早朝に通りを少し歩き回れば、すっかり肺病に冒された、あるいは半分冒されたように見える人の多さに驚くだろう。マンチェスターでさえ、人々の様子はそこまでひどくはない。一歩進むごとに、あの青白い、痩せ細った、胸の薄い、うつろな目をした幽霊たちとすれ違う。元気な表情をちらりとも浮かべられない、あのものうげなたるんだ顔をこれほどたくさん見たのは、ロンドンだけだ。もっとも、北部の工場都市でも、毎年多くの人々が肺病で命を落としているが。[4]

労働者たちは不適切な住宅、不十分な食料、つらい肉体労働に向き合わされていた。さらに、仕事場でのひどく密集した環境、非衛生的な生活環境、身体的な苦労や物質的困窮が重なった状況で、結核や他の恐ろしい病気の急速な発生と蔓延を導く完璧な舞台ができ上がっていた。

さまざまな病気が発生した原因は、都会生活の密集にあった。貧民街は堕落の地として描かれた――医師たちが結核の予防や治療に役立つと宣伝する広々とした空間や新鮮な空気、降り注ぐ陽光とは正反対の場所。《ブラックウッズ・エディンバラ・マガジン》は、一八三九年、健康に対する環境の重要性を取り上げた。

混雑した都市で人間の生存にとって最も重要なのは、きれいな水、きれいな空気、徹底した排水、徹底した換気（中略）［そして］近くに運動できる施設があることだ。このように、すべての都市には公共の肺臓、つまり人々が呼吸するための道具がある。吸い込む空気が人間にとって重要なように、それは一般市民にとって重要なものだ。[5]

この記事は、病気に直接関連する物理的な原因に注目していた。水、空気、公衆衛生、換気、運動、すべては結核研究で幾度となく強調されてきたことだった。肺病は、栄養失調、よごれた空気、精神的苦痛などを含むいくつもの内的あるいは外的要因によって起こると考えられた。そのすべてが素因を誘発する可能性があった。[6]これらの条件は、労働者階級での結核の蔓延を合理的に解釈しようとする研究者を満足させたようだが、彼らは特権階級のあいだでも致死的な肺病が同時発生していることについてはほとんど説明しなかった。医師で著述家のトマス・ベドーズは、上流社会への病気の影響について次のように述べた。

おそらく、この病気に冒されている豊かな暮らし向きの英国人家族の数を推定することは可能だろう。議会の両院の議員で、父、母、兄弟、姉妹、あるいは子どもを肺病で失った人の数は、さほど苦労せず確認できると思う。現在の比率は、おそらく紳士階級全般の数字にかなり近く、それぞれの習慣や体質は、豊かさの違いにそれほど影響されてはいない。[7]

上流階級の人々が肺病にかかるのは、体内の損傷と不活発な生活が原因とされた。[8]ロバート・ハルは、選択肢のない不遇な人々をまねているように見える裕福な人々をこう諭した。

なぜなんの枷《かせ》もない富める者が、貧しい者の宿命をまねなければならないのか？　なぜ排水設備のない家や土地から逃げる手段を天に与えられた親たちが、混雑した都市の不潔な環境で暮らさなくてはならないのか？　ごみごみした通りや路地で？　なぜ財布ひとつで意のままにできるたっぷりとした滋養物を禁じなくてはならないのか？　腺病や、腺病の一種である肺病が貧乏人のあいだで猛威をふるっていることには誰もが同意している。つまり、貧しい者と富める者とで異なるその環境に原因がある。それはどんなものか？　主としてよごれた空気、乏しい食料、排泄物の放置だ。ところが、富める者は肺病患者を窒素の充満した部屋に閉じ込め、まるで衰弱が活動性炎症であるかのようにひっそり過ごさせ、まるで中の内臓と外の環境を頼みとする肺がその両方から完全に切り離されているかのように、腹部器官とその最も力強い分泌作用のことを忘れてしまっている。[9]

肺病についての著作物では、上流階級の女性は、社会的制約のせいで、男性よりも肺病にかかりやすいという描写が極端に多かった。つまり、不活発なライフスタイルという美徳によって肺病になるというのだ。ベドーズによれば、「裕福な家庭で、女性のほうがずっと肺病にかかりやすいのは、ほぼ間違いなく女性たちの怠惰な生活が原因だろう」[10]。ベドーズは、不活発な生活が健康を損なう力のほうが、細かい粒子状物質で汚染された空気の力より上だとまで言った。[11]また、富裕層のぜいたくなライフスタイルを象徴する放蕩も、肺病の大きな原因とされた。[12]一八三二年、外科医で職業医学のパイオニアであるチャールズ・ターナー・サクラーはこう論じた。「上流階級の人々の趣味と習慣から生まれたような職業生活が体に及ぼす影響は、医師にはあまりにもなじみ深く、直接の診察が必要な

図3-2
踊る女性に死神が矢を向けている。J・グリーダー作のアクアチント、1800年代。

いほどだ。しかし、どうでもよいというわけではない。実のところ、社会のひどくまがい物じみた状態の弊害は、下層階級よりも上流階級ではっきりと目立つのだ[13]」貧困とそれに伴うライフスタイルは結核を招く可能性があるが、富裕層の怠惰で不活発なライフスタイルも、特に女性のあいだで肺病が生じる原因のひとつとして吹聴されるようになった。

過度なダンスや、その逆の運動不足を含むファッションへの熱意とおしゃれな生活は、すべて結核の原因と見なされた。たとえば十九世紀前半には、ワルツがはやるにつれて、多くの医師や社会評論家は、その動きが致命的な肺病を誘発すると主張した。一八一四年、作家のヘスター・リンチ・ピオッツィは、社交クラブ〈ホワイツ〉で舞踏会が催されたときの、ある令嬢の選択についてコメントした[14]。「リデル嬢は入場券を差し出されたが、あまり体調がよくなかったので断った。ベイリー医師[15]はリデル嬢を称賛し、彼女より具合の悪い五十人の女性は何があろうと参加するだろうし、そういう娯楽に熱狂したせいでそのうち四十人は死亡するだろうと言った[16]」『病人のための手引（The Manual for Invalids）』（一八二九年）は、ダンスを「人を惑わせる娯楽」と呼び、その運動の激しさと長さのせいで「きわめて害を及ぼしやすい」とした。著者はこう述べた。「実際、最も致命的な病である肺病の始まりは、きわめて明確に舞踏室からの帰宅までさかのぼれることを、わたしは何度も確認してきた[17]」激しい運動と結核を関連づける考えかたは、十九世紀半ばになっても続いた。一八四五年、《メディカル・タイムズ》は、ダンスと肺病の関連をはっきりと示し、こう述べた。「患者は（中略）ダンスによる激しい運動の結果、咳、胸の痛み、喀血に繰り返し襲われていた[18]」こうして、病気の予防と自衛には、ますます私的な環境と個人の行動に基礎が置かれるようになった。

肺病の曖昧な原因

環境やライフスタイルのようにはっきりわかる原因だけではない。遺伝的に罹患しやすい人にとって同じくらい命取りと考えられた結核の原因があった。しかしそれは曖昧でとらえどころのないものだった。というのも、肺病が社会的弱者に猛威をふるっていたことから、今度は精神的・感情的な要因など、病気を引き起こしうる他の要因の探究をせざるをえなくなったのだ。しだいに上流社会のあいだでは、こういう曖昧で感情的な原因が、結核の解釈の中心となっていった。

心と個性とその人の病気とのあいだに密接な関係があることは古代から認識されていたが、その関係は体液《ユーモア》という用語と、それが個人の精神や魂とどう作用し合うかで表されていた。悲しみや過度の喜びなど刺激的な感情は、病気を誘発すると考えられた。十八世紀までには、体へのもっと物理学的なアプローチが四体液説（古代ギリシャで唱えられた、「血液、粘液、黄胆汁、黒胆汁」の四種類を人間の基本体液とする説）に取って代わったが、病気とは身体的、精神的、あるいは感情的ストレスによる混乱の産物であるという考えかたは残った。[19]精神と肉体間の作用の統合という概念は、病理解剖学的アプローチが始まっても、失われなかった。それどころか、具体的な身体構造、とりわけ神経に病気を見つけようとする固体重視の考えかたは、肉体と魂のあいだのコミュニケーションに適用された。四体液説は固体と液体の作用に場所を譲ったが、肉体と魂が出会い、相互に作用して通じ合うありかたには、まだ情熱が注がれていた。

医学研究者たちは、健康を害する感情と精神作用の影響を調べることで、心と体の関係を詳細にわたって解明しようとした。[20] ラエンネックは、さまざまな「偶因」（ものごとの根本の原因ではなく、その発生の機会となる原因）が肺病において果たす役割に取り組んだ多くの研究者のひとりで、たとえば「悲しみの情熱」など心因性の要因が肺病に果たす役割を分類し、深く長く持続的な憂うつの破壊的な性質について論じた。[21] 遺伝主義者たちも、病気を説明する際、「悲しみに満ちた情熱」という要因に頼り、結核は患者の性質の付属物であるという考えを強化した。[22] ラエンネックは悲しみの情熱を、都市環境で病気が蔓延している理由として説明し続けた。都市では人々が多様な生活を追求して互いに深く関わり、そういう環境が失望や悲しみ、節度のないふるまい、不正行為、不品行をもたらす機会を大きく広げ、そのすべてが激しい諍《いさか》い、後悔、そして肺病を招く可能性があるというのだった。[23]

神経性の結核

十八世紀には、病気全般、特に結核は、神経系の働きと結びつけられるようになってきた。[24] 神経には生まれつき感受性が備わっていると考えられていて、〝神経質な〟人は、感受性の高さとそれに関連する心的力動のせいで肺病を発症し、衰弱する可能性があるとされた。神経系と〝感受性の高い体〟に起因するという新しい仮説は、十八世紀後半には多くの高名な医師や哲学者に急速に受け入れられ、彼らは病気の解釈として神経系の重要性をことさら強調した[25]（**口絵の図XII参照**）。たとえば、スイスの解剖学者アルブレヒト・フォン・ハラーは、神経の働きについて大規模な調査を行い、神経線維には「感受性」として知られる固有の特性が備わっていると主張した。ハラーにとって、「感受性」とは外部刺激を認識して反応する神経の能力だった。筋肉や皮膚など、神経が豊富にある組織にも、高い度合いの感受性があるとした。ハラーは神経と筋肉両方の「反応性の高い」特質、つまり外部刺激に反応する能力を、「過敏性」として分類した。

その後スコットランドの解剖学者ウィリアム・カレンの研究が、イングランドにおける病気の社会心理学的な解釈の隆盛に貢献し、病気を解釈するうえで神経系を重視する大規模な活動の一端となった。[26] カレンは生命を神経作用の結果と解釈し、病気を生じる神経系の役割を強調した。そして神経系の機能を生命の源として祭り上げ、過敏性と感受性を人の最も重要な資質と見なした。感受性は感覚を受け止めるだけでなく、体の意志を伝達する神経系の能力であり、過敏性は筋肉に備わった「神経の力」の一種だというのがカレンの主張だった。これらの資質の度合いには個人差があった。実のところ、過敏性は個人の強さとは反比例して現れた。たとえば、虚弱な人は高い過敏性を持つ一方で、丈夫な人は過敏性が低く、鈍い傾向がある。健康は、神経系の感受性と筋肉の過敏性のバランスによって得られる。均衡が崩れて、これらの資質のどちらかが不足したり過剰になったりすると、確実に病気が現れる。[27] カレンはこの考えを広げて、体の適切な機能には神経系が最も重要なので、すべての病気には神経成分があると論じた。つまり、神経症はただの精神障害ではなく、神経系の機能の変調が原因で起こるあらゆる病気、特に強い感情や興奮の結果として発生する病気のどれであってもおかしくなかった。[28]

一時期カレンの門下生で、のちに痛烈な批判者となったジョン・ブラウン（一七三五〜一七八八年）は、神経生理学への関心を違う方向へ導いた。生命は「興奮性」に基づいていると主張し、病気はこの特質が過多あるいは過少なときに発生するとした。[29] つまりブラウンにとって、病気とは興奮の反応が乱された結果であり、この攪乱《かくらん》の経過によって、発症する病気の種類が決まるのだった。[30] 彼の理論体系では、基本的な病気は二種類しかなかった。身体の興奮過剰は「亢進《こうしん》性」の疾患（リウマチ、粟粒熱《ぞくりゅうねつ》、麻疹など）を引き起こし、興奮不足は「無力性」の疾患（発疹チフス、コレラ、痛風、浮腫《ふしゅ》など）につながるとした。[31]

病気の大部分は、生来の無力性、つまり虚弱のせいだと考えられた。さらに、亢進性の病気の特徴である過剰な興奮はやがて枯渇して、最後には無力症、つまり「間接的な虚弱」の病気につながる可能性があるとされた。このブラウニズムと呼ばれる理論は、病気を病態生理学過程の全般的な混乱の結果と見なして、健康からの逸脱は質的な問題ではなく量的な問題であると主張した。[32] 神経系を重視することには、生物学を超えた意味合いがあった。それが「感受性の崇拝」を発展させたからだ。感受性は上流・中流階級の人々によって、より洗練された種類の苦痛の源とされ、中流階級が自らを下

図3-3
J・トムソンの画風にならったJ・ドナルドソンによるジョン・ブラウンの肖像画。

層階級と区別してアイデンティティーを構築する手段になった。[33]

感受性は十八世紀の体の概念に深く刻み込まれて、人々の自己アピールと社会的ふるまいに新たな戦略をもたらした。また感受性は、意識の物質的な起源として、啓蒙思想に基づく感覚の認識論を象徴していた。[34]神経系は、この知覚心理学的なアプローチの基礎であり続けた。感覚を伝える神経とその処理速度は、神経系の弾力性に依存するからだ。神経系のしなやかさは、上流・中流階級のほうがはるかに洗練されていると考えられ、大衆文学によってさらに流行の先端を行く概念になった。訴訟事件では、感受性が弁護のために法的な文脈で利用されもした。[35]感受性がさまざまに応用され、意識や感情、知識、洗練との関連がますます高まると、その言葉は絶えず再定義され、文化的にも、医学的にも意味合いを持つようになった。[36]つまり、文化の問題には生物学的な影響があるので、文化が洗練されていけばいくほど「神経疾患」が発生するのではないかという懸念が高まってきたのだ。

肺病の文明化

感受性に基づく〝文明化された〟病気が出現したことによって、ある種の病気の発生を説明するうえで、神経系の働きが幅広く適用された。[37]ローラーによれば、上流階級では、神経系と、心と体の対応関係が格上げされたことによって、「医学の世界にも文学の世界にも神経の感受性という概念があふれ返るパラダイムシフト」が起こった。[38]さらに、ローラーの主張によると、人体の仕組みについての見かたにも同様の変化があり、機械じかけの時計や油圧機械といった概念からは離れて、神経の適切な緊張を維持する必要がある弦楽器のイメージへと変わっていった。健康を保つには、神経の適切な「弾力性」あるいは「トーン」が維持されている必要があり、そうでないと病気になるとされた。

医師たちは、感受性の高い人々が属する文化がますます洗練されていくせいで、さまざまな神経疾患の発生が増えることに懸念を募らせた。神経系の酷使は、上流および中流階級の不健康の種をつくり出していた。洗練された感受性と、生まれつきの神経系の攪乱のせいで、彼らは病気にかかりやすいからだ。[39] 一七九二年、医師のウィリアム・ホワイトは、結核に対する神経系の作用を明らかに格上げして、素因には「体質的に脆弱な血管系と、血管の高すぎる過敏性」や「神経系の高い感受性」があり、結果として「若い人々、特に活発な素因を持ち、年齢以上の能力を見せる人々がおもに発病する」と主張した。[40]

神経系と結びついた文明病という考えは、商業の発展と都市化が急速に進むとともに生じた社会的混乱のせいもあって、十八世紀を通じて顕著になってきた。[41] 進歩に伴う急激な社会的変化は、並行して病理学的変化も起こした。都会生活の有害なライフスタイルには、食べすぎや酒の飲みすぎ、運動不足や睡眠不足があった。さらに、ある種のファッションの悪影響、過度なぜいたくの追求、投機的な事業、大都市での社会のきびしい礼儀作法などもあった。こういう慣習はすべて、不安を生じ、精力を消耗させ、個人の体質に悪影響を及ぼすとされた。都市社会の不自然さは精神的にも肉体的にも人々にとって有害で、新たな〝文明化された〟病気の罹患につながる。そして神経系は、こういう病気に観察される生理学的な症状の説明に使われた。文明社会のさまざまな過剰さは、神経線維の働き

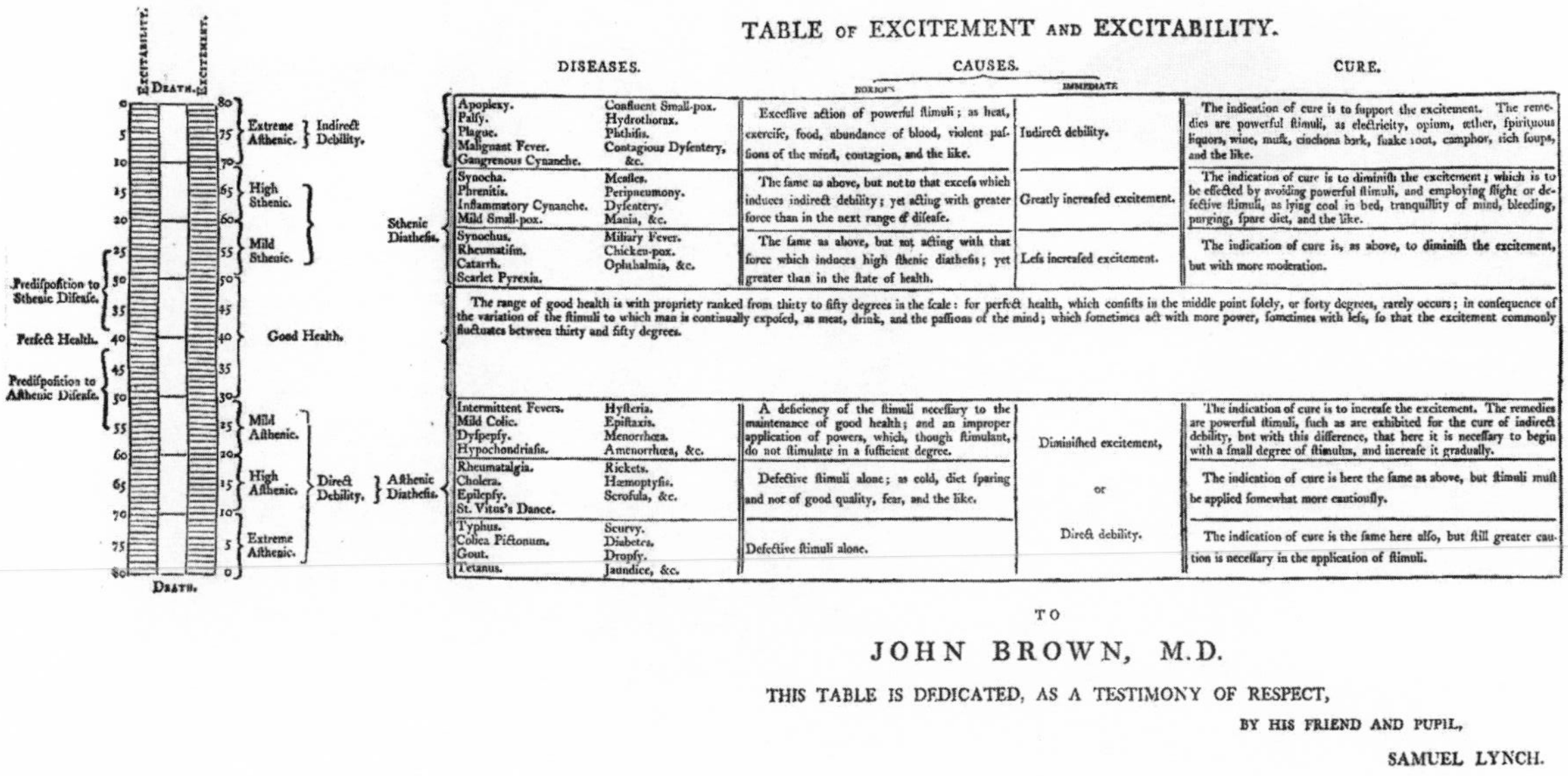

TABLE OF EXCITEMENT AND EXCITABILITY.

DISEASES.		CAUSES. REMOTE	CAUSES. IMMEDIATE	CURE.
Apoplexy. Palsy. Plague. Malignant Fever. Gangrenous Cynanche.	Confluent Small-pox. Hydrothorax. Phthisis. Contagious Dysentery, &c.	Excessive action of powerful stimuli; as heat, exercise, food, abundance of blood, violent passions of the mind, contagion, and the like.	Indirect debility.	The indication of cure is to support the excitement. The remedies are powerful stimuli, as electricity, opium, æther, spirituous liquors, wine, musk, cinchona bark, snake root, camphor, rich soups, and the like.
Synocha. Phrenitis. Inflammatory Cynanche. Mild Small-pox.	Measles. Peripneumony. Dysentery. Mania, &c.	The same as above, but not to that excess which induces indirect debility; yet acting with greater force than in the next range of disease.	Greatly increased excitement.	The indication of cure is to diminish the excitement; which is to be effected by avoiding powerful stimuli, and employing slight or defective stimuli, as lying cool in bed, tranquillity of mind, bleeding, purging, spare diet, and the like.
Synochus. Rheumatism. Catarrh. Scarlet Pyrexia.	Miliary Fever. Chicken-pox. Ophthalmia, &c.	The same as above, but not acting with that force which induces high sthenic diathesis; yet greater than in the state of health.	Less increased excitement.	The indication of cure is, as above, to diminish the excitement, but with more moderation.
The range of good health is with propriety ranked from thirty to fifty degrees in the scale: for perfect health, which consists in the middle point solely, or forty degrees, rarely occurs; in consequence of the variation of the stimuli to which man is continually exposed, as meat, drink, and the passions of the mind; which sometimes act with more power, sometimes with less, so that the excitement commonly fluctuates between thirty and fifty degrees.				
Intermittent Fevers. Mild Colic. Dyspepsy. Hypochondriasis.	Hysteria. Epistaxis. Menorrhœa. Amenorrhœa, &c.	A deficiency of the stimuli necessary to the maintenance of good health; and an improper application of powers, which, though stimulant, do not stimulate in a sufficient degree.	Diminished excitement, or Direct debility.	The indication of cure is to increase the excitement. The remedies are powerful stimuli, such as are exhibited for the cure of indirect debility, but with this difference, that here it is necessary to begin with a small degree of stimulus, and increase it gradually.
Rheumatalgia. Cholera. Epilepsy. St. Vitus's Dance.	Rickets. Hæmoptysis. Scrofula, &c.	Defective stimuli alone; as cold, diet sparing and not of good quality, fear, and the like.		The indication of cure is here the same as above, but stimuli must be applied somewhat more cautiously.
Typhus. Colica Pictonum. Gout. Tetanus.	Scurvy. Diabetes. Dropsy. Jaundice, &c.	Defective stimuli alone.		The indication of cure is the same here also, but still greater caution is necessary in the application of stimuli.

TO

JOHN BROWN, M.D.

THIS TABLE IS DEDICATED, AS A TESTIMONY OF RESPECT,

BY HIS FRIEND AND PUPIL,

SAMUEL LYNCH.

図3-4
「興奮と興奮性の一覧表（中略）ジョン・ブラウン。サミュエル・リンチ（作成）」『ジョン・ブラウン医師の医学の要素』より
（ロンドン：J・ジョンソン、1795年）。

を妨げることで脳と体の適切なコミュニケーションを阻害しているように見え、それが炎症や痛み、慢性的な疲労感、無気力など、下層階級の頑丈でたくましい人々には見られない症状を招いているようだった。[42] 実のところ、神経系と結びついた文明病という考えが十八世紀を通じて顕著になっていくにつれ、英国は、精神、神経、およびヒステリー性疾患の温床として大陸じゅうで評判になった。英国人は、病気と痛みを自分たちの繁栄と洗練の代償と考えるようになり、〝文明化された〟病気の蔓延は英国の優越性の証だと主張した。[43]

こういう考えかたは、医師のジョージ・チェインの大成功を収めた『英国の病（The English Malady』（一七三三年）で早くから示されていた。この著書は神経疾患に新たな魅力を添えたようで、ファッショは上流階級のライフスタイルを神経衰弱による病気と明確に結びつけることで、ファッションにもいくぶんか感情的・精神的不安の影響があるものだと示唆した。[44] チェイン チェインの著書は、人体の病

図3-5
ジョージ・チェイン。J・ヴァン・ディーストの画風にならったJ・フェイバー・ジュニア作のメゾチント版画。

態モデルを提示した。社会的要因に左右されるモデル、特に神経の働きに左右される「英国の生活様式」のモデルだ。そうすることで、チェインは病気のもっと不快な特徴をごまかし、神経障害を社会的に受け入れやすいものにした。[45] チェインにとって、病気の原因は活動過剰にあった。社会の頂点にたどり着くため、上流社会の住人たちはしばしば、自らの健康や、体力、さらには体形までも、ファッションやビジネスや無益な快楽などの力にゆだねざるをえなかった。このように、彼らはごく敏感な神経系を持っているので、いくつもの病気にきわめてかかりやすいうえに、自業自得ともいえる行為で、社会的な成功と引き換えに病気の苦痛をずっと味わうことになる。[46] こういう「神経障害」は文明の産物であり、英国人の社会的・経済的偉業を示していた。[47] チェインによれば、神経質であることと、それに関連した病気はどちらも、成功者の症状とされた。[48]

慢性病についてのチェインの研究は、個人の健康と社会との相互作用をどう認識するかという哲学の発展を促した。また、その研究は、富裕と健康に対立関係があるとする根拠になった。都市化とそれに付随する社会的影響は、人々を病気にかかりやすくしているようだった。不潔な環境による典型的な病気だけでなく、肺病のような神経病理学的な病気も見られた。富者にとっても貧者にとっても、都市は健康によくない。それは一般に認められ、嘆かれることの多い事実だった。ある母親は、娘についてこのようにこぼした。

> ロンドンは、あの子には合わないようです。あそこで半年いっしょに暮らしましたが、ちっともよくならないのですから。ここ最近の病気は、あの子が街を離れる前から続いていました。そう思

うと悲しくなります、街にあんなにすてきな家があるのに！　十月末までは田舎で過ごさせて、それからまた街での生活を試してみます。そこでまたあの子の具合が悪くなったら、お気に入りのダウニング街の家を人に貸して、子どもたちと家庭教師のために急いで田舎の別荘を借りなくてはならないでしょう。わたしはロンドンが好きだけれど、あそこでは暮らせない運命のようです。[49]

同様に、一八三二年、チャールズ・サクラーはこう述べた。「病気の原因のなかで、心の不安は最もありがちで最も重要なもののひとつである。文明は、人の心と体の性質を変えた。わたしたちは不自然な興奮状態で暮らしている――不自然なのは、部分的で、不規則で、過剰だからだ。筋肉は活動不足で浪費される一方、神経系は活動過剰ですり減っている。活力は自然が設計した働きから引き出され、自然が考えもしなかった働きに注ぎ込まれている」[50]

心と体が結びついているという考えは、上流および中流階級のあいだで肺病の地位が高まる一助となった。十八世紀後半から十九世紀にかけて、神経衰弱とそれに関わる病気は、魅力的なものとされた。結核は今や、心理状態の身体的な現れ、そして高められた美的で肉体的な感受性と、優れた精神性と知性の象徴として認識されていた。発病の具体的なメカニズムは、一八四〇年にジョージ・ボディントンによって明確に説明された。ボディントンによると、肺病罹患の第一段階には、「神経過敏、あるいは行動の変化、あるいは体力低下などが見られ、それは肺の内部に異物として沈着する結節状物質の存在によるものである」[51]。次の段階では、神経系の症状が、体組織の病理学的変化のなかで現れてくる。

結節の沈着のある肺の部分で神経の力が完全に破壊されるとすぐさま、残った組織の破壊があとに続く。それらは死に、半分液体、半分腐敗した状態に分解されて、気管支を通して喀出され、肺の内部に空洞を残す（中略）次に、神経の力が変化し、弱まり、あるいは消耗し、さらに肺の主要部を構成する残りの組織が崩壊する。[52]

また、医師のJ・S・キャンベルは、神経系の影響力について書き、結核をかなり魅力的なものとして描写し、「精神的なものであれ肉体的なものであれ、かすかな興奮の要因は、生まれつき丈夫な体には見られない血行への影響を生み出す」とまで書いている。[53] キャンベルはこの興奮の身体的な現れについて説明し、洗練された神経系を持つ人には、「心情面のささやかな要因で顔に突然の紅潮が見られる。しばしば頬を美しく染めるのは、不治の病への傾向から生じる紅潮である。そのため、これらの兆候を示す人の性質にはまったくなじまない、突然だが持続しにくい一過性の活発さも見られる。こういう特性を示す体質のなかに、結節を沈着させる傾向がある」と述べた。[54] 肺病を感受性の洗練と結びつけ、上流社会の産物として描写したことで、キャンベルはこの病気を理想化した。言外の含みとして、そういう病気を患う人は、おしゃれで、裕福で、才能があり、知的で、なんらかの啓示を受けていなくてはならなかった。キャンベルによれば、神経質であることと、それに関連した病気はどちらも、成功者の症状と見なされた。貧しい人々は、神経疾患にかかりやすくなる物質的な資質にも生理心理学的な資質にも欠けているとされたので、貧困層で結核などの病気が発生する理由を説明するために、別の議論が発展した。[55] こうして、病気はおしゃれな人々に苦痛をもたらすものであるだけでなく、病気になること自体がおしゃれになっていった。

文明、行動、失意、病気を結びつけることは、物理的環境と社会的地位、個人の道徳心に関連があるという考えへと広がった。過密で暗くじめじめした風通しの悪い住宅は、貧困層に結核を蔓延させる環境と見なされるようになった。しかし、肺病はより洗練された人々の病気だという考えが、まったく別の物語をつくり出した。結核がさまざまな方法で認識され、説明され、理解され、合理的に解釈されたことで、「社会悪」としての結核と「ロマンティックな病気」としての結核という対立する議論の両方が正当化された。[56] だから当然、社会的地位によって結核の解釈にずれが生じた。肺病は多くの意味で、典型的な文明病と見なされていた。一方では、この病気と、煤煙や粉塵、汚物、湿気などの都市環境の不健康な生活条件とが結びつけられた。また一方では、この病気を、社会の最上層の最も賢い人々、さまざまな階級の患者のなかでも特に傑出して見える知的で繊細な人々と関連づける根強い伝統があった。なぜなら医師たちと社会のどちらもが、病気と、上流社会の人々が追求する洗練されたライフスタイルの関連性を受け入れていたからだ。[57] 病気が社会問題になるにつれ、今や個人の健康は幅広い意味合いを持つようになり、患者は社会のなかで特定の地位を占めるようになった——その地位は迫りくる死ではなく、その特異な生活の質を象徴するものだった。

第4章 道徳、死亡率、理想化された死

肺病らしいふるまい――死を前にしてのあきらめ

階級も富も美徳も肺病を防いでくれない以上、愛する人を失った悲しみに耐えるには、もっともらしい理由が必要だった。十九世紀の死に対する社会的態度と同じくらい曖昧な病気への心構えを理解しようと、歴史学者たちはさまざまな解釈を提唱し、福音主義の原理に基づく〝よい死〟という概念をいくぶんか復活させ、文化的に見た〝美しい死〟という考えを奨励した。[1] 実は結核の場合、人々は〝よい死〟と〝美しい死〟の両方を信頼し、求めていた――つまり、死を迎えるうえでの善良さと、病気自体が与える外見の美しさ、そして患者が自分の衰弱と死にどう向き合うかによってあらわになる魂の本質の美しさだ。[2] 患者本人とその家族がどちらも神の意志に服従することが、肺病による死の重要な要素だった。

医療は進歩していたにもかかわらず、結核はいまだに神の意志と結びつけられていた。罪と贖《あがな》いが、肺病の生と死の際立った特徴であり続けたからだ。一般的な肺病へのアプローチは、贖罪《しょくざい》というキリスト教のイデオロギーに基づいていた。[3] キリスト教徒は病気の重荷にしっかり耐えようと努め、そうするなかで、尊厳と強さを持って病気の試練に立ち向かうだけでなく、たとえ結果は制御できなくて

も、病気という経験を制御する手段を得た。〝耐え抜く〟という考えは、〝よい死にかたをする〟という概念とともに、重要になっていった。

フィリップ・ドッドリッジ牧師が個人的に経験した肺病をめぐる悲しい出来事に、この病気に対する福音主義的なとらえかたがうかがえる。牧師は、最愛の娘ベッツィーが結核に苦しみ、一七三六年、五歳の誕生日の直前に亡くなったことについて、悲痛な胸の内を記した。ドッドリッジは娘のために「神の摂理への服従」と題した弔いの説教を行ったが、この服従に明らかな抵抗を覚えて、日記のなかで娘をいとおしむ自分を諭している。[4] 親としての愛情の強さと、娘の運命を神の決定として受け入れる苦悩が、はっきり見て取れる。

> 娘は六月中旬にニューポートで病気になり、それ以来亡くなるその日まで、わたしは娘のことを考え続け、ほとんどつきっきりで世話をしてきた。わたしがどれほど熱烈に、執拗に、ひれ伏して娘の命乞いをし、そのためなら自らの命を差し出そうとさえしたかは、神のみぞ知る。娘が肺病によって極限まで衰弱すると、ほぼ一時間おきにその顔をちらりと見るのも耐えられなくなった。わたしは最大の苦悶と喜びの混じり合った気持ちであの子を眺めた。賢者の石をつくらんとするどんな錬金術師でさえ、わたしがあの子のさまざまな病状の変化を見つめるときほど、注意深く自らの坩《る》堝《つぼ》を見つめはしなかっただろう。娘の病状はとうとうすっかり絶望的になり、わたしは言葉では表しようのない苦悶のなかへ放り込まれた。[5]

ドッドリッジはさらに、ごく個人的なこの苦難のなかで、神の意志を受け入れようとしない自分の頑固さへの罰として起こった奇妙な出来事について書いた。

> 最大限の愛情を込めて、おそらく熱心すぎるほど娘の回復を祈っていると、次の言葉が力強く頭のなかに響いた。「その問題について、もうわたしに話しかけるな」わたしは受け入れられず、愛しい娘の様子を見に部屋へ行った。しかし、娘はいつものように優しくわたしを迎える代わりに、きびしい面持ちでわたしを見つめ、驚くほどきっぱりとした声で言った。「もうなんにも言うことはないわ」そしてそのときから、娘は十日余り生きたものの、うれしそうにわたしを見つめたり、そばにいてほしがったりすることはめったになくなったように思う。しかし神の摂理はわたしがあらゆる激しい苦痛を感じ取ることを命じ、部屋に入ったとき、娘は最も恐ろしい苦悶に襲われた。「ああ、ああ、どうしたらいいの?」というあの叫び声は、その後何時間も何日も、わたしの耳に鳴り響いていた。だが、神はあの子を解放された。娘はいまわの際に激しい発作を起こすこともなく、わたしが神に願ったとおり、静かに心地よく永遠の眠りについた。夜の十時ごろ、わたしがミッドウェルに行っているあいだのことだった。帰宅して、娘の永遠なる姿を目にしたわたしの心は暗雲に閉ざされた。しかし、心が張り裂けるような悲しみを味わったのち、神は慈悲深くもその雲を吹き払い、安らかな希望をお与えくださった[6]。

神の意志とキリスト教的な死の概念に従うことは、十八世紀後半から十九世紀に至るまで、肺病による死との重要な向き合いかただった。一七九七年、愛する者の死をめぐるまた別の手紙に、その支配が続いていることがうかがえる。

ご息女の逝去についてのあなたのお話はとても痛ましいが、信仰の希望を捨て去るほど不幸でないなら、誰にでも慰めはあるはずです。わたし自身としては、正直に言って、世の中を見れば見るほど、そこから旅立った者たちを惜しまねばならないという気持ちは薄れていきます。そして、熟年者がさらされる多くの失望や惨めさについて考えると、早くに天に召された若者を、「まだ見ぬ悪から救われた者」と考えずにはいられないのです。[7]

肺病患者の来世にはよいことが待っていると信じるためには、救済という考えを持つ福音主義の伝統にのっとって服従することが重要になっていった。そして服従を受け入れる様子は、福音主義的な原理に従う肺病患者の個人的な手記によく登場する。

服従は、病気に対する十九世紀のアプローチにとって不可欠だった。若き（マーガレット・）エミリー・ショア（一八一九〜一八三九年）が自分の病気について綴った日記でも、それは明らかだ。診断が下る前から、エミリーは自分の病気が肺病である可能性に気づき、起こりうる事態に備え始めた。

力はついてきたけれど、咳はなかなか治まらず、脈は速く激しいままだ。肺が悪くなっているおそれは確かにある。でも、もし神がお望みなら、海がわたしの健康を取り戻し、肺病の可能性を取り除いてくれるだろう。それでも、最悪の事態を覚悟しなければならないし、パパとママが心配していることもよくわかっている。[8]

一カ月ほどのち、エミリーはジェームズ・クラーク医師の診察を受けているあいだに、ふたたび不安に駆られた。「肺病がすでに始まっているのではないかと恐れるのには、それなりの理由があった。わたしは神の意志に従えるよう、そして死に備えられるよう心から祈り、肺病で死ぬ覚悟を決めた」[9]クラークは、まだエミリーの肺は冒されていないと伝えたが、エミリーの文章には、病気で能力が奪われることに対する心の葛藤が表れている。

今のわたしは、少なくとも自分がこうありたいと思う状態に比べたら、まったく頭が働いていないとはっきりわかる。読み書きのあいだもずっと頭痛がしているし、文章を書くだけでも胸が痛くなる。それどころか、ここ数日はずっとその痛みから逃れられないでいる。すべての勉強を自分からやめてしまうのはとてもつらいことで、きっとしばらくたってから一八三六年という年を大きな後悔とともに振り返るような気がする。勉強に関して言えば、人生の十七年めの年をむだにしてしまいそうだ。でも、こんな感情をいだくべきではない。これは神のご意志なのだから。[10]

一年後、エミリーは嘆いた。「時の経過と迫りくる永遠の世の、なんと恐ろしいことか！」そして、「わたしにとって、おそらく永遠の世はそれほど遠くないのだろう」と認めた。[11]それからこう願った。

「人生がまだわたしのものであるうちは、精いっぱい立派に生きられますように。そして、もしわたしがこの世にいられる期間が本当に短いとしても、神の御前に立つ永遠の存在としてふさわしい者になるだけの時間がありますように」[12] エミリーは一八三八年に療養のためスペインへ行き、その土地でおびただしい数の結核による死者の墓地を訪れ、胸を打つ文章を残している。[13]

わたしは憂いに満ちた気持ちで、その静かな墓地を見回した。たくさんの早咲きの花が寒さに痛めつけられ、枯れ果てていた。こんなにも大勢の人たちが、手遅れになって、家族のみんなから遠く離れたこの地で命を落としたか、回復をむなしく願っていた友人たちに気遣われ、見守られながら息を引き取ったのだ。わたしは込み合ったお墓を眺めつつ、自分自身も遠からず彼らの一員になるのだろうとも考えた。「我、ついにこの地に葬られん」とわたしは胸につぶやいた。墓地でこんな考えが頭をよぎったのは初めてのことだった。[14]

避けがたい死に黙従する患者は、生きかたより死にかたを考えるようになり、肺病に向き合う気持ちになると、死を覚悟するうえで自省し始めることが多かった。医師のトマス・フォスター・バラムは日記のなかで、妻が死を覚悟する際に見せた恐れと、肺病が妻の性格に及ぼした影響について綴った。一八三六年、バラムは結婚から二十年が過ぎたあと、妻の生と死を詳細に語った。妻サラは最後には結核ではなく熱病で亡くなったが、バラムは長い夫婦生活のなかで、病気が妻にどんな影響を与えたかについて述べている。サラが特に心配していたのは、「自分の宗教上のありかたについてだった。ときどき、自分の心が冷たく死んでいるような気がする、神聖な愛情を呼び起こす何かが欲しいと訴えた。またときには、家庭内のちょっとした問題に苛立って少しばかり短気を起こしてしまうと嘆いた[15]」。しかし、バラムはこう書き添えた。「それは本当にめったにない、単なる一過性のことで、妻のいつもの穏やかさと優しさからなる陽光に、小さな雲が束の間よぎるだけだった。だから今では、それは確実にじわじわと進行していた器質性疾患の病状から起こったことだと確信している[16]」バラムは妻を称賛し、こう述べている。「妻が、揺るぎない誠実な態度で心から神を信仰していたことは疑いようがない。同じ姿勢で、身分相応のさまざまな義務を果たそうとずっと努力していた。わたしは妻に、たとえ激しい感情を見せたとしても、誠実な姿勢のほうが本来のおまえの姿だと伝えた。こんなふうに、わたしはよく妻の落ち着きを取り戻してやった。すると、また幸福で信心深い時間がやってきた[17]」サラ・バラムの場合と同じように、死の覚悟と適切なふるまいという考えかたは、道徳上と宗教上の教訓にはつきものだった。

肺病を患いながらキリスト教徒らしい態度で耐えることの重要性は、医師たちの医学的な見解のなかでも強調されていた。一八三一年、英国内科医師会の会員たちは、患者の精神状態に基づく行動を調べ、次のように述べた。「気の毒な肺病患者によく見られる朗らかな性質が惜しげもなく披露されたエピソードには、特に感銘を受けた[18]」続けて、患者がその病気に耐える様子について触れている。

しかしキリスト教徒は、高尚な動機から、異なる心構えで苦しみに耐えている。注目すべき事実として会長が述べたのは、つらい職業上の義務から、人生最後の時を迎える大勢の人々に付き添っ

図4-1
（マーガレット・）エミリー・ショア、作者不詳、版画（1838年ごろ）。

図4-2
「消えゆく娘の命を嘆くなかれ」死に瀕した娘を慰めながら、悲しみに暮れる母親。
『ふつうの人々』J・ブーヴィエ作のカラーリトグラフ。

てきたが、そのなかで死を拒む気持ちを見せた人はほとんどいなかったということだった。ただ、あとに残される者たちの今後について、苦しいほどの懸念をいだいているだけだ。この服従の気持ちは、体の消耗から生じる場合もあるかもしれないが、キリスト教の教義から生まれた偽りない結果と思える場合もあった。[19]

神の意志は、福音主義者や社会改革者たちが、運命や人格、病気と死を浄化するための内なる真実と結びついた肺病の理想像をつくることによって、意味を与えたり原因を説明したりするのに再利用されてきた。肺病患者たちは、この病気が神の意志の一部なのだと信じることで、自分の苦しみに慰めと意味を見出した。また、福音主義の説教では、苦痛は神の命令によって与えられもので、回心と裁きをもたらす装置でもあった。[20]苦しみと病気と死は神意という概念と結びつけられ、信仰心を試された患者にとっては、服従することが正しい態度だった。[21]それでも人々は懸命に、自分の病気の原因、特になぜ苦しまねばならないのかを理解しようとした。そのなかで、素人による因果関係の解釈は、医学的な病因論と衝突した。意味の追求には、素人と識者の絶え間ない意見交換がつきものだからだ。[22]こういう意見交換が重要なきっかけとなり、病気をめぐるレトリックへのロマン主義の影響が強まっていった。

ロマン化された肺病

多くの人はロマン主義を、少なくともいくぶんかは、啓蒙運動の合理性の重視に対する反動だと解釈してきた。ロマン主義は、「道徳的な情熱」を知的な探究より高く評価したからだ。[23]この個人主義の高まりと、文学や芸術や幅広い文化での感情の復興は、イングランドでは一七八〇年代から一八三〇年代ごろに起こった。[24]ロマン主義者たちは、創造性や霊感、想像力、そしてこれらの力と病気の関係を重視した。多くの人は、病気の進行から文学的なひらめきを得ようとさえしているようだった。[25]人とは違う状況に恵まれるには代償が必要であり、結核は並外れた情熱や才能のために支払うべき代価として受け入れられたのだった。病気は今や敵ではなく味方であり、ロマン主義の見解では、生物学上の病気は、個人の人格の複雑で大切な一部になった。[26]

病気と知性

一般的な病気、特に結核は昔から、激しい精神活動と関連づけられてきた。その結びつきはロマン主義時代に広がりを見せ、肺病は独創的な感受性と想像力を高め解放する力だと認められるまでになった。[27] 感受性と神経系の相互作用が称賛されたことから、当時の人々は、心の刺激には体の活力を鈍らせる影響があると考えた。ロマン主義者にとっては、肺病を患うものうげな人の心は向上していて、肉体が不活発になるにつれて、精神の活力は増していった。この活力が芸術的な創造性に注がれるとき、健康は想像力と独創性のために犠牲にされた。[28] 十八世紀後半の感受性という有力な文化は、知識の構築者でありその追求の犠牲者でもある体という概念を強固にした。

学識と芸術的才能があり、孤独で神経質な体は、不活発になったせいで制約があると同時に、有利でもあった。学識と芸術的才能を得た代わりに苦しむことは、病気になった自分を肯定することにつながった。そのなかで、うつ病や肺病などの〝知的な〟病気は、文学的業績の印であり、源でもあった。[29] 苦しみ、病気、痛みを経験すれば、単に神に命じられた福音主義的な臨終儀式を果たせるだけでなく、こういう経験が芸術的な独創性や想像力、知的能力の源になるとまで言われた。[30]『図解 天才たちの疾患（The Infirmities of Genius Illustrated）』では、体質と文学的創造性が明確に結びつけられている。

作家たちが抱える〝疾患〟、その思考と行動の奇抜さ、わがままさ、気むずかしさ、怒りっぽさ、人間嫌い、暗い情熱、そして千もの名状しがたい特異体質は、ことわざにあるとおり、いつの世にも彼らと周囲の人々とを区別してきた。つまり異常さはごく普遍的に、天才たちの文学的性質のなかで際立っており（中略）彼らの体質的な（身体的な）特性と状態に帰することができる。簡単に言えば、彼らの精神的な奇抜さは、肉体的な健康の乱れによるものなのだ。人の心と気質の状態は、体の健康と病気の変遷に大きく依存している。[31]

異例性と個性を重視するロマン主義の考えかたは、情熱や愛、情緒、悲嘆などの力がますます強調されていったことと一致していた。これらの概念は、生と死のあらゆる側面に適用され、生と死の両方の経験をロマン化し、美化した。このような条件のもとで、死は感傷的に描かれ、苦しみと死は情緒主義に染められた。[32]ロマン主義時代には、肺病による衰弱と憔悴は、当時の芸術家や詩人に新鮮な魅力を添えた。つまり、感受性が高いせいで起こると考えられた病気は、もろ刃の剣だった。病気は審美眼と洗練という恩恵をもたらし、患者の社会的地位を高めたが、同時に患者を精神的・肉体的な苦しみに満たされた存在へと追いやった。[33]詩人たちは神経系の極度の過敏性に悩まされ、それは病原となる興奮を全身にあふれさせる彼らの情熱的な性質と結びつけられた。男性の詩人が肺病になると、感受性の現れと見なされるだけでなく、創造的で知的な非凡さを持ってはいるが、世の中の過酷さに耐える能力がないとも判断された。[34]

肺病は天才の味方であり、天才は自分の過剰な感情的・知的活動によって消耗し、死へと突き進んで活力を使い果たした。[35]それは文学にたずさわる者の慣習であるだけでなく、医学論文でも支持を得た見かただった。論文では、天才は病気の体質説の一部として定義された。たとえば、一七七四年の《ハイバーニアン・マガジン》にはこうある。「最高の天才たちは、とびきり繊細な心を持ち、体質も同じくらい繊細であることが非常に多い」[36]一七九二年、ウィリアム・ホワイトは、肺病の素因として「神経系の鋭い感受性」を挙げ、つまり病気は「おもに若者、特に活発な素因を持ち、年齢以上の能力を見せる人を襲う」とした。[37] トマス・ヤングは、『肺病についての実践史論（A Practical and Historical Treatise on Consumptive Diseases）』（一八一五年）でこう論じた。「なるほど、非凡な才能と情熱から生まれる意気込みと繊細な感受性は、芸術の優れた修練につながるうえに、体質が性格にはっきり表れたときこそ、至って完璧に発達するものだという推測には一理ある（中略）これは肺病患者に明白に観察できることが多い[38]」

結核とそれに伴う症状は、内面の情熱と衝動の肉体的な現れと解釈された。その人物に文字どおり火をつけ、青ざめた頬を赤くほてらせるのは、非凡さと熱情が外に表れた印だった。肺病患者の明るく輝く目とピンク色に染まった頬は、自身を焼き尽くし何もかもを熱く燃やす内なる魂が、外面に映し出されていると見なされた。[39] 一八二五年、《ヨーロピアン・マガジン・アンド・ロンドン・レビュー》に掲載された知性と病気の関連性についての記事は、こう主張している。

驚くべき事実として、天才はしばしば急速な衰弱と早すぎる死に見舞われる（中略）天賦の才は、肉体に組み込まれたとき、最も精神的な形で存在することを好む——青白い頬、かすんだ目、病弱な体。農夫の粗野な体をプロメテウスの火が活気づけるのを目にすることはめったにない。それに、天賦の才はほんの束の間授けられたときにその贈り物の尊さが高まり、若く汚《けが》れのない魂を知的な光で照らし、その所有者を早々に墓場へと急がせるのだ。[40]

ほかにも、より優秀で洗練された神経系を持つ人々は、肺病患者にはっきり見られる身体的特徴として、痩せていて、上品さと趣味のよさを兼ね備えているとされた。対照的に、ふっくらしていることは知性の不足と結びつけられ、がっしりしていたり、恰幅がよかったりすると、退屈で鈍い人と描写されることが多かった。[41] 知的鋭敏さは不健康のなかに宿るという概念は、十九世紀半ばになっても主流であり続けた。たとえば、一八五一年の『イングリッシュウーマンズ・マガジンとクリスチャンマザー文集（The Englishwoman's Magazine and Christian Mother's Miscellany）』にはこうあった。「おそらく、健康、つまり完璧で丈夫な体の健康と、完全に発達した活発な知能がそろって見つかることはめったにないのだろう[42]」

ロマン主義によって肺病は、単なる身体的、客観的な病気の進行以上のものとして象徴化され、そこに別の意味が与えられた。つまり、肺病への好意的な見かたが、この病気のはるかに恐ろしく不快な現実より重視されたのだ。クラーク・ローラーはこう述べた。「文学作品は、他のもの（たとえば視覚的、宗教的、医学的なもの）と一体になって肺病の文化的なひな型をつくり、著者らは、宗教的か、詩的か、男か女かを問わず、さまざまな人々の集団が病気の経験を体系化する方法を提示した[43]」肺病と創造力のある天才との関係は、単に作家が意識的に自己を形づくる場ではなく、もっと幅広い文化的な論議の一部だった。肺病の詩人をめぐる神話は、文学批評の興隆によってさらに弾みがつき、詩人たち自身が宣伝されることで、肺病の認知度も高まった。[44]

キーツの肺病

英国で最も有名な肺病のロマン派詩人というと、ジョン・キーツ（一七九五〜一八二一年）が挙げられる。二十五歳のとき結核で死亡したキーツは、この病気をめぐるロマン主義のイデオロギーを体現し、その人生よりも肺病による悲劇的な死によって人々に記憶されている。その死はさまざまな形で論じられたが、病気にかかったことを責められはせず、結核で死ぬ運命にあった詩人と評された。だから彼の死は、ロマン派の名簿に含まれる誰の死よりも高尚なものとされた。[45] 存命中も死後も、キーツの最期は避けがたいものだったとされ、肺病になったのは、キーツの個性、環境、才能が作用した結果と考えられた。パーシー・ビッシュ・シェリーは、一八二〇年七月二十七日付のキーツへの手紙で、詩人の才能と病気を関連づけて語った。「肺病というやつは、きみのようにとてもよい詩を書く人間を特に好む病気で、イングランドの冬の助けを借りて、しばしば選別をほしいままにする」[46]

肺病と知的能力は、一八二〇年代半ばのある記事のなかで、はっきりと結びつけられた。記事にはこうある。「知力を引き出す慢性病の力は、肺病患者の心的能力の発達にはっきり現れることが多い。丈夫で元気だったときには、知的な特質に恵まれているとは言いがたかった人たちである」[47] 同時代の人々がキーツの病気と死に向けた態度は、いかにもロマン主義時代らしいものだった。病気に対するこのゆがんだアプローチはまた、十九世紀の医師たちが、いかにこの情報の少ない病気を治療するうえで苦労してきたかを物語っていた。こういう状況が、病気とその治療に対する認識を複雑にしていた。

キーツは、肺病についてかなりの知識を持っていてもおかしくなかった。家族と、のちに彼自身を襲った悲劇のせいだけでなく、医学校に通った経験もあるからだ。キーツは薬剤師および外科医となり、ジョン・ハモンドの見習いをしながら、ロンドンのガイズ病院で指導を受けた（一八一五～一八一六年）。当時イングランド一の外科医として広く知られていたアストリー・クーパーのもとでも学んだ。[48] キーツが繊細すぎる感受性を持っていたという同時代の描写は、彼が熊いじめやボクシングの試合を楽しんだり、けんか騒ぎに乱入して、目のまわりに青あざをつくりながらも肉屋の息子を負かしたりしたエピソードの前では揺らいでしまう。[49]

キーツの物語は、十九世紀を通じて彼の家族が次々と病気に冒されていくあいだ、イングランドのいくつもの家庭で繰り返し語られた。おじも母も「衰弱」で亡くなっているが、これは肺病である可能性がきわめて高く、弟のトムもこの病気に苦しんだ[50]**（口絵の図XIIIおよびXIV参照）**。キーツ自身が発病したのは、友人のチャールズ・アーミテージ・ブラウンとともに湖水地方とスコットランドへ徒歩旅行に出かけたあとだった。おそらく悪天候続きに加えて、激しい運動と不十分な食事のせいもあり、キーツは喉の痛みと風邪を患って、急きょ船でイングランドに戻らざるをえなくなった。[51] 帰宅すると、キーツはトムが重病であることを知り、自ら世話を始めた。弟は、一八一八年の雨の多い冬のあいだじゅう寝たきりだった。キーツの献身的な看護にもかかわらず、トムは十九歳で結核との闘いに敗れた。一八一八年十二月十八日、キーツは弟と妹にトムの死を知らせた。手紙では、トムの人生最後の瞬間と、弟の死が意味することについて考えを巡らせている。「かわいそうなトムの最後の日々はこの上なく痛ましいものだったが、臨終の際はそれほど苦しまず、息を引き取る瞬間には発作もなかった。死について、牧師のようなことは言わないでおこう——だが、死に対するごく平凡な人々の平凡な意見には、格言と同じくらいの真実がある。自然のなんらかの力が不滅であることを、ぼくは少しも疑わない——トムもそうだった」[52]キーツはさらに、一八一九年に『ナイチンゲールによせるオード』のなかで、失われた若い命と肺病をめぐる悲痛さについて語っている。「若者は青ざめ、幽霊のごとく痩せ、死んでいく」[53]この作品では、弟の病気だけでなく、すでに発症していた自分の病気をめぐる悲劇に意味を見出そうとしていた可能性が高い。[54]

一八二〇年までにはキーツの健康は衰え、詩人として体と精神の関係を意識しながら自身の病気を語るようになった。キーツは、身体的にも心理学的にも、神経の病で特徴づけられる人間という自己像を、意識的に構築した。[55]妹のファニー・キーツに宛てた七月の手紙では、病気の進行と自分の気質との関わりを認めている。「ぼくの健康は二、三年前からひどく衰えていて、病気に立ち向かうのもむずかしいほどだ。心の自然な活動と気の短さが、さらに危険な状態にする」[56]それから数カ月間、キーツは繰り返し起こる喀血に苦しんだあと、イタリアの陽光あふれる気候のなかで苦痛が和らぐことを願って、医師の忠告に従うことにした。一八二〇年九月、キーツは友人のジョゼフ・セヴァーンを伴ってイタリアへ発ち、ローマの英国人街の著名な医師であるジェームズ・クラークの助言を求めた。クラークは、キーツの激しい精神活動が病気を引き起こしているとはっきり述べ、最初は精神的動揺を静めれば健康を取り戻せるだろうと考えて、一八二〇年十一月二十七日にこう書いている。「彼の激しい精神活動と熱中が、病気の原因になっているのだと思う。心を静めてやれば、おそらくよくなるだろう」[57]

冬のあいだにキーツの病状は悪化し、セヴァーンは一八二〇年十二月十七日、チャールズ・アーミテージ・ブラウン宛てに、キーツの苦痛について生々しく不穏な報告をしている。

彼が発作を起こした日の朝、目覚めた彼のそばにいたが、見たところ楽しそうにしていて、いつになく上機嫌だった――ところが一瞬にして咳が襲い、カップ二杯近くも血を吐いてしまった（中略）きょうは九日めだが、好転は見られない――咳の最中に五回血を吐き、たいてい朝は大量になる――しかもほぼ常時、唾液には血が混じっている――が、胃の状態に比べれば、まだましなほうだ――何ひとつ消化できないのだから――毎晩、ひと晩じゅう、そして昼の大部分のあいだ続く苦悶は、とてつもなく恐ろしく――膨張した胃が絶え間ない飢えと渇望を訴え――吐血を抑えるために摂取するわずかな栄養で、それはさらに募っていく。おまけに精神状態は最悪で、何もかもに絶望し、彼の想像力と記憶はあらゆるイメージをぞっとするものに変貌させ、それがあまりに強烈なので、ぼくは朝から晩まで、彼の知性がどうなってしまうのかと案じている。[58]

セヴァーンの苦悩が、はっきり見て取れる。一八二一年一月三日に書かれたクラークの手紙はもっと冷静だが、患者の精神状態について同様の懸念を示していた。

彼は今、この上なく悲惨な状態にあります。胃は損なわれ、精神状態はどんな症状よりも悪く、間違いなくそれほど遠い先のこととは思えない、たとえ上機嫌であっても長くは延期できない事態へと突き進んでいくでしょう。消化器官はひどく乱れ、肺も冒されています。そのどちらもがひどい悪さをしますが、不幸にも現在の精神状態でそのふたつを有していることが、彼を遠からず死に追いやるに違いありません。彼はずっと想像力と感情に支配されてきたのでしょうが、今ではそれらを抑えておこうとする力はほとんどなく、意志もあまり働かないようです（中略）彼のような人の精神（であるはずのもの）がこれほど悲惨な状態にあるのを見ることは、あまりにも痛ましい（中略）初めて診察したときには、どうにかできるかもしれないと思ったが、現在の見通しは絶望的です。[59]

一八二一年二月二十三日、キーツはついに息を引き取り、その肺の損傷具合が解剖で明らかになった。

キーツの最後の日々を綴ったセヴァーンのリアルで凄惨な描写は、詩人の死後に示された賛美あふれるイメージとは食い違っている。同時代の人々のほとんどは、失意と砕け散った希望がキーツに肺病をもたらしたという意見で一致しているようだが、その失意の原因は多くの議論を呼んだ。キーツの友人たち、なかでもセヴァーンは、詩人の精神状態が病気を引き起こしたと考えた。《クォータリー・レビュー》での酷評以上に、肺病に至るほどの精神的動揺を与えたのは、ファニー・ブローンへの愛だとされた。詩人の友人も批評家も、好意的でない批評がキーツの病気と死になんらかの役割を果たしたという意見には反論した。[60]

同時代の人々がキーツにいだいていたイメージは、この病気を評価するうえでのロマン主義イデオロギーの力を物語っている。キーツは、家族によって何度もこの病気にさらされた人物というよりも、洗練されていない広い世界に揉まれるのが耐えられず、避けようもなく肺病に屈してしまう感受性と虚弱体質を持った繊細な人物とされた。[61]キーツはしだいに、《クォータリー・レビュー》で詩を酷評されたせいで落ちぶれていったと描写されるようになり、そのイメージは彼の批判者にさえ広く受け入れられたようだった。バイロン卿は、キーツの訃報を聞いて、出版社に次のような手紙を書いた。

わたしがキーツの詩を認めていなかったことはよくご存じでしょう（中略）［ですが］あの記事を書いた男をうらやましいとは思いません。あなたたち批評家は、あらゆる追いはぎと同様、人を殺す権利を持たない。とはいえ、評論雑誌の記事で死ぬような人は、同じくらい些細な別の何かで死ぬ可能性もあったでしょう。カーク・ホワイトにも似たようなことが危うく起こりかけ、彼はその後、肺病で亡くなりました。[62]

こんなふうにキーツとヘンリー・カーク・ホワイトの運命をいっしょに語ったのはバイロンが初めてというわけではなかった。キーツが発病する前の一八一八年、すでに友人のジョン・ハミルトン・レイノルズは、ある記事のなかでふたりを対にして語っていた。[63]レイノルズは、キーツに対する批評家たちの扱いを激しく非難し、彼らがカーク・ホワイトに及ぼした影響を思い出すように促している。

思い出されるのは、《マンスリー・レビュー》の批評家たちが数年前、カーク・ホワイトのたぎる心を打ち砕こうとしたこと、そして実際、最終的に彼を破滅させた憂うつを生み出す一因となったことだ。しかし、世間はその残酷さを目にして、悪意につぶされそうだった天才をいっせいに称え、詩人を有名にした。批評家とは、〝暗闇で人を刺す〟生き物だ——若く熱意のある人々は、やつらの格好の餌食なのである。[64]

キーツが肺病にかかったのは詩を痛烈に批判されたせいだという考えに触発されたシェリーは、キーツをアドネイスと呼んで称えた。『アドネイス』の序文に、シェリーはこう書いている。

わたしが次のような取るに足りない詩をその思い出に捧げた惜しまれるべき人物の才能は、美しいだけでなく、繊細で壊れやすくもあった。シャクトリムシがうようよいるとすれば、若い花が蕾《つぼみ》のまま枯れ果ててもなんの不思議があろう？《クォータリー・レビュー》に掲載された『エンデイミオン』への辛辣な批評が、彼の感じやすい心にこの上なく激烈な影響を及ぼし、こうして引き起こされた動揺は、肺の血管を破裂させるという結果を招いた。急性の肺病があとに続き、その後、彼が持つ才能の真の偉大さに対するもっと公平な批評が見られたものの、こうして無慈悲に負わされた傷を癒やす効果はなかった。[65]

シェリーは『アドネイス』でキーツに敬意を表して、肺病死をめぐるロマン派の神話をいっそう盛り上げた。作品のなかで、若者の早すぎる死を次のように賛美している。
静かに、静かに！　彼は死んではいない、眠ってはいない――
人生という夢から目覚めたのだ――
（中略）
この世をゆっくり汚していく害毒に
冒されはしないのだから、もう嘆かなくてよいのだ
冷たくなった心や、むなしく灰色になった頭を。
魂そのものが燃えるのをやめたとき、
くすんだ灰が悲しむ者なき骨壺に収められることもない。[66]

シェリーによるキーツの死の描写は、キーツの末期《まつご》の恐怖よりも美しさを語っている。「ああ、死してなお彼は美しく、眠りについた者として美しく死ぬ[67]」この解釈は、セヴァーンの目撃談とはまったく相容れないが、勝利を収めたのはシェリーのイメージだった。『アドネイス』の序文でシェリーは、キーツの墓について熱弁をふるっている。「あの街の、プロテスタントのロマンティックな寂しい墓地に彼は眠る（中略）その墓地は、冬にはスミレやヒナギクで覆われる廃墟に囲まれた広場だ。死に恋をしてしまいそうな、こういうすてきな場所に葬られたいと思わせるようなところだ[68]」シェリ

ーは、のちにこの友人と合流し、その「死に恋をしてしまいそうな」場所に埋葬されることになる。彼自身、結核を患っていたが、自家用ヨット〈エアリアル〉号でイタリアの海岸沖を航行中に溺死し、肺病死は免れた。

キーツは、十九世紀前半の肺病死をめぐるロマン主義のイデオロギーを体現していた。そのイデオロギーは広く浸透していくが、結核という病気はしだいに女性を連想させるものになっていった。肺病神話のイメージと受け取られかたには変化があったものの、この病気が穏やかな死をもたらすという考えかたは続いていた。こういう考えは、十九世紀半ばになっても存在した。フローレンス・ナイチンゲールの『看護覚え書』（一八五九年）にはこうある。「肺病で亡くなる患者は、清らかな喜びと平和に包まれて亡くなることが多く、その表情は歓喜を表していると言ってもいいほどだ。これに対して、コレラや腹膜炎などで亡くなる患者は、たいてい絶望に近い状態で亡くなる。その表情は恐怖を表している[69]」

肺病患者の描写は、十九世紀を通じて、個人的にも、社会的にも、身体的な美と道徳的な感性まで含めた魅力ある体というイメージを備えるようになった。それは特に、女性の結核患者について顕著だった。

第5章 家庭のなかにいる死の天使

感傷的な気持ち——肺病の女性化

感傷主義文化が発展するにつれて、感受性はロマン主義にならって賛美されるとともに、女性らしさを定義する要素のひとつになった。感傷主義とは、単なる一群の文学作品や個人の行いの理想ではなく、たとえば男性は握手のときに手袋を外すべきか、女性はどんなボンネットをかぶるべきか、男性と女性は死者のためにどんなふうに涙を流すべきかなどを定める一連のしきたりでもあった。[1] 魅惑的な肺病という一見ゆがんだ概念は、感傷主義によるさまざまな文学的、社会的、医学的論議のなかで強化された。これらの論議は、女性にふさわしい資質として虚弱という文化的概念を確立した。[2] 肺病は女らしさを、精神的、道徳的な救いとして合理的に解釈された苦しみと結びつける手段になった。結果として、上流・中流階級の女性が病気を経験することに意味が与えられた。これまで、医学改革者も社会改革者も与えられなかった意味だ。また、おかげで上流・中流階級の女性たちは、不潔なものや堕落したもの、下層階級の病気から距離を置くもうひとつの方法を手にした。救いとしての苦しみという福音主義的な概念は、ロマン主義の美学と結びつき、肺病で苦しむ虚弱な女性を、模範的な存在にまで高めた——すべては感傷主義の庇護があってこそだった。

感傷主義は、あらゆる面でヴィクトリア朝初期の文化と結びついていて、現実を認めることを完全に拒絶するどころか、認めることができない立場とされた。[3] 感傷主義は、ヴィクトリア朝時代の人たちが「発展する産業資本主義のきびしい社会的現実から逃れるテクニック」であり、一八三〇年代から一八七〇年代まで、社会のあらゆる側面で優勢だった。[4] 現実世界を回避し拒絶するこのテクニックは、女性の感受性の理想的な表れとしてヴィクトリア朝の文学と社会の至るところに見られ、「天使のように女らしい結核患者の神話」という形で、肺病が文化の象徴とまでされる環境をつくり上げた。[5] 感傷主義は、一八三〇年代初めに中流階級文化の大きな力として現れ、ロマン派詩人のイメージや男性的な病んだ創造性という考えには共鳴しなかった。十九世紀には、たとえば才能を得るための苦しみといったロマン主義的な考えかたは、より「女性的」なものへと変化していった。

この変化は、ヴィクトリア朝初期の人々が社会慣習のなかでまじめさとキリスト教の福音主義的な宗教道徳をめざすにつれて、ロマン主義の理想に対する全般的な反動と結びついた。ヴィクトリア朝時代の市民階級はとても信仰心が篤く、福音主義は中流階級文化のありかたを決めるうえで重要な役割を果たした。十九世紀前半には、合理主義と福音主義的な教養という特異な組み合わせが、ロマン主義に影響を受けていた。福音主義とロマン主義が共存できたのは、ふたつの核心が似ていて、どちらの運動も個人のアイデンティティーを中心に置いていたからだ。アプローチは似ていたものの、個人単位で〝道徳心〟を養い磨くべきだとして、ロマン主義的概念からは離れる動きがあった。代わりに、社会が道徳的態度を育て守らせる役割を担うべきだという考えが主流になった。[6] 中流階級の経験を如実に示すようになるこの理想は、家庭への献身のなかでしっかり定着し、男女の適切な地位と活動、宗教的なイデオロギーと実践に重きを置く役割を定めた。[7]

男女の役割の再定義は十九世紀前半に始まり、同時に、それぞれの性別にふさわしいものは何かについて理解が固まっていった。[8] これらの概念は、家庭生活を中心とする哲学に支えられて、影響力を増していった。それぞれの性別に適切な領分――身体的にも道徳的にもふさわしいものを定義する哲学だ。[9] 異なる領分についての十九世紀のレトリックによれば、女性は生まれつき愛情深く、感情的で、信仰心が篤いのに対し、男性は知的で、生気にあふれ、実際的であるとされた。福音主義の復活は家庭生活の価値を高め、それによって女性は家庭という領分を占め、徳の高い〝天使〟として、夫と子どもたちに慰めと道徳的な指導を与える役目を負った。性別による境界線が引かれたことで、独立した健康な男性は、実社会の中心的な存在として、尊敬すべき男らしさを持つ者として強調される傾向が生まれた。一方で、尊敬すべき女らしさは、体が弱く、家庭的で、依存心の強いこととされた。[10]

ヴィクトリア朝初期、ロマン派の詩人たちは感受性が強く、結核に関連づけられたことから、女々しい者たちとされた。感受性にまつわる病気が医学的・社会的な説明のなかでしだいに女性の領域になっていくにつれて、この関連づけは強まった。こういう考えかたは、一八四三年にはすっかり定着していた。たとえば、アイルランドの作家レディ・モーガンが義理の兄弟の病気について語り、肺病患者の不思議な見た目に対するバイロン卿の有名なコメントに言及した際のことだ。[11] 姪に宛てて、こう書いている。「あなたのおじさまは、とても危険な病気からすっかり回復なさったけれど、わたしの非ロマン主義的な感覚では、まだ〝青ざめて元気がなく不思議な姿〟で、会いたい気持ちにはなれません！」[12] 文学的慣習のなかでは、女性の清らかさと過度な感受性がますます複雑に絡み合い、その関係は医学論文、戯曲、小説のなかでも強まっていった。感受性の女性化に与した著者たちは、肺病の女性を内省的で感じやすい者、受動的なヒロインとして形づくった。ヴィクトリア朝時代には、結核の描写は医学においても文学においても、女らしさを中心に展開するようになった。[13] 肺病の女性化とその影響は、一八四〇年代の、肺病を患うキーツに対するやや批判的な描写に表れている。たとえば、一八四八年のある記事は、仮装舞踏会で女性がこの詩人と行き合った出来事を話題にしている。著者の反応は、もはやロマン主義時代の人々の反応とはかなり異なっていた。

　この光景は、当時としては今感じられるほど奇異ではなかった。詩的な時代だったというだけでなく（中略）ある種の仲間内では詩的で派手なふるまいが流行していて、そういう光景はわたしたちが思うよりも理解しやすく、さして突飛でもなかったのだ。キーツが羊飼いの扮装をした女性の足もとにひざまずく場面は、ものうげで弱々しい肺病の詩人というものをとても明瞭に代表しているように見えた。いかにも「雑誌の記事ひとつにつぶされて」しまいそうだ。彼の早すぎる死、弱っていた肺、詩のなかで果てしなく繰り返される「卒倒」と「気絶」、《クォータリー・レビュー》がその死を早めたという誰もが信じている逸話について考えるに――わたしたちは彼を、あらゆる奇異な発想に身をゆだねていたうえに、偉大さを示す特質、たとえば男らしい感覚や男らしい強さには欠ける人物だったと想像せずにはいられなかった。[14]

感傷主義者の視点では、肺病の男性はもはや美学的にもてはやされる人物ではなかった。むしろ、こういうかつての英雄たちは、少しばかり女々しい人物として描写された。[15]
　肺病は、感情と神経の過敏さに大きく影響される病気として、男性が罹患すると否定的な意味合いを持つようになった。結核は、依然として弱さと興奮しやすさが原因で起こるとされていたが、天才を特徴づけるのではなく、女性を連想させる脆さやはかなさを象徴していた。また、過度な感受性は依然として神経系が刺激を受けすぎた結果とされていたが、しだいに自制心のなさと感情過多のせいと見なされるようになった。こうして、結核を引き起こす感受性と、女性的と見なされる傾向はつながっていった。ヴィクトリア朝の女性たちは肺病の犠牲になりやすいとされただけではなく、肺病は女らしい感受性の資質として、女性のアイデ

図5-1
居間で夕べの祈りを捧げる家族の一団。エドワード・プレンティスの画風にならったウィリアム・ホール作の版画（ロンドン：ピーター・ジャクソン、日付なし。

ンティティーにとって不可欠な一部となった。

感受性と苦しみをめぐる論議が肺病死を女性のものとする考えかたを先導し、病気にかかった女性は〝美しい死〟の典型となった。心をそそる魅力的な女性はいつしか、清らかさと苦しみに結びつけられ、それが肺病で痩せて神経過敏になった人の高評価につながり、肯定的な美しい描写があてがわれていった。[16] こういう考えかたは、この病気の最大の犠牲者は女性であるという説が広がったことで強化された。医師のトマス・ヘイズは、早くも一七八五年にこう述べていた。「肺病ほど、社会の有能な構成員をこんなにも大勢この世から奪い去る病気はない（中略）この上なく優れた才能を持つ男たちだけでなく、最高に美しくとびきり鋭い感受性を持つ女たちまでが、国家と幸せな家庭の輝く宝石となれるはずだったというのに、この残酷な病気によって早々に命を落としてしまうのだ[17]」

十九世紀半ばまでには、肺病と感受性は性別によって受けとめられかたが異なるようになり、どちらも大半が女性のものとされた。感受性と肺病に相関関係が見出されたことで、この病気は女性らしい特徴の産物として、また女性の性格を際立たせるのにもってこいの病気として注目された。一八五〇年には、《ワールド・オブ・ファッション》が、女性の感受性の高さとその影響について取り上げた。

女性を無情で愚かだと非難する人はいません。むしろ欠点は、それとは正反対のところ――洗練されすぎた繊細さにあります。ともかく、喜びであれ悲しみであれ、感受性は独創性あるいは心の繊細さに比例して高まっていきます。そして、男性の心が女性の心より粗野にできていることを疑う人はいないでしょう。したがって男性は、より洗練された資質を持つ女性ほど激しい苦痛に苛《さいな》まれはしません。幸福な日々のなかであらゆるものに美しい輝きを与え、あらゆる喜びに浸るときに極上の風味を添えるその心の繊細さが、逆境にある女性の魂により深い陰影を刻み、痛みと悲しみをさらに鋭利にするのです。[18]

感受性と〝肺病の女性化〟は、ヴィクトリア朝社会での女性の役割や地位という揺るぎない概念にうまく適合した。十九世紀前半に男女の違いが明確に定義されるにつれて、それらの概念は発展していった。

肺病患者の結婚

肺病は遺伝病であるという説が一般的だったので、この病気は十九世紀の結婚に影響を与え、慢性病を持たないことが縁談をまとめるうえでの重要な基準となった。これから結婚する人たちへの忠告書には、子どもたちに虚弱体質を受け継がせないよう、伴侶を賢く選ぶ道徳上の義務があると書かれていることが多かった。[19]たとえば、一八二二年の《ニュー・マンスリー・マガジン》にはこうある。「自らの損なわれた体質を子孫に伝える（中略）親は、自分の子どもを貪《むさぼ》り食うクモのようだ。命を与えることで病気の種を子孫に渡し、彼らを若死にさせる張本人となるのだから」[20]ただしこういう警告は、肺病患者が女性の場合は無視されたようで、本の中でも実際面でも例外は数え切れないほどあった。たとえばトマス・フォスター・バラムは、こういう懸念を明らかに無視して肺病の家族歴を持つ女性と結婚し、一八三六年にこう書いている。

わたしの愛しいサラの健康は、ここ二、三年のあいだに衰えの兆候を示すようになっていた。体が目に見えて痩せ細ってきて、習慣的な息切れもあった(中略)また、かなり大量の痰を吐くようになり、ときおりそこに少しばかり血が混じった(中略)肺病によって四十五歳の若さで亡くなった母親のことがたびたび妻の頭に浮かぶらしく、自分も同じ病気で同じくらいの年齢で逝くに違いないと予期しているようだ。[21]

一八五七年の「ふたつの家庭のスケッチ(A Sketch of Two Homes)」は、肺病患者の結婚問題を取り上げた。ある祖父が、肺病の家族歴があるだけでなく、すでにその病気の傾向を示している孫娘の結婚を阻止して病気の連鎖を断ち切ろうとするが、失敗してしまう。祖父は孫娘の求婚者に結婚をやめるよう訴えながら、自分の苦悩を切々と物語る。

「若者よ(中略)きみには同情する! 同情しているとも(中略)わたしもかつて、きみと同じように——きみはまだ実行していないが——愛する女性を説き伏せて結婚した。しかし、妻は肺病で他界し、娘も結婚したが肺病で他界し、今やわたしに残されたのはマグダレンだけだ。同じ恐るべき病で死ぬのだとしても、孫娘は結婚すべきではないし、あの子の母親や祖母のように、恐怖の遺産を子どもに残すべきではない。わかっただろう、さあ（中略）帰ってくれ[22]」

怒りの言葉を浴びせたものの、この祖父は結婚を止められず、夫となった男は一年後にこう述べた。「もう一年以上になる。あれから妻とふたりで暮らしているが、今では妻の頬はこけて赤らみ、足取りはゆっくりと弱々しい。あの人たちと同じように、妻も消えゆこうとしている――影の世界から旅立つひとつの影[23]」

この逸話に出てくる若い男性は典型的で、『若い貴婦人のための生理学（Physiology for Young Ladies）』によると、肺病患者との結婚を避けるようにという忠告の大半は無視されていた。著者は次のようにこぼしている。

縁談で健康が考慮されることはほとんどありません。以前「娘たちへの父親の忠告」で、病気（中略）を持つ家族とは関係しないよう気をつけるべきだと読んだ記憶がありますが、今ではそれはまったく時代遅れとされています。この忠告に耳を傾けるべきだと考える人はほとんどいないのですから。[24]

結婚が女性のアイデンティティーの中心にあるなかで、どうして肺病のような遺伝性として知られていた病気が、伴侶を選ぶ際に無視されただけでなく、ヴィクトリア朝の中流階級の女性たちにおしャれと見なされるような矛盾が生まれたのだろう？　答えは、当時優勢だった生物学的な女性の定義の影響力にあった。それこそが文化としての病気を発展させたのだった。

生殖する体

福音主義の哲学は、キリスト教の道徳家たちが模範的な女性の必要条件を設定する後押しをしただけでなく、医師たちが女性らしい行動の生物学的基盤を確立する足がかりにもなった。歴史学教授キャロル・スミス＝ローゼンバーグとチャールズ・ローゼンバーグによると、「ヴィクトリア朝の女性たちの模範とされる社会的特性、たとえばいたわり、直観的な道徳性、家庭的な性格、受動性、愛情などはすべて、生物学的基盤に深く根ざしていると考えられていた」[25]。女らしさは議論の的となり、知的・宗教的論争で大きな位置を占めていたが、一八三〇年代には、男女の役割が生物学的な違いに基づくものに変わり、その論争はいっそう世俗的になっていった（口絵の図XV参照）。その過程で男女の違いは「英国の中流階級の常識」になった[26]。女性に割り当てられた「家のなかの天使」としての華やかな役割によって、女らしさは霊的なレベルにまで高められた一方で、男らしさはしっかりと現実世界に置いた。

キリスト教の教義によってつくられた女性の役割は、病気と結びつけられ、贖罪という概念に大きな影響を受けた。こうして病気は、女らしさと苦しみをより合わせて、道徳的・霊的な贖いをもたらす方法のひとつになった。[27] 女性は「堕落へ誘うとともに、救世主を産んだ」者として「罪のおもな源と清らかさの第一の象徴」の両面から描写された。[28] 一方で感受性と結びつけた当時の研究では、病気に苦しむ女性は無垢で汚れを知らない者、その清らかさゆえに低俗で粗野な外界の猛威には耐えられない者として扱われた。この弱さの出どころは身体構造、特に神経にあるとされ、神経過敏であることが高く評価された結果、病気と死の美学に対する意識が高まった。こういう性別による対比は、結核を描写するうえで徐々に明白になっていき、とりわけ恋をしている女性は粗野な世の中に耐えられず、その失望から肺病にかかる一方で、男性が肺病にかかるのは事業の失敗が原因と描写されることが増えていった。[29] 病気、特に肺病は、ヴィクトリア朝の貴婦人であることの証のひとつになった。女らしさの理想も、結婚して母親になるという慣習を前提としていた。それは、定められた女性の役割を果たすのに不可欠なものとして、社会的にも医学的にも支持されていた。[30]

十九世紀初頭、肺病はしだいに女性の生殖器系と結びつけて語られるようになった。医学研究者は、肺病を月経や妊娠という女性だけの経験にはっきりと結びつけることで、女性のほうが結核による死亡率が高いとされる状況をうまく説明しようとした。このような関連づけが可能になったのは、当時の医学理論に支えられた感受性をめぐる論議のせいと、女性の神経系が男性の神経系より脆いとされていたせいだった。

アイルランドの医師ロバート・ベントリー・トッドは『脳、脊髄、神経節の記述解剖学および生理解剖学（The Descriptive and Physiological Anatomy of the Brain, Spinal Cord, and Ganglions, and of their Coverings)』（一八四五年）で、次のような生理学的な証拠を提示した。「アリストテレスは女性の脳が男性の脳より明らかに小さいと言ったが、体格からすると相対的に小さいわけではない。女性の体は一般に、男性の体よりも軽いからだ。女性の脳はたいていの場合、体のサイズで比べると男性の脳より大きいほどである。神経系の敏感性と感受性のさまざまな度合いは、体と比較した相対的な脳のサイズによって決まると考えられる」[31]医師や生理学者は、女性の神経系が過度な刺激の影響を受けやすく過敏になりがちなので、全体として神経が消耗しやすい傾向があり、そこから結核に至ると論じた。こういう考えかたは、最も肺病の犠牲になりやすいのは女性であるという考えが広まったせいで強化された。一八四三年、ジョン・ヘースティングズは「紛れもなく女性は男性より肺病にかかりやすい」[32]と主張したが、ヘンリー・デションはさらに論を進めて、肺病の素因が生じるのは「女性の繊細で過敏な神経組織が、精神的にも肉体的にもさまざまな影響を受けやすくしている」直接的な結果だとまで言った。[33]

女性が生きる目的は人類を産み増やすことと定義され、医師も社会理論家も、女性を生殖のための道具であり、人質でもあると見なしていた。十九世紀初頭の女性が生殖能力によって定義されていたとすれば、人生の各段階を印すのは、月経の始まり、妊娠、そして閉経後の〝更年期《チェンジ・オブ・ライフ》〟だった。アレクサンダー・ウォーカーを始めとする生理学者たちは、「女性の性格は卵巣の存在によって決まる」[34]と主張し、卵巣を失えば女性らしい特徴はすべて消え、月経が止まれば乳房は小さくなって顔には髭《ひげ》が生えてくるとまで言った。さらに、女性の場合、思春期の始まりは「過度に敏感な状態」の先触れとなり、「それ自体が拡散し伝染しようとするかのようなあり余る生気」を誘発すると主張した。[35]

しかし、このあり余る生気は、生命の終わりをもたらすことにもなった。この説には、結核が関わってくるからだ。医学研究者たちは、肺病の始まりは思春期が引き起こす混乱にあるとし、女性が体の複雑なしくみのせいで肺病に最もかかりやすくなるのはこの時期だと主張した。たとえば、ジョン・リードはこう述べた。「たいていの場合、肺癆の明白な症状は思春期近く、もしくは直後に始まることが一般に知られている」その理由は、「全身に影響を及ぼす（中略）大変革」があって肺臓に変化が起こり、「それが持つ他の部位への共感」が高まって、女性を肺病にかかりやすくさせるからだという。[36]思春期の過程が過敏性を増して結核を引き起こすのは、肺と子宮のあいだの共感が高まるせいだとされた。つまり月経は、女性の生殖能力の発達にとってだけでなく、ふたつの部位を物理的に結びつけて肺病を発生させるという点でも重要な意味を持っていた。

生理学者たちは、生殖器が「女性の全身の組織に」影響を及ぼすと論じた。[37]そして思春期になると、「少女は目的への適応を（中略）身につけ始め」、「今や女性の生殖器は、従属的な存在ではなくなるどころか、全身の組織を支配するのである」。[38]新しい才能も現れ、それはたとえば「すっかり熱に浮かされた想像力――新たにわき起こった喜びへの欲望――嫉妬の気持ち――性愛だけでなく、子どもへの、さらには献身への愛、つまり一般に生殖器とのつながりを特徴とするもの――そして最後に、自分では制御できない奇妙で変わりやすい脳への影響、気まぐれな情熱あるいは反感などである」。[39]

女性を感情に基づいて医学的に定義することで、感受性と感情によって引き起こされる病気と女らしさがさらに固く結びつけられた。《内科・外科学レビュー》はこう述べた。「もし少女が恋をすれば、熱情の興奮による脳の乱れから（中略）喀血や（中略）肺病を起こすかもしれない」[40]

思春期は情熱をあおるかもしれないが、女性が肺病にかかりやすくなるのは、ひとつには、毎月の血液の排出が作用するからだと考えられた。[41] しかも医師のロバート・トマスは、『現代の医術（The Modern Practice of Physic）』で、「経血の過剰な排出」を肺病の素因として挙げさえした。[42] 疾患過程に月経が果たす役割をめぐっては、さまざまな憶測がなされた。月経の停止が肺病の原因として働くと論じる研究もあれば、それをただの症状と見なす研究もあった。どちらの場合も、月経がもたらす解放がないことが問題で、無月経は結核にかかりやすくなったことを示す身体的な兆候とされた。『有用知識普及協会のペニー百科事典（The Penny Cyclopaedia of the Society for the Diffusion of Useful Knowledge）』は、医師たちがこの証拠を読み解くのに苦労したことを認め、こう述べている。「女性の場合、消耗熱にかかったとき、ときにはかかる前から、月経はほぼ必ず止まるので、そういう症例での病気は月経停止から生じるという一般的な見解につながった」[43]

月経と消耗熱のこういう相関関係は、病気の存在をはっきり示すもうひとつの症状、つまり肺病の最も明らかな兆候である喀血を説明するのに役立った。医師のなかには、喀血は女性の体が無月経に適応した証拠であり、実のところ体の部位を変えた月経なのだとまで主張する者もいた。一八三五年、『病院診療入門（An Introduction to Hospital Practice）』には、喀血についてこう書かれていた。「肺が可能なかぎり子宮の機能を果たしている際、ときおり代償的な排出として起こる。月経が止まると、肺は血液でいっぱいになり、この器官を使って排出しようと努める」[44] 月経機能が規則的でない女性の場合、肺病とそれに伴う喀血が、溜まった血液を除去する手段になるというのだ。[45]

とはいえ月経は、女性の生殖系を結核と結びつけるひとつの方法でしかなかった。多くの医学論文は、肺病の進行がしばしば妊娠中に休止し、出産後に急速に再発するように見えるのを証拠として、

「徐々に大きさを増す子宮が、進行の中断、さらには肺癆の治癒にまで大きな影響を及ぼす」と主張していた。[46]一八三九年、医師のサミュエル・ディクソンは著書『医者の誤信（Fallacies of The Faculty）』にこう書いた。「妊娠は自然の過程と定義されてきた。死も同じだ！」[47]この並置は痛烈に思えるかもしれないが、ディクソンは続けて、妊娠を結核死から確実に逃れられる可能性が最も高い自然の過程だと主張し、こう述べている。「妊娠中の発熱によって進行が止まる、ときには治ることもあると医師のあいだでよく知られている病気が、肺病だ。他のあらゆる治療手段が失敗した場合、結婚によってこの（中略）病気が治る可能性を伝えるのは、医師の義務である」[48]

つまり、妊娠に向けて体の準備を整える子宮の活動は健康に悪いらしいが、その目的を果たせば、失ってしまったものを取り戻す手段が得られるというわけだった。しかしこの小康状態は一時的なものだったので、肺病死を防ぐには繰り返し妊娠する必要があった。「肺癆は（中略）妊娠によって進行が大幅に遅くなることがわかっているが、妊娠期間が終わると、急速に終末へと向かうからだ」[49]こういう考えは、ジョン・イングルビーを始めとする医師らに支持された。イングルビーは、次のような症例を報告した。「ある貴婦人は、たいへんな大家族の母親で、八回の継続的な妊娠によって肺病を抑えていた。疾患は、それぞれの出産後にきわめて明確な形で再発した。女性は授乳をしなかったので、すぐにふたたび妊娠し、一時的な安らぎを得ることができた」[50]さらに重要なことに、『体質的な女性の病気についての解説書（Commentaries Principally on Those Diseases of Females Which are Constitutional）』は、この病気が実のところ女性の生殖能力を高め、妊娠を促進すると論じた。とりわけ驚くのは、こう述べていることだ。「結核性疾患の影響下にある子宮の状態は、きわめて妊娠しやすい傾向を見せる。この変化がさらに、結核性疾患の進行を抑える反射作用を生じる」[51]つまり肺病は、女性の生殖系との相互作用で自らの治療を助けるというわけだった。

生殖器系の機能がもたらす女性の生物学的な不安定性が、生来の虚弱さに呼応して働き、結核にかかりやすくさせるのなら、生殖能力を失えば、それに応じて発病率も低下するのが当然だろう。生殖能力の高い年齢を過ぎれば、役に立たなくなった生殖器官は女性のなかで縮んでいき、「そこには弛緩と変形」が残されると考えられていた。[52]女性はその時点で「新たな生物」になり、女性の人生の目的は人類を産み増やすことであるという定義から、生理学に基づく還元主義者たちは、閉経後の女性の人生を、目的とアイデンティティーを失った人生と見なした。[53]たとえば、アレクサンダー・ウォーカーはこう述べた。「加齢によってついに生殖器官の活力と受胎能力が損なわれると、残りの組織が大きな力を獲得し、頭脳が明晰さを増していく（中略）その知性によって、男性的な性質を帯びてくる」[54]さらに、閉経後の女性は、感受性を生み出す資質を失っていくので、結核にかかりにくくなると考えられた。肺病は選択的に若者を襲う病気だと広く信じられていたからだ。『肺病とはどういうものか（Consumption: What it is, and What it is not）』は、結核の無慈悲な選択に焦点を当てている。「肺病！――飽くことを知らぬ残酷な暴君！――（中略）なぜ汝は、人類のなかで最も麗しく愛らしい者たちばかりを襲うのか？　なぜやつれ疲れた年寄りではなく、花盛りの美しい若者を選ぶのか？　なぜよろよろとゴールへ向かう老いぼれではなく、人生のスタート地点から元気よく飛び出していく者たちを打ちのめすのか[55]？」その答えは、証拠の解釈のしかたにあった。とりわけ女性がかかりやすい病気である結核は、生殖能力が最も高い年ごろの女性を襲うが、もはや女性の重要な役割を果たせない者たちは見逃すというのだ。このように、女らしさの理想は生物学的に、女性の洗練された神経系と、反応性の高い生殖系にあるとされた。その両方が、感受性と密接に絡み合っていた。

感受性と女らしさ

感受性は文学や社会のなかで、感情の激しさに基づく女らしさの理想に不可欠なものとして描写された。女性はこの資質をより多く与えられていると一般に考えられていたので、自分の気持ちに従って行動する感情の生き物と定義されていたのに対し、男性は理屈によって動く知性の生き物と定義されていた。[56] 感情との結びつきに加えて、感受性は病気にも関連づけられた。ロバート・ベントリー・トッドは、その相互依存性を取り上げた。「痩せている人は、肉づきのよい人より病気にかかりやすい。体の栄養状態に影響を与える病気の場合、痩せるにつれていっそう罹患しやすくなる。一方で、長患いから回復しつつある人の場合、徐々に体力を取り戻すうちに、罹患しやすさと感受性は低下していく」[57] 衰弱と感受性の高さを対応させるこの考えかたが、肺病と女らしさを結びつけるもうひとつの鍵となった。

感受性の働きは、個人の気持ちと感情だけでなく、そういう心情の身体的な現れをはっきりさせた。感傷主義者たちの主張によれば、女性は感情を隠せないので、生まれつき素直な性格になるという。女性が慢性病のさまざまな段階を進むにつれて、個性の層が和らぎ、真の性格が鮮明になって、霊性が高まるというおまけもつくと、感傷主義者たちは主張した。[58] 女性は自分の感情を、気絶や涙という形で、そして何よりも病気によって表現すると考えられていた。[59] したがって、慢性病である肺病は、女性の本質的な存在、真の性格をあらわにした。病気にかかりやすいことと、病気にかかってから見せる回復力と不屈の精神は、女性の資質にとって重要な要素であり、その病気に、性格や道徳心、霊性といった美点を与えた。さらに、病気は〝感情の真正さ〟を示す証拠であるとともに、純然たる本物の苦しみの証でもあった。痩せ衰えた体は、感情の誠実さを証明していた。体は嘘をつかないので、言葉が表現できるよりずっと真実に近い感情を表現しているはずだった。[60] 感情と肺病のつながりは、医学論文や文学作品で繰り返し取り上げられた。[61] たとえば、ジェームズ・クラークは次のように述べている。

精神の抑うつも、全身の力を奪う全般的な状況のなかできわめて顕著な位置を占めており、肺病の最有力の決定的原因になりうる。長年の夢の断念、偽りの感情、大切な人間関係の喪失、不運な出来事などは往々にして、特に女性のなかで肺病にかかりやすい人に多大な影響を及ぼす。[62]

肺病と死は一時期、文学のテーマとして人気があり、その趣向はヴィクトリア朝時代を通して定番化し、たとえば自身も病気に苦しんだブロンテ姉妹など、多くの作家にさまざまな方法で採用された。[63] クラーク・ローラーの主張によると、ヴィクトリア朝文学では、青白い肌と繊細さが肺病の罹患を表すのに使われることがしだいに増えたが、病気の不適切で見苦しい症状は都合よく削ぎ落とされ、若

図5-2
恋煩いをしている若い女性の脈を取り、困惑する医者。リトグラフ。

い女性患者は「感傷的な天使」として描かれた。[64] また結核は、霊性と魅力が高まった印ともされ、肺病にかかった女性はますます美の象徴となっていった。[65] 常に病の影につきまとわれている人というアイデアに、感受性への伝統的な崇拝が加わることで、愛情深く優しく繊細な肺病のヒロイン像はもはや小説の枠を超えて、日常生活でも求められるようになった。こういう考えは文学的な趣向にとどまらず、精神的な混乱を結核の原因とする古くからの伝統の延長線上で、医学的な事実として確立された。医師のリチャード・ペイン・コットンは、著書『肺病の性質、症状および治療（The Nature, Symptoms, and Treatment of Consumption)』で、この問題に取り組んだ。

> 気分の落ち込みが長く続いて重度な場合、それ自体が肺病の素因をつくり出すかもしれない。肺癆の始まりを、なんらかの不運や家族の悩み、あるいは心に深刻な影響を及ぼした出来事までさかのぼれることがいかに多いか！　苦しみで〝胸が張り裂けてしまった〟と耳にすることがあるが、これはふつうはただの比喩であって、悲しみと浮世の苦労が人生の破滅のように思えることを意味する。医者は、こういう事態がいかに肺病を起こしやすくするか、こうして始まった症例がいかに望み薄であるかをよく知っている。[66]

肺病を失恋の産物とする文化的な考えかたは広く受け入れられていた。それは、病気を女性の神経系の産物とする定義と一致していた。

このように十九世紀前半には、肺病はしだいに悩み多き女性に起こるひとつの作用と解釈されるようになり、性別によってこの病気にかかる意味が変わってきた。肺病の犠牲となった男性詩人とその〝過敏な感受性〟というロマン主義のイメージはまだ残っていたが、ヴィクトリア朝時代初期に感受性やその特性と結びつけられたことによって、結核は明らかに女らしさを表すものになっていった。生理学的な性差は、過度な感受性を働かせるものとして、女らしさの定義に利用され、それを社会も期待した。このような生物学的概念は、さらに礼儀作法や社会的に見た感受性、身体的な優美さの規範にまで応用され始めた。そのすべては女性を、病的な状態すれすれのところで危ういバランスを保っている者として描き、暗に結核にかかっていることを示唆していた。[67]

第6章

悲劇と結核――シドンズ家の物語

十八世紀末にはすでに、失恋、病んだ創造性、洗練、神経の過敏さに関わる病気として広く認められていた結核は、女性の魅力という概念とますます複雑に絡み合っていった。それは感受性が繊細さを与えるという考えかたと、女性の神経系は男性のものより脆いと考える当時の医学理論に支えられていた。生物学的に言えば、女性は不利な条件でスタートするのだ。この状況は、女性がいっそう装飾的で不活発な社会的役割を負わされることでさらに複雑になり、肺病が蔓延してもおかしくない完璧な条件をつくり出しているように思えた。こうして、医師も、作家も、一般の人々も、結核を美しさや洗練、神経過敏と同一視するようになった。肺病神話は強い影響力を持ち、この病気を美化して描写する比喩がますます幅を利かせ始めた。

肺病は、肉体的・精神的な意味で美しい病気であるだけでなく、恋愛と関連した病気として表現された。こういう考えは、結核患者とその病気の容赦ない進行を目にした者の個人的な解釈から生まれた。スーザン・ソンタグはこう論じている。「〝ロマンティックな苦悶〟として知られる文学的・性愛的な態度の多くは、結核に由来する（中略）病気の初期症状を芸術の様式にのっとって語る過程で、苦悶はロマンティックなものになり、現実の苦悶はすべて抑圧されてしまった」[1] 十八世紀後半には、人々は特有の大げさな比喩表現を使って、自分の肺病の経験をつくり上げるようになっていた。こういう神話の要素には、キリスト教の〝よい死〟の再解釈もあった。肺病を安らかな旅立ちとするやや古い考えを採用したのだ。感傷的な典型例では、この穏やかな死が、美しさと、特に恋愛での失望の犠牲になった若い女性というイメージで飾り立てられた。女性の場合、肺病の原因と死についてはたいてい、精神的・肉体的な美しさが増したことが説明につけ加えられた。

　サラ・ケンブル・シドンズ（一七五五～一八三一年）は、十八世紀の最も有名な悲劇女優で、世紀後半その人気は最高潮に達した[2]**（口絵の図XⅥ参照）**。シドンズ夫人は批評家の絶賛を浴びてはいたが、ひとつにはリチャード・ブリンズリー・シェリダンによるドルリー・レーン劇場の経営がずさんだったせいで、経済的にも個人的にも苦境に立たされていた[3]。シェリダンはしょっちゅうシドンズ夫人への給料の支払いを滞らせた。この経済的な不安定さが、一七八四年の夏に始まった慣例を続ける動機になったのかもしれない。一七八〇年代後半から一七九〇年代を通じて、ロンドンの演劇シーズンの終わりに、シドンズ夫人はスコットランドとイングランド北部へのツアーに出かけた[4]。シェリダンが払ってくれなかった給料を補う必要があったからなのか、単に夏のツアーで得られる高収入に惹かれたからなのかははっきりしない。しかし一七九八年、シドンズ夫人は、病気にかかっていた娘のマリアと離れて過ごすあいだ、こうぼやいている。「悲しいのは、マリアの気まぐれ［クリフトンに行きたいというマリアの望み］のせいで娘と離れ離れになってしまうことです。だってわたしは、生活に当てるちょっとしたお金を稼ぐためにどうしてもあちこち出かけなくてはならないのですから。ひと月ほど家族で過ごしてから、秋までウスター、グロスター、チェルトナムで演じるためにずっと出かけることになるでしょう。そのころにはマリアもクリフトンに飽きて、みんなでブライトンに集まれるといいのですけれど。そこで数夜、演じる予定です」[5]

はっきりしているのは、シドンズ夫人と弟のジョン・ケンブルが、シェリダンに対して我慢の限界に達し、一八〇一〜一八〇二年のシーズンの終わりにドルリー・レーン劇場との関係を絶ったことだ。ほどなく、一八〇二年五月の初め、シドンズ夫人はふたたび家族のもとを離れて外国へ旅立ち、一年以上アイルランドで巡回公演を行った。この巡業のあいだ、シドンズ夫人の長女サリーは、重い病気で同行できなかった。代わりに、ヨークの劇場支配人テート・ウィルキンソンの娘が付き添った。マーサ（パティ）・ウィルキンソンは当初、シドンズ家の長女の話し相手として一七九九年からシドンズ家を訪れていた。マーサは、シドンズ夫人の一八〇二〜一八〇三年のアイルランドツアーに同行しただけでなく、夫人が亡くなるまで付添い人を続けた。[6] シドンズ夫人がツアーを始めた動機がなんであれ、娘ふたりの病気が重要な段階にあったときもそばにいられなかったのは、その仕事が理由だった。しかしシドンズ夫人が多忙なスケジュールをこなし、長い留守のあいだに経験したことを、友人宛ての手紙を通じて記録にとどめていたおかげで、現在でも、娘たちの病気の経過やその影響について他に類を見ない情報が得られる。肺病の疾患過程とますます強まる女らしさの理想との関連づけを知る手がかりとなるだけでなく、この病気をめぐる当時のさまざまな理論や治療法もよくわかる。特に目を引くのが、娘ふたりと肖像画家サー・トマス・ローレンスの三角関係が果たした役割だ。不幸な結果が、肺病の罹患と悪化、最後には次女の死を招いたと受け取る者もいた。

美しさの素因

一八三四年、日記作家のチャールズ・グレヴィルは回顧録にこう書いている。

アークライト夫人が、いとこふたりとサー・トマス・ローレンスとの婚約をめぐる興味深い話をしてくれた。（中略）ふたりは姉妹で、一方はすらりとしてとても器量がよく、もう一方は小柄で取り立てて美しくはないが、とても賢く愛想がよかった。彼は器量よしのほうに恋をして、ふたりは婚約した（中略）しばらくすると、知性で勝る賢い娘のほうが、画家の情熱の向かう先を変えてしまい、器量よしの娘から彼の愛情を奪った。ふたりは二重の裏切りを隠していたが、ある日、新しい恋人に宛てたはずの手紙が前の恋人の手に渡り、自分宛てだと信じて疑わなかった娘はそれを開封して、重大な真実を知ってしまった。そのときから彼女は意気消沈して病気になり、ほどなく他界したという。[7]

ご推察のとおり、このもつれた恋愛関係の実際の展開は、アークライト夫人の話とは少し違っていた。けれども、ローレンスとシドンズ姉妹の恋愛騒動をめぐる当時の解釈のなかでさえ、中心的なテーマは美しさにあった。美貌は、当時の人々にとって特に重要だった。ひとつには、〝器量よしの〟

娘が意気消沈して病気になり他界する原因となった肺病を説明できるからだ。実のところ、ローレンスは姉妹に言い寄った際、まずサリーという愛称で知られていた〝賢く〟〝愛想がいい〟姉、サラ・マーサ（一七七五〜一八〇三年）に恋し、次に見るからに〝美しい〟妹のマリア（一七七九〜一七九八年）に心変わりして、そのあと、魅力的なほうのマリアが肺病で死にかけると、愛情を向ける対象をふたたび変えたのだった——画家本人の人物像は立派とは言いがたい。

どちらの娘も母親似の美人という評判だったが、一般には次女マリアのほうが魅力的だと言われていた。マリアの美しさは少女のころから話題になっていて、母親はあまりの愛らしさが悪影響をもたらすのではないかと心配していた。マリアがまだ十三歳のころ、シドンズ夫人は友人のバリントン夫人宛ての手紙にこう書いている。「マリアはたいへんな器量よしですが、わたしはどの娘も取り立てて美しくあってほしいとはまったく思いません。その理由をわざわざご説明する必要はないでしょう」[8] その理由は、美しさが肺病の遺伝的素因を示す重大な兆候のひとつと信じられていたからだ。しかも発病すれば、その症状が患者の魅力をいっそう高めると考えられていた。

長女サリーは、アークライト夫人にはあまり容姿を褒められていないものの、当時の人々には魅力的だと思われていた。とはいえ、長女についての描写は、特に死後にはその知性と人柄に焦点が当てられる傾向があった。たとえば詩人のトマス・キャンベル[9]は、サリー・シドンズの半身像を見て、こう書いた。「厳密には美人とはいえないが、顔立ちは母親似で、目は明るく輝き、率直さと優しさがみごとに混じり合った容貌をしている」[10] どちらの娘もいくらか繊細な体質を示していたものの、美しさで勝るマリアは、その繊細さをふんだんに受け継いでいると考えられていた。

皮肉にも、呼吸器系の病気にかかりやすいことが最初にわかったのはサリーのほうで、まだ十七歳のころだった。サリーの虚弱な体質についての記述は、一七九二年十月に「具合が悪くなった」とき、母親の手紙のやり取りに早くも見受けられる。[11] この出来事の前にも、サリーは、肺病や他の呼吸器系・衰弱性疾患の食事療法であるラバの乳を処方されていた。[12] 何度か急性の発作を起こしたあと、最終的に痙攣《けいれん》性喘息と診断された病気で倒れた。旅の同行者だったヘスター・リンチ・ピオッツィ夫人によると、今回は特に症状が重く、サリーは「きのう、あなたもわたしも見たことがないほどの喘息、咳、痙攣、ありとあらゆる発作に襲われました[13]」。リチャード・グレートヒードによる治療で、サリーはふたたび快方に向かい、回復したあとは、また別の長患いをしたり、病気にかかりやすい体質が見つかったりするかもしれないと心配されることはなかった。喘息は肺病の前駆症状として認められていたので、サリーは病歴から肺病を疑われてしかるべきだと思えた。しかし、その短い生涯を通じて痙攣性喘息の発作に苦しみながらも繰り返し克服できたのは、サリーの体質に〝強さ〟があるからだと説明された。[14] 結局、最初に肺病にかかったのは、美しく、もっと繊細なマリアのほうだった。

女たらしローレンス

トマス・ローレンスがいつごろ恋愛対象として姉妹の人生に登場したのかははっきりしない。作家のジョン・ファイヴィーの推測によると、ローレンスは、一七八七年にロンドンで身を立ててから間もなく姉妹と知り合い、急速にシドンズ一家と親しくなったようだ。その時点ではマリアはわずか八歳、サリーは十二歳くらいだっただろう。[15] 姉妹のローレンスとのつき合いは、一七九二年か一七九三年ごろにふたたび始まり、ローレンスは当時十八歳だった長女サリーに思いを寄せるようになった。[16] 一七九五年末か一七九六年の初めには、ローレンスとサリーは互いに気持ちを確かめ合い（口絵の図XⅦ参照）、どうやらシドンズ夫人の支持を得たようだった。とはいえ、夫人はその状況を夫には隠しておくことにした。ところがローレンスの関心は薄れていき、急速に若く美しい妹へと愛情の対象を移してしまった。

どう感じていたかはともかく、サリーは妹のために潔く身を引いたらしく、ローレンスはマリアに正式に求婚した。[17] しかしシドンズ氏は、マリアが若いこと、ローレンスの経済状態が不安定なことを理由に、画家の求婚を断った。この決定を受け入れたくなかったマリアは、ローレンスとの関係を、秘密の手紙と逢引で二年近く続けた。密会が可能になったのは、付添い人のバード嬢が手助けしたことと、マリアの母が味方になったおかげだった。シドンズ夫人は、夫に反対されないよう、その関係を隠していた。マリアは、慎みを保たせる役割の付添い人として適任とは言いがたい未婚のバード嬢だけを伴って、ローレンスに会うことを許されていた。[18] ローレンスとマリアの秘密の関係は一七九八年の初めまで続き、とうとうシドンズ氏もふたりの結婚に同意した。

何が父親の気持ちを変えたのだろう？　結局のところ、マリアの健康状態への懸念が決断に大きな役割を果たしたようだ。一七九七年から一七九八年の冬のあいだに、マリアの体は急速に衰えていった。一七九八年一月、シドンズ夫人は、療養のためマリアをブリストルに連れていく必要があるかもしれないという心配と恐れを手紙に書いている。

ピアソン先生は、今の時点ではブリストルの温泉はマリアに適していないという断固としたご意見をお持ちです。現在の病状では、ほかにも同じくらいよい空気を吸える場所がありますし、あちらへ行くとたいへんな費用がかかり、不都合もありますので、その計画はあきらめました（中略）先生によりますと、恐ろしい病気はまだ起こっていないとのことですが、娘の肺は病気に冒されやすい状態にあるので、長期にわたって絶え間なく注意する必要があるそうです。[19]

マリアはまだ肺病にまで進行していないという診断に安堵したものの、いつ襲ってくるともわからない病気の脅威は常につきまとっていた。五月、シドンズ夫人は消えない不安について書いている。「マリアの健康状態は今もとても心配ですが、肺病はまだ起こっていません。それでも、娘の肺は肺病にかかりやすい状態にあって、どんなに用心を重ねて気遣ってやっても、油断ならない病気から逃れるには不十分だろうと聞いています」[20]

マリアの繊細な体質に懸念があったことは、シドンズ家が娘とトマス・ローレンスの婚約を許すうえで重要な決め手となった。一家の心配は、サリーからバード嬢への一七九八年一月の手紙にはっきり表れている。「マリアは、今よりかなり具合が悪かったとき、お父さまに話すことに決めて、そうしました。そして今ではお父さまも、マリアの状態に心を動かされて（中略）避けては通れないことに同意するのがいちばん賢明だと考えたのです」[21]マリアの両親は、娘の感情面の健康と、それに関連する体の状態、そして結婚に反対し続ければ駆け落ちする可能性を心配していた。シドンズ氏はいったん折れると、ローレンスの金銭面の問題に対処し、画家の未払い債務を清算して娘の将来に備えてやりさえした。[22]

サリーは、ピアソン医師の暗い見通しをよそに、この新しい展開でマリアの健康によい効果があるだろうと楽観的に考えた。幸せな結末を迎えた恋愛には、体質的に肺病にかかりやすい人の発病を防ぐ力があると広く信じられていたことがわかる。そこで、サリーはバード嬢にこう書いた。「このうれしい出来事には、どんな薬よりも効果があるんじゃないかしら？　少なくとも、薬の効き目がぐんと増すはずだと思わずにはいられません」[23]少しのあいだ、婚約を許したのは正しい判断だったように思えた。マリアの健康状態がよくなっているように見えたからだ。一七九八年一月二十八日、サリーはバード嬢にこう書いている。「マリアが居間に戻ってきたとお知らせできる日を心待ちにしていました。ここ数日のあいだずっと居間で過ごし、日に日に体力と美貌を取り戻しています。でも、ピアソン先生がおっしゃるには、寒い気候のあいだ、つまりおそらく冬じゅう、マリアは室内にいなければなりません」[24]

悲しいことに、マリアの将来については経済面の安定ほどたやすく対処できず、一七九八年二月初めには、ふたたび健康状態が急激に悪化した。苦痛に輪をかけたのは、正式に婚約して二カ月もたたないうちに、ローレンスがまたもやサリーへと愛情を移し、姉と秘密の関係を持ち始めたことだった。[25]しかしサリーは、以前に受けたつらい仕打ちと彼の移り気を完全に忘れたわけではなかった。かつての関係をめぐる状況が、まだ心に重くのしかかっていた。また、この復縁がマリアに与えるかもしれない影響を心配してもいたが、マリアの気持ちはそれほど真剣ではないから、ひどく傷つきはしないだろうと自分に言い聞かせていた。それでもサリーは、妹を動揺させる可能性を避けるためにこの関係を秘密にすることにし、いくつかの懸念をローレンスに伝えた。

マリアがはっきりとほかの誰かに惹かれた様子を見せて、わたしが自分の気持ちを妹に打ち明けられる日が来るのをひたすら待っています。そうすれば、こんな残酷な足枷《あしかせ》もなくなって、わたしたちは、反対してほしくない人たちの反対を乗り越えられるかもしれません。近々またマールバラ・ストリートに来るとおっしゃったのは本気ではないでしょう。そんなことは不可能だとおわかりのはずです。あなただって、マリアだって、わたしだって耐えられません。たとえ妹があなたを愛していないとしても、かつて自分に注がれていたまなざしが、ほかの誰かに注がれるのを見たら、不快な気持ちになると思いませんか？（中略）いいえ、だめです！　そんな考えはお捨てになって。あなたがいらっしゃらなくても、マリアはそれほど気にしていません――ほとんど気にしていないので、あなたを愛してなどいないのだと確信しました――が、あなたがいらっしゃると、わたしたちみんなが、信じられないほど苦しい状況に置かれてしまうのです[26]」

サリーは明らかに我を忘れていた。手紙はすっかり浮ついた調子に変わり、のぼせ上がった女学生が書いたもののようだった。「たいていその時間に手紙を書いたり本を読んだりしている」からと言って、朝九時に部屋の窓の外を通るよう、ローレンスに懇願した[27]。それから、彼の誠実さが当てにならないという厄介な状況への対処に取り掛かった。

全世界と引き換えにしてもそばにいたいと思える人がいる（忠実でいてくれさえすれば）と、わざわざ言う必要があるでしょうか？（中略）あなたがさらに先へ進む前に言っておきます。わたしがあなたをふたたび愛するのなら、これまで以上に深く愛します。その場合、失望すれば、死ぬでしょう。[28]

死ぬほど失望するだろうというサリーの考えは、高ぶった感情の発露というだけでなく、恋愛で失望すれば肺病を起こしてやがて死ぬという深く根づいた説を反映していた。

早くも一七九八年二月には、気分屋のローレンスはふたたび、苛立ちや憂うつ、落ち着きのなさを見せ始めていた。そしてとうとうシドンズ夫人にサリーへの愛情が再燃したことを打ち明け、マリアとの婚約は一七九八年三月に正式に破棄された。病人は、愛情をめぐる運命の逆転と、恋人の裏切りにうまく対処したようだ。[29] サリーはバード嬢にこう伝えている。

マリアはわたしが望んだとおり、つまり、それほど真剣ではなかった人らしい様子で失望に耐えています（中略）完全な婚約破棄から二週間近くたちますが、マリアは元気で、いつもどおり、ドレスや、友だちや、美しいものについて話したり考えたりしています。幸運ではないでしょうか？もし妹が彼を愛していたなら、この出来事のせいで悲嘆に暮れていたかもしれません。愛していな

図6-1
トマス・ローレンスの画風にならったマリア・シドンズの肖像画（ガーリック）、『美術全集』（1831年）の挿絵。点描画。

くて、本当によかった。[30]

しかし、サリーとローレンスの交際はそのまま秘密にされた。シドンズ夫人がまたしても、新たな関係を夫に隠しておくことにしたからだ。マリアは、サリーとローレンスが自分を裏切ってよりを戻したことを表面上は受け入れたものの、自分が病気になったのは、裏切りを知ったショックと、かつての求婚者の不実のせいだと考えていた。サリーのすぐあとに、マリアもバード嬢に手紙を書いている。「彼のなかに少しでもなんらかの感情が残っているのなら、わたしが彼のために進んで払おうとしている犠牲にどれほど値しない人間であるかを、本人も認めるでしょう[31]」

マリアの手紙は、恋人に捨てられたことより自分の健康のほうがはるかに気にかかっていることを示していた。病気はしだいに、マリアの人生にとって最大の関心事になっていった。一七九八年三月十四日、マリアは自分の病気についてバード嬢にかなり詳しく語り、こう書いている。「脇腹にひどい痛みを感じます[32]」さらに続けて、病気の現実に向き合うなかでどんな困難を抱えているかについて語った。「ぶり返しはいつだって元の病気より悪いものですが、やはり長くは生きられないのだろうと思います。神経質になっているだけかもしれませんけど、ときどきまるで長生きしてはいけないかのようにも感じ、そう考えることに特に驚きも覚えません。それほど怖くはないし、たくさんの苦痛から救われるだろうと思います。わたし以上に、そんな苦痛に耐えるのに適さない人間はほかにいないでしょう。それに、短い人生のなかで、苦痛についてはうんざりするほどよく知ったのですから[33]」病気はマリアの体だけでなく、心の健康にも悪影響を及ぼしつつあった。バード嬢宛てにこう書いている。「いつものわたしに戻れる時が待ち遠しくてしかたありません。そうしたら、この憂うつを振り払うよう努めて、もう少しあなたを楽しませてあげられるでしょう[34]」マリアの手紙からは、肺病患者が経験しがちな孤独と、ふつうの体に戻りたいという切望も見て取れる。

外に出たくてたまらないので、通りを走り回る哀れな物乞いの子どもたちの誰もがうらやましく思えます。こんなふうに閉じこもっているのが耐えられなくなってきました。こういう美しく晴れ渡った日々には何もかもが息を吹き返すのに、わたしだけはそこに加われる気がしません。外の空気を楽しめないのだと思うと、ますます暗い気持ちになるからです。こんな病気のあとには、元気を出すためにどうしても必要なことなのに（中略）この夏は、とても美しいところ、クリフトンに行く予定ですが、あまり楽しみにはしていません。だって、初めてサリーともお母さまとも離れ離れになってしまうんですもの。ふたりはスコットランドに行きます。わたしが出かけていくには空気が冷たすぎるんですって。たぶん、クリフトンでは、あるご婦人とごいっしょします。そこで元気を出せれば、イングランドのどこにいるより体調がよくなるはずです。[35]

病気がますます人生の中心になるにつれて、マリアの美しさは、その病状を表現するうえで重要な位置を占めていった。たとえば家族の友人であるピオッツィ夫人は、婚約破棄になった当時のマリアの様子を、部外者の視点からこう書いている。「マリアは（中略）（わたしには）いつもどおりに見えましたが、みんながあの子は病気だと言い、確かにまさにその晩、血を吐いたのです[36]」マリアの病気を見落としてしまったのは、ひとつには、肺病の遺伝的素因を持つと言われる人と急性発作を起こした人の外見を見分けるのがむずかしいせいもあった。素因と実際の病気を区別する外見上の違いは、程度の問題にすぎなかった。マリアの場合、本来の姿が魅力的と見なされていたので、病気が進行するにつれて、病気と美しさの結びつきがいっそう顕著になり、何かと家族や友人たちの口の端にのぼるようになった。

マリアの病状に対するピオッツィ夫人の評価は、医師が肺病患者への病理解剖学的アプローチを認めてもらいにくい状況も浮き彫りにしていた。同じ手紙のなかで夫人は、この病気への「新しい珍妙な」アプローチを批判し、当時の治療法について嘆いている。「肺病になりかけた若い女性を、三、四カ月も一切換気をしない部屋に閉じ込めておけば、誰だって病気になるし、不機嫌にもなるとわたしは思います。ですが、昔の本、昔の経験、古きよき良識を無視して、今では、患者本人の汚染された息を何度も何度も吸わせるのが新しい方法なのです。ああ、ご存じかしら、たくさんの新しい方法があるのよ——そんな治療を受ければ、きっと恐ろしい場所へ行き着くでしょう」[37] ピオッツィ夫人の考えかたは、体液と瘴気に基づく病気への古いアプローチと、瀉血や発泡薬を含む伝統的な療法が依然として受け入れられていたことを示している。どちらの療法も、一七九八年の春にマリアに使用された。

病気が進行するにつれて、マリアはしだいに焦燥に駆られ、とりわけ、苦痛にしっかり立ち向かえない自分の至らなさのことばかり考えるようになった。自分の憂うつが愛する人たちに及ぼす影響の心配までしている。「ちょっと散歩をして、肌を撫でる風をもう一度感じられたら、いつもの自分に戻れるでしょうに」マリアはバード嬢への手紙に書いた。「元気を出せなくて、お母さまとサリーを傷つけてしまうたびに、本当に二倍も惨めな気持ちになります。がんばろうという意識はあるのですが、自分に腹が立ちます」[38] そして、自分をたしなめている。「あなたに向かってばかなことを書いていないかしら？　実は、とても骨が折れるのです。最近は何かを書くのも億劫ですけど、あなたがくださるお手紙はこれからも喜んで読ませていただきます。たぶんいつかわたしがこの弱々しく愚かな状態から目覚めれば、もっとあなたを楽しませることができるでしょう」[39] マリアは、病気への対処のしかた、とりわけ苦しみを前にしたとき不適切に思える感情をいだいてしまうことを心配していた。自分のふるまいを変えようと懸命に努力し、こう宣言している。「忍耐と服従はわたしの美徳に違いなく、きびしい試練を受けていますが、その報いはきっと輝かしいものでしょう」[40]

一七九八年五月になると、シドンズ夫人は、マリアが回復する見込みがしだいになくなっていくことに気づき、ひどく心配していた。「次女の病気は、あらゆる快楽と利益の追求を無意味なものにしてしまいました」とテート・ウィルキンソン宛てに書いている。「娘が持ち直したことを神に感謝しますが、あのような体質なので、迫りくる肺病への不安をどうにか払いのけられるようになるには、長い時間がかかるでしょう」[41] この手紙でシドンズ夫人は、娘が肺病にかかりやすい体質だと初めて実際に認めた。また、夫人は、最愛の子どもが目の前でゆっくり衰えていくのを見守る母親が、どれほど悲痛な思いをするかを言葉ににじませている。「無垢で美しい子どもが、苦しみながら日に日に弱っていくのを見るのは恐ろしいことです。説明するまでもなく、あなたにもたやすく想像できるでしょう」[42]

マリアの衰弱

回復の可能性が薄れてきたので、家族はマリアをクリフトンへ送り出した。近くのブリストル温泉とともに、当時は肺病患者のための保養地として有名な地だった。病人が集まるこの町は、健康だけでなく長患いの退屈しのぎを求める人のためにさまざまな社交活動が用意され、魅力的な場所になっていた。バースからほんの二十三キロ、ブリストルからもわずか三キロの温泉は、クリフトンの村の南に位置していた。バースの温泉に近いからといって人気が落ちることはなく、むしろそれが有利に働いた。ふたつの温泉の湯は互いを補い、別の病気に効果があると考えられていたからだ。バースの湯は刺激性があるので消化器系の病気によく効くと宣伝された一方、クリフトンの湯は鎮静作用があり、特に肺病などの炎症性の病気に効くとされた。温泉の評判は、シーズンのタイミングのよさでさらに高まった。バースのふたつの人気シーズンのあいだを埋めるだけでなく、タンブリッジウェルズの夏のシーズンを過ぎたあとも、温暖な気候にあやかれる選択肢になったからだ。クリフトンの人気は、一七五四年に始まったブリストル－バース間を毎日往復する夏の馬車サービスと、温泉までの手ごろな駅馬車の旅に支えられていた。[43]『新版バース案内（The New Bath Guide）』（一七九九年）にはこうある。「温泉水を飲むのに適したシーズンは三月から九月で、この時期には貴族や紳士階級の人々がこぞってやってくる」[44]医師のウィリアム・ニスベットの『化学一般辞典（A General

Dictionary of Chemistry)』（一八〇五年）は、少し遅い時期を勧め、こう述べている。「五月から十月までは、ブリストルの温泉を楽しむのに格好のシーズンだが、気候が温暖なので、必ずもっと長く滞在したくなる。ゆえに、もし英国で冬を越すしかない場合、病人が冬を過ごす場所になるのも当然だろう」[45]ウィリアム・ソーンダーズ医師は、鉱水についての論文で、ニスベットの示した時期に同意し、こう主張した。「温泉のシーズンは一般に五月半ばから十月までだが、水の特性は冬のあいだも同じなので、夏季が選ばれるのは単に、そのシーズンにつきものの新鮮な空気と運動という利点をより完璧に楽しめるからだろう」[46]

十八世紀半ばには、クリフトンの温泉は上流社会の人々が頻繁に訪れる高級リゾートになった。一七八九年、アンドリュー・キャリック医師は、この場所を次のように説明した。「夏のあいだ、この温泉は英国で最も頻繁に最も大勢の人々が集まる温泉場

図 6-2
温泉旅館とセントヴィンセント・ロックス。線彫画、18 世紀前半。

のひとつだった。毎シーズン、たくさんの一流貴族の姿が見られたものだ」[47]一七九三年、画家のジュリアス・シーザー・イベットソンは、クリフトン村のことを「英国屈指の洗練された場所」と公言した。[48]続けて、温泉の利点を挙げている。「温泉には、そういう場所にはつきものの賑やかさがある。人出はたいへんなもので、夏季のあいだは毎朝、楽団の演奏もある。ここには進行係がいて、公的な舞踏会や朝食会を週二回行っている」[49]ウィリアム・ソーンダーズ医師は、この保養地を「病人と楽しみと安らぎのために特別に設計された場所」と呼んだ。[50]温泉の湯は、肺病を治すのにも緩和するのにも効果があるという評判だった。ソーンダーズによれば、治すとまではいかないが、ブリストルの湯は「この恐るべき病の最も厄介な症状のいくつかを緩和する」。[51]しかし、ロバート・トマスは『現代の医術』で、「効果を（中略）すべて温泉の湯のおかげとすべきではない」と論じた。[52]

さわやかな風が吹く高原で患者たちが毎日行う乗馬（中略）清々しい空気、健康的な環境、こういう温泉地に用意されたさまざまな娯楽に頻繁に参加することが、この上なく効果的な療養となるのは間違いない。保養地は回復期患者の心の栄養であり、運動が体によいのと同様、心を活発な状態に保つ役に立つので、暗い物思いにふけることを防げる。陽気な出来事や楽しいつき合いが不足すると、健康状態のよくない人はそういう状態に陥りやすいからだ（中略）いや、わたしは断固として、各地の鉱水のおかげとされている治癒の少なくとも四分の三は、鉱水自体の健康によい、あるいは効果的な特性というより、空気、運動、食事、心の明るさ、節度を保たせる規則などの違いに理由があるはずだと主張する。[53]

イギリス王立園芸協会がすすめるガーデニングバイブル

イギリス王立園芸協会版 世界で楽しまれている50の園芸植物図鑑

ジェイミー・バターワース／上原ゆうこ訳

ガーデニングの成功への鍵は場所に合った正しい植物を選ぶことだ。多年草から低木、室内の鉢植えから野菜まで、どの庭にもそれぞれふさわしいものがある。本書に書かれている適切なアドバイスに従えば、花いっぱいの庭（窓台）を手に入れることができる。

B５変型判・2800円（税別）ISBN978-4-562-05888-4

英国王立園芸協会による決定版！ 色鮮やかな細密画とともにたどるバラの世界！

図説 バラの博物百科

ブレント・エリオット／内田智穂子訳

バラは時代を彩るさまざまな「美」を象徴している。古代から現代にいたるバラの美と人との関わり、そして広がりを、英国王立園芸協会の歴史家が美しいボタニカル・アート（細密植物画）とともにわかりやすく紹介した博物絵巻。

A５判・3800円（税別）ISBN978-4-562-05859-4

疫病が人々の価値観を覆す！

ヴィクトリア朝 病が変えた美と歴史

肺結核がもたらした美、文学、ファッション

キャロリン・A・デイ／桐谷知未訳

19 世紀に大流行した疫病——肺結核はいかに都合よく解釈され、ファッションや美の観念まで変えたのか。詩人キーツやブロンテ姉妹など若者を襲った病の歴史とファッションとの深い関係、美と健康の矛盾を図版とともに解説。

A５判・3200円（税別）ISBN978-4-562-05902-7

王たちは何を食していたのか。知られざる食文化の歴史

図説 英国王室の食卓史

スーザン・グルーム／矢沢聖子訳

リチャード２世からエリザベス２世まで、歴代英国王の食卓を通し、貴重図版とともにたどる食文化の変遷。想像を絶する極上料理や大量の食材調達、毒見、マナー・厨房の発展など。序文＝ヘストン・ブルメンタール（イギリス三ツ星店シェフ）

A５判・3800円（税別）ISBN978-4-562-05886-0

ほのぼの美味しい
ミステリはいかが？

コージーブックス

私立探偵になったアガサを試練が襲う！

英国ちいさな村の謎⑮

アガサ・レーズンの探偵事務所

M・C・ビートン／羽田詩津子訳

ついにアガサが探偵事務所をオープン！　ところが雇った女性秘書エマが探偵として優秀すぎるせいで、アガサの出る幕がない。やっと舞い込んだ大きな調査依頼でも、空回りしたアガサは依頼人を激怒させてしまい……？ **文庫判・1040 円（税別）**

ISBN978-4-562-06113-6

子どものために描かれた愛すべき名作たち

世界で読み継がれる子どもの本100

コリン・ソルター／金原瑞人＋安納令奈訳

19 世紀に刊行された古典的作品から、永遠の傑作、長く読み継がれてきた童話、映画化されたYA 小説、21 世紀のダークファンタジーまで、将来に残したい本、時代を代表するベストセラーなど 100 点を初版本を含む書影とともに紹介。

A 5判・2800 円（税別） ISBN978-4-562-05794-8

SNS でも「映える」と話題のファンタジック・レシピ集第二弾

魔法使いたちの料理帳Ⅱ

オーレリア・ボーポミエ／田中裕子訳

チェシャ猫の舌、ドビーのクッキー、不死の秘訣、ガンダルフ・ケーキ……「読んで見て食べるファンタジー」第二弾！『ホビット』から『チャーリーとチョコレート工場』『ファイナル・ファンタジー』にジブリ映画まで、色鮮やかで「映える」マジカルスイーツを中心に雰囲気たっぷりの写真とともに！

B 5変形判・2400 円（税別） ISBN978-4-562-05860-0

たくさんの方からのリクエストにお応えして新装版として刊行！

世界香水ガイドⅡ★1885

「匂いの帝王」が五つ星で評価する

ルカ・トゥリン、タニア・サンチェス／芳山むつみ訳

表現しづらい香りを匂いの帝王とも呼ばれる嗅覚研究家の著者らが、ウィットと愛情に富んだ言葉を駆使して批評。類いまれな知識と経験に基づいた文章は新しい香水との出会いのみならず、現代香水の辞書としても活躍するだろう。2010 年 12 月刊の新装版。

A 5判・2400 円（税別） ISBN978-4-562-05872-

世界史のなかで異彩を放つ 10 人の実像に迫る。

傑物が変えた世界史 上・下

上　ドラキュラ伯爵、狂王ルートヴィヒ二世からアラビアのロレンスまで
下　ラストエンペラー溥儀からイスラエル建国の父ベン=グリオンまで
(上) アラン・ドゥコー／神田順子、村上尚子、清水珠代訳
(下) アラン・ドゥコー／清水珠代、濱田英作、松永りえ、松尾真奈美訳

ドラキュラ伯爵、シャンポリオン、ルートヴィヒ二世、アラビアのロレンス、満州国皇帝溥儀、エチオピア皇帝ハイレ・セラシエ、イスラエル建国の父ベングリオンなど、いずれも特異な人生を歩んだ人々をとりあげ、さまざまな情報をつきあわせながら、彼らの実像に迫る。

四六判・各 2000 円（税別）(上) ISBN978-4-562-05897-6
(下) ISBN978-4-562-05898-3

科学書籍賞受賞のベストセラー上陸！

ヴィクトリア朝医療の歴史

外科医ジョゼフ・リスターと歴史を変えた治療法
リンジー・フィッツハリス／田中恵理香訳

死体泥棒が墓地を荒らし回り、「新鮮な死体」を外科医に売りつけていた時代、病院自体が危険極まりない場所だった。外科医ジョゼフ・リスターは、そこで歴史を変える働きをする。イギリスの科学書籍賞を受賞したベストセラーついに邦訳！

四六判・2400 円（税別）ISBN978-4-562-05893-8

目からウロコの意外な歴史

生活道具の文化誌

日用品から大型調度品まで
エイミー・アザリート／大間知 知子訳

家庭にあるさまざまな日用品から大型調度品まで、その歴史とエピソードを味わいあるイラストともに紹介した「モノの歴史」。箸や机、枕から暖炉にソファー、壁紙まで、60 あまりの「家にあるモノ」を楽しいコラムとともに。

四六判・3000 円（税別）ISBN978-4-562-05894-5

人類はいかに化石とともに進化したのか。驚きの足跡を追う。

図説 化石の文化史

神話、装身具、護符、そして薬まで
ケン・マクナマラ／黒木章人訳

先史時代から中世まで、科学的な価値を見出す以前から人間の心を捉えてきた化石。化石が石器をファッション化し、多くの神話・伝説を生み、装身具、護符、薬として、重要な役割を担ってきたことを古生物学者が解き明かす。

四六判・2500 円（税別）ISBN978-4-562-05885-3

郵便はがき

料金受取人払郵便

新宿局承認

4399

差出有効期限
2022年9月
30日まで

切手をはら
ずにお出し
下さい

160-8791

343

(受取人)
東京都新宿区
新宿一-二五-一三

原書房

読者係 行

1608791343 7

図書注文書 (当社刊行物のご注文にご利用下さい)

書　　名	本体価格	申込数
		部
		部
		部

お名前　　　　注文日　　年　　月　　日

ご連絡先電話番号 □自　宅　(　　　)
(必ずご記入ください) □勤務先　(　　　)

ご指定書店(地区　　　)(お買つけの書店名をご記入下さい) 帳合

書店名　　書店(　　　店)

5902

ヴィクトリア朝 病が変えた美と歴史

愛読者カード　キャロリン・A・デイ 著

＊より良い出版の参考のために、以下のアンケートにご協力をお願いします。＊但し、今後あなたの個人情報（住所・氏名・電話・メールなど）を使って、原書房のご案内などを送って欲しくないという方は、右の□に×印を付けてください。 □

お名前《フリガナ》　男・女（　歳）

ご住所 〒　-

市　町
郡　村

TEL　（　）
e-mail　@

ご職業　1会社員　2自営業　3公務員　4教育関係
5学生　6主婦　7その他（　）

お買い求めのポイント

1テーマに興味があった　2内容がおもしろそうだった
3タイトル　4表紙デザイン　5著者　6帯の文句
7広告を見て（新聞名・雑誌名　）
8書評を読んで（新聞名・雑誌名　）
9その他（　）

お好きな本のジャンル

1ミステリー・エンターテインメント
2その他の小説・エッセイ　3ノンフィクション
4人文・歴史　その他（5天声人語　6軍事　7　）

ご購読新聞雑誌

本書への感想、また読んでみたい作家、テーマなどございましたらお聞かせください。

しかし、『のらくら者の雑学（The Lounger's Common-Place Book）』（一七九九年）に登場する肺病患者は、病気への対処とクリフトンについてまったく違う見かたを示している。

わたしは、経験と良識と資格を兼ね備えた先生がたが教えてくれるあらゆる方策を試すつもりだが、自分の病気が肺病だということは承知している。害虫みたいないんちき医者から、いらない子分みたいな薬剤師から、逃げ出そう。大勢の友だちといっしょに船でリスボンへ行けるほどの金は持っていないから、可能なかぎり心穏やかに自分の置かれている状況に甘んじ、胃が受けつける食べ物ならなんでもほどほどに楽しみ、家族の庇護のもとで短い余生を送ることにしよう。どんな形の死も、遠くへ追いやられ寂しい砂利採取場で心ゆくまで咳をしたり、駅馬車でクリフトンへ旅してくたくたになったりするよりはるかにましだからだ。そこではおぞましい葬儀屋が〝葬儀請け負います〟と書かれた名刺を押しつけ、薬剤師が硝石の粉末、鯨蠟《げいろう》の処方、帽子に巻く絹の黒い喪章、長々と続く請求書に期待し、大工の徒弟が通りを歩く男の体の寸法を取り、〝あの紳士はずいぶん長くもってるな〟と考えている。[54]

サリーによると、シドンズ一家は一七九八年夏、マリアの強い希望でクリフトンにやってきた。[55] その後間もなく、シドンズ夫人はサリーとともにイングランド中部地方へのツアーに出発し、マリアの世話を、高級住宅街ダウリー・スクエアに住むペニントン夫人にゆだねた。[56] マリアは、クリフトンとブリストルの温泉を最大限に利用したようだ。すぐに「鉱水を飲み、馬に相乗りを」し始めている。[57]シドンズ夫人は、ツアー中もマリアの健康を心配し、何度も質問や意見を書き送った。七月二十六日には、ペニントン夫人宛てにこう書いている。「あの子が舞踏会へ行ったことは知っています。体に障らないといいのですが。この天気では乗馬もできませんね。娘の脈拍、発汗、咳、そのほかなんでも、お知らせください！」[58]シドンズ夫人は明らかに、マリアの社交活動が病身に負担をかけないか心配していた。また、医者に指示された乗馬がきちんとできていない可能性も懸念している。[59]不安はあったものの、シドンズ夫人はクリフトンとブリストルの温泉がマリアの体質に効くかもしれないという希望を持ち続けた。マリアの病状についての報告からは、快方に向かってはいないとしても、ともかくクリフトンの娯楽を楽しんでいる若い女性の姿がうかがえる。[60]そこでサリーは七月二十七日、バード嬢宛てにこう書いた。「マリアは体調がいいと書いてきているので、ふたつの舞踏会への参加を許されました。ダンスはだめですけど」[61]活発な動きは肺病の誘引になると考えられていたので、虚弱な女性はダンスをしてはならないという判断につながったのかもしれない。

一七九八年七月末には、シドンズ夫人は娘の病気の深刻さを認めたようで、マリアが衰弱していくにつれ、不安を募らせていった。夫人は友人のペニントン夫人が娘を手厚く世話してくれていることに感謝して、こう書いた。「あの子は（中略）あなたがそばにいなければ、わたしたちと離れてこんなに楽しく過ごすことはできなかったと言っています（中略）天気がよくないのは本当に残念ですけれど、どうにか落ち着いて、あの子が乗馬をできるようになることを願っています！」[62]また、シドンズ夫人の手紙には、「娘の愛らしい、くるくると変わる、興味深い顔つきの変化を眺めること」[63]とあり、肺病の進行で患者の顔が魅力的に変化していくという一般的な考えも表れている。

八月になると、ペニントン夫人宛てのシドンズ夫人の手紙には、マリアの運命を甘んじて受け入れる姿勢がはっきり見えてきた。「我が家は病気と悲しみに満ちています。親愛なる優しい友よ、あなたのわたしへの誠実さと、かわいいマリアへの思いやりに絶対の信頼を置いていることを信じてください。あの子がずっとそばにいてくれるはずだと考えるのは、ただのうぬぼれでしょう。神の御心のなすままに。でも、どうか、どうかあの子があまり苦しみませんように！」[64] また、夫人は長女の将来に対する不安にも触れ、サリーの体質の現状について次のように書いている。ローレンスの愛情を取り戻したとはいえ、体の弱さが結婚の見通しに影響するのではないかと、明らかに心配していた。

もうひとりのかわいい娘には、あの残酷な病気に打ち勝つ体質の強さがあるだなんて、どれほどむなしく都合のよい希望をいだいていたことでしょう！　なんと、病気は速さと激しさを増しながら戻ってきたのです。これで、娘の結婚の見通しがどれほど暗くなったことか。今では体質的なものだとわかったので、きっと一生あの子につきまとうのでしょう！　夫の愛情は、母親の愛情や絶え間ない世話や慰めを失っても、それに負けないほど深く、十分な埋め合わせとなってくれるでしょうか？　繰り返す発作に嫌気がさしたり、日々の避けられない世話に自分や使用人たちが呼ばれ、家庭生活の慰めや、娯楽、仕事などを妨げられてひどく面倒だと考えたりしないでしょうか？　ジヨンソン先生によると、病気の妻に早々にうんざりしない男は、並外れた美徳の持ち主と呼んでいいそうです（中略）本当のことを言えば、病気の妻を持つことはたいへんな不運に違いありませんから。[65]

母親と同じく、マリアは自分の病気だけでなく、サリーの将来についても心配するようになった。マリアは不安とうつに悩まされ、体が弱るにつれて状態はひどくなり、サリーとローレンスの恋愛関係に対する懸念も募っていった。サリーの幸福を考えての心配か、自分の嫉妬心からか、この結婚を止めなければならないと考えるようになり、ペニントン夫人がいくらなだめすかそうとしても、その不安を鎮めることはできなかった。ペニントン夫人はすぐさま、病人の悪化していく心身の状態について母親に伝えた。シドンズ夫人はそれに応じて、サリーをクリフトンへ送り出した。サリーは到着後、マリアの様子をバード嬢に語った。

かわいそうなマリアは、このあいだ別れたときよりずっと悪くなっていました。わたしに会えて大喜びし、わたしがいることで元気を取り戻したようです。いっしょに過ごせることをとてもうれしがっているようなので、すごく慌ただしかったけれど温泉への出発を決めて本当によかった。でもね、これは束の間の慰めにすぎないのです。ほとんど希望がないことは、あまりにもはっきりしているんですもの、ああ！　将来への希望は何もありません。妹を看病する紳士たちは、差し迫った危険はないと請け合って、もっと悪かったのに回復した人たちもいるとおっしゃるけど、マリアが回復する望みはないとわかっているし、最悪の事態を覚悟しています。[66]

状況をややこしくしようとばかりに、ローレンスが舞台中央に戻ってきた。サリーとのつき合いを禁じられるかもしれないと心配し、自己弁護しようとクリフトンに駆けつけたのだ。シドンズ夫人は、ローレンスの訪問を警告するペニントン夫人宛ての手紙のなかで、両方の娘に害を及ぼしたのではないかと画家がやましさを感じていることに触れ、彼の存在と行動がマリアを苦しめるのではないかとひどく心配していた。[67] 夫人はこう書いている。「かわいそうなマリアにどんな影響があるか！　なんということ！　彼は、あの子の命を縮めてしまったという考えに心を苛まれているようです。でもわたしはまったくそうは思っていませんし、誰かが彼の居場所を突き止めて、暗い考えを取り除いてやれば、どうにかおとなしくさせられるかもしれません。ピアソン先生はそもそもの初めから、いずれマリアにはこういう事態が起こるという前提に立っていました。でも、あの哀れな卑劣漢の苦悩は、たとえ考え違いだとしても、耐えがたいものなのでしょう[68]」

図6-3
自画像にならったトマス・ローレンスの肖像画（1812年）。

ローレンスはクリフトンに行って、サリーとの関係が続いていることをしっかり確認するつもりだった。ペニントン夫人宛ての手紙のなかで、ローレンスはマリアの肺病について非難を受けていることを認め、自己弁護している。「ローレンスと申します。わたしがこの上なく苦しい状況に置かれていることはご存じでしょう！　ひとりの愛らしい女性に心痛を与えたと（長引く影響はなかったと信じていますが）非難された男、彼自身が今はその姉にとてつもなく激しく苦しめられているのです！」[69]　しかし、ローレンスは自分の行動の言い訳をして、マリアが健康を損ねた原因は本人とその体質にあるとした。

> マリア嬢がとても危険な状態にあることはわかっています。もしそれが本当にわたしがかき立てた感情によるものならば、わたしの名をちらりと出しただけでも、極度に危険なことになるでしょう。もしそうではなく、この件についての彼女の苦情が、病的な空想、おそらく望みから生まれた弱さにすぎず、自分の病気を、定められた真の体質と警戒を要する原因以外の何かのせいにしたいと願ってのことなら、それはやはり彼女の姉上をさらに悲しませ、たとえ故意でないにせよ、実に不当にわたしを傷つけることになるでしょう。[70]

ペニントン夫人はこの画家に会うことに同意したが、姉妹のどちらにも近づくことを許さず、サリーに会わせてもらえないなら自殺するとか、スイスに駆け落ちするとかいうローレンスの脅しにも屈しなかった。[71]　しかしかなり態度を軟化させたようで、病人の容態が変わったら知らせると約束した。[72]

ローレンスの軽率なふるまいとマリアの病状悪化に対処する一方で、シドンズ一家は長女の虚弱さを改めて思い知らされた。一七九八年九月、サリーはまたもや呼吸器系の発作に襲われた。

ひどく心配なことに、彼女はこの一週間、部屋に閉じこもったきりで、そのあいだ大半は、危険な薬の効き目のせいで、いつもの健やかな心身の機能が働かなくなっていました。薬は、恐ろしい持病の影響を和らげてはくれますが、効果的な治療法はないようです。[73]

サリーの発作が深刻で、かなり長いあいだ意識不明になるほど多量のアヘンチンキを必要としたと聞いて、[74] ローレンスはペニントン夫人に手紙を書き、自分の献身的な愛をアピールした。

これほど純粋な情熱を持って彼女を愛したことはかつてありません。わたしが立ち会ったあの病床でのひととき（彼女が憶えているはずの時間）、親愛なる母上とマリアに懇願されながらも、わたしは病室に忍び込み、彼女が友人や身内の足音にも気づかない状態であることを知りました。あのいまいましい毒によって彼女の心身の機能は凍りつき、あの優しい目は、その瞬間、いくら無関心でも見逃すはずのないまなざしすら読み取れませんでした。ああ、親愛なるP夫人、もし彼女の病気の日々が、健康な日々の三倍になったとしても、やはり彼女はわたしのものであり、これまで以上に心の底から愛しく思っています。この疑い深く利己的な繊細さを犠牲にして、確信と愛を得るに至ったのです。愛する男の心に尊敬と信頼を寄せてくれる彼女の寛大な誓いのおかげで。[75]

ペニントン夫人は、サリーについてはローレンスを安心させることができたが、マリアの病状はますます絶望的になっていった。[76]

九月には、マリアの病気が命取りになるのはどう見ても時間の問題となった。シドンズ夫人はようやく劇場との契約から解放され、九月二十四日にクリフトンに到着して、輿《こし》を使って娘をダウリー・スクエアから自分の宿泊先に移した。クレメント・パーソンズ夫人によると、シドンズ夫人の名声と家族の悲劇的な状況が組み合わさって、新聞のゴシップ欄の格好のネタになり、うわさが広まるにつれてジャーナリストたちがこの逸話に飛びついた。[77] ローレンスは、ネタを求めて瀕死の女性の家を取り囲むハゲタカのようなジャーナリストたちを非難し、ペニントン夫人にこう書いている。「新聞記者、あの冷酷なばか者どもは、死をめぐってわたしたちを極限まで苦しめています。やつらに人間らしさをたたき込んでくれる罰があればいいのに[78]！」

もしそのジャーナリストたちがマリアの病室で展開しているドラマを知ったら、それだけで彼らの下品な興味は満たされていただろう。最期を迎えたマリアは、病気の猛威にさらされていただけでなく、サリーとローレンスの関係を終わらせようと固く決意していた。ペニントン夫人の手紙は、ローレンスが最も恐れていた事態を現実のものとした。「臨終の言葉での――彼女の最後の厳命は、数時間後シドンズ夫人の面前で伝えられ、繰り返されました[79]」この臨終の発言は、サリーの将来のことだけ、より正確にはサリーとローレンス氏の結婚を阻止することだけだった。ペニントン夫人によると、マリアはこう懇願した。「わたしのサリー、決してL氏の妻にはならないと約束してちょうだい――あなたがそうなったらと考えると、耐えられないの」サリーはそんな約束はしないよう懸命になり、妹の気を目的からそらそうとして言った。「かわいいマリア、今は気持ちが乱れるようなことは考えないで」マリアは、その話題で取り乱すことはないし、「その話題を続けることが自分の休息のために必要」なのだと言った。サリーが、〝自分からは答えられない〟という意味で「ああ、そんなの無理だわ」と言うと、マリアはその叫びを、結婚が無理だという意味に受け取り、こう返した。「うれしいわ、大好きなお姉さま、わたしは満足よ」[80]マリアは、サリーの幸福を思って行動しているだけだと主張して、姉をどうにもならない立場に追い込んでいた。サリーは今や耐えがたい状況にあったが、それはシドンズ夫人とマリアの次のやりとりでいっそう悪化した。

ペニントン夫人によると、シドンズ夫人がマリアのそばに戻ると、娘は「お祈りを読んでほしい。天使のようなお母さまが、自分の面倒を見てくれる清らかな精霊のような姿で、最高に澄んだ声で正確に、情熱を込めて読んでくれるのをじっと聴いていたい」と言った。[81]しかし、マリアの心は祈りのもとに長くとどまってはいられず、またもやローレンスの話題に戻ってしまった。マリアは母に、彼が約束どおり自分の手紙を破り捨てたかどうか確かめてほしいと懇願した。

「お母さま、あの男は、わたしの手紙をすでに破り捨てたと言ったわよね。わたしは、彼の道義心を信用していないから、どうか手紙を取り戻してちょうだい」（中略）それからマリアは「サリーはL氏との結婚など決して考えないと約束したわ」と言い、泣いている姉に、きちんと認めてほしいと懇願しました――サリーはすっかり根負けして答えました――「わたしは約束しなかったけれど、死にゆく天使よ、あなたが求めるならそうします」――「ありがとう、サリー。お母さま、ペニントン夫人、証人になってちょうだい。サリー、手を差し出して――彼の妻にならないと約束して――お母さま、ペニントン夫人――お姉さまの手に手をのせて」（わたしたちはそうしました）。「わかった？　証人になってね」わたしたちはお辞儀をし、言葉を失いました。「サリー、この約束を、どうか、尊重して」――手を伸ばし、人差し指を突きつけて――「わたしを忘れないで、神のお恵みがありますように！」[82]

そして、それは実行された。サリーは名誉にかけて妹の最後の願いをかなえるしかなく、ペニントン夫人に頼んで、自分は約束を守るつもりだとローレンスにはっきり伝えてもらった。「こんな出来事のあと、いったいサリー・シドンズに何が言えるでしょう？　彼女はわたしに、ことの詳細をあなたに伝えるよう頼みました。そして、あの情景は神聖であり消せはしないこと、かつての結びつきと婚約をすべて解消するしかないこと、あなたにも従ってほしいこと、この荘厳な季節を不平で汚さないよう願っていることを伝えたいそうです」[83]一七九八年十月七日、マリアはついに肺病に屈し、十月十日にクリフトンの教区教会（セント・アンドルーズ）に埋葬された。[84]

美しい終焉？

ペニントン夫人がマリアの病気と死について友人や家族、かつての求婚者たちに語った話は、肺病に対する感傷主義的な一般の期待に、ほぼ一致していた。終焉のひと月前にはすでに、マリアの病気に感傷的で大げさな言葉を使い、衰えていく様子をこんなふうに描写している。「ランプが放つ光は、日に日に弱くなっていくようです。それでもすべてが愛らしく、興味をそそります！」[85]マリアの最期に関するペニントン夫人の詳しい説明には、肺病の一般的な描写に合わせようとする人たちにありがちな矛盾がはっきり見られた。そういう描写は、病気の容赦ない進行を前にしながらも、型にはまった表現に頼る傾向があった。穏やかな死という概念からは明らかに逸脱した筆致で、夫人はマリアについて「その苦しみはほとんど絶え間なく続きました」と書いているが、同じ文のなかで「彼女の知性は力と明晰さを増したようでした」とも述べている。[86]このようにペニントン夫人は、ときおり肺病死の恐ろしい現実を掘り下げてはいるものの、たいていは感傷的な筋書きを踏襲していた。マリアが亡くなった翌日の手紙で、夫人は臨終の場面を、最高の小説に値すると同時に、結核をめぐる伝統に沿った場面として描写した。「もしも神の直接の力と息吹で動いた人間がいるとするなら、それは生涯最後の四十八時間におけるマリア・シドンズでした」[87]

現実はまったく違っていたとはいえ、マリアの病気と死もやはり、かなり美化されていた。最後の最後まで、マリアの美しさに疑問の余地はなく、その容貌は興味をそそる、あるいは愛らしいとしか表現されなかった。しかし容態が悪化したときには、ペニントン夫人でさえ、肺病がこの若い娘にもたらした打撃を否定できず、こう書いている。「美貌の痕跡すらなく――ぞっとするような表情と悲しいほど青ざめた顔色が目立つばかりです！」[88]こういうあからさまな描写はあったものの、マリアの最期について語るペニントン夫人の話の中心は、病気が引き起こした惨事ではなかった。それよりも、この娘が生前に持っていた美貌を超えるほどに美しさを高める病気の力について書いた。夫人は、ローレンス宛てにこう書いている。「けれども、逝ってしまったあの愛しい子は最期になって、最も美しい盛りのころを本当の意味でしのぐ上品さと美しさを取り戻したのです[89]」それどころか、死の数時間前のマリアは「画家や彫刻家があらゆる技巧を駆使しても、決して到達できないほどの」容貌をしていた、とまで述べた[90]。

ペニントン夫人は、病気がマリアの精神的・肉体的魅力を高めたと主張することで、結核による死の真実を和らげた。患者を美しくすると考えられたこの肺病の力は、病気を感傷的に描く神話のなかでは一般的で、ペニントン夫人もローレンス宛ての手紙で何度も繰り返し使っている[91]。マリアが「最後に見せた態度は（中略）美しさと上品さそのものでした！――なんという穏やかさ！　なんという神々しい落ち着き！　あの子は無限の優しさを持って、わたしたち全員に別れを告げたのです[92]」表面上は穏やかだったとはいえ、またもやローレンスの話題が持ち出されたときには、苦々しい瞬間があった。マリアは自分の死をローレンスのせいにして、こう言い放った。「ああ！　お母さま、あの男とのあらゆるつながりを絶たなければ、平和は訪れないわ。彼は（中略）ずっとわたしの命をおびやかしてきたのよ[93]」ペニントン夫人は、この主張に同意し、ローレンスがマリアの死にいくらか責任を負っていると考えていたらしく、画家に「情熱」を抑えて、「マリア・シドンズの死をむだにしないように」と懇願している[94]。失恋と肺病の関係は、病気の原因としてよく挙げられ、文学の伝統の確かな一部になっていた[95]。

ペニントン夫人はさらに一歩踏み込んで、マリアの死を、肺病を患った大勢の感傷的なヒロインたちの死と比較して、こう書いた。「わたしたちはクラリッサとエロイーザの臨終の場面を読みました。

図6-4
サミュエル・リチャードソン『クラリッサ』の挿絵。図版12。
ダニエル・ニコラウス・ホドヴィエツキ（ドイツ、1785年）。

天才の手によって、ありとあらゆる巧みで力強い空想で飾られた場面として描かれていました（中略）けれども、マリア・シドンズの最期に比べれば、どちらもぼんやりした情景でしかありません。芸術には決して到達できない、自然が与えた情景がそこにはありました」[96] クラリッサとエロイーザとは、一七四八年に出版されたサミュエル・リチャードソンの『クラリッサ』と、ジャン＝ジャック・ルソーの『新エロイーズ』の登場人物たちのことだ[97]。マリアとの比較対象としてクラリッサを選んだのは、特に的を射ていた。ヒロインの肺病による死には、この病気をめぐるさまざまな伝統のすべてが盛り込まれていたからだ。小説のなかでクラリッサの死の場面は、当時の肺病と性別の関係を映す複雑な構成になっている。病名について明確な表現はないが、クラリッサは肺病を暗示するさまざまな要因によって健康を害した。たとえば、悲嘆が病気の原因としての役割を果たしているし、結核を表す一般的な比喩だった〝衰弱〟という言葉が使われている[98]。カナダの作家マーガレット・アン・ドゥーディは確かに、肺病が原因だと強く主張している[99]。またクラーク・ローラーは、クラリッサの肺病死が英国での原型、つまり「よい死と、失われた恋人に焦がれての典型的な女性の死を、世俗的な愛から宗教的な愛への新プラトン主義的な上昇という形で結びつけた」原型になったと論じている[100]。クラリッサの死は、肺病死の基準を古い臨終の伝統を超えて拡大し、そこに〝よい死〟というプロテスタントの伝統だけでなく、愛と憂うつ、情熱の役割も与えることで、感受性の要素まで加えることになったとローラーは述べている。ローラーによれば『クラリッサ』は、今後現れる、肺病で死亡した女性の感傷的な描写すべてのひな型であり、「肺病死の美化という形で解釈を広げたことによって、リチャードソンは病気と性別の関係を理解する新たな方法を示した」[101]。

「幸福な幕引き」[102]と称されたクラリッサの臨終は、作品のなかで詳しく描写された。立ち会った人たちはこう言う。「美しい死体をひと目見て、その気高い容貌のすばらしい穏やかさを崇めずにはいられない。女たちは、これほど美しい死はこれまで見たことがなく、まるで安らかにまどろんでいるようで、頰と唇の色は完全には失われていなかったとはっきり言った」[103]

マリア・シドンズの死についての物語はまさに、リチャードソンの小説にまでさかのぼる一連の文学的・視覚的なイメージと臨終の劇的場面に基づく、感傷主義の定型だった。[104]マリアの死は、彼女の最期を看取った人たち、そのうわさを聞いた人たち全員の感情をかき立てた。だから親しかった者たちは、肺病の最もよく知られた描写に沿った物語をつくり上げた。病気の物語として広まっていた感傷主義的な伝統にマリアを組み込むために、家族と友人たちは意図して、若い娘の少しばかり悲しい終焉に、それ以上の意味を持たせようとしたようだ。こうして、マリアの病気に対するペニントン夫人の解釈が、他の人々が語るマリアの死に大きく影響することになった。

シドンズ夫人は娘の死を看取ったとはいえ、マリアの病気の経過については、おもにペニントン夫人とサリーから知らされただけだった。友人と同様、シドンズ夫人も、亡くなった娘を〝感傷の毛布〟でくるみ、マリアの死の十二日後にバリントン夫人に宛ててこう書いている。

この悲しい出来事については、かなり前から覚悟を決め、頭を垂れて慈悲深い神のご命令に謙虚に従ってきました。わたしはこの喪失をいつまでも心の底から悼むでしょうが、神は愛しい天使をこの悲惨な状況から永遠の言いしれぬ至福へとお連れになりました（中略）ああ、あなたがここにいらしたら、臨終についてお話しできるかもしれないのに。心の気高さと信心深い服従に身を任せれば、ルソーやリチャードソンがグロリア［エロイーズ］やクラリッサ・ウィンズロー［ハーロー］に与えた想像力などすべて捨て去られます――なぜなら、これは神自身の直接の力と霊感から得たものだと思うからです。[105]

ペニントン夫人とシドンズ夫人の友人であるピオッツィ夫人も、マリアの死について、自ら進んで肺病のヒロインのレトリックを使った。ピオッツィ夫人はペニントン夫人宛てに、ネルソン提督の死は「最近あなたが大切にしていた美しい子の死に比べれば、半分も悔やまれはしません」とまで書いている。

わたしが受け取るすべての手紙は（中略）彼女への称賛にあふれ、彼女を失った心からの悲しみを吐露しています。多くの精錬の火で何度も試された美徳、彼女が照らしていた世界から失われた学び、彼女の両腕で守られていた島から奪われた勇気でさえ、想像しうるかぎりのしとやかで、優しく、心をなごませる存在、つまり若さの象徴としてのマリア・シドンズほど悲しみを呼び起こしはしません。若さには、あらゆる魅力があるのですから。[106]

マリアの死を感傷的に語ることに進んで加わったこの手紙を書いてわずか十日後、ピオッツィ夫人は別の文通相手に、マリア・シドンズの死後に与えられた描写や美徳はすべて正確とはいえないかもしれず、彼女の「若々しい美しさ」に応じてつけ足されたものだと認めた。ここでもやはり、マリアの若さと美しさは、肺病による死という解釈のなかに組み込まれた。ピオッツィ夫人は次のように書いている。

かわいらしい娘さんが亡くなった話を、新聞でお読みになりましたか？　彼女の長く重い病気の苦しみはあらゆる友人の関心を引き、優しいお母さまの心を引き裂かんばかりでした！　マリア・シドンズ！　美徳、価値観、科学、すべてを合わせても、この悲しみは癒やせないと思います。けれど、彼女には若々しい美しさがありました。そしてその資質に対して、わたしたちの愚かな想像力は、気性の穏やかさや性格の優しさ、女性の心に存在するあらゆる魅力をつけ加えずにはいられないのです。[107]

ほかにも、マリアが死の床で見せたふるまいには、最後の日々を感傷的に描くことに疑問を投げかける面がある。ローレンスとの将来をあきらめるようサリーに感情的な脅しをかけたのは、姉を守るためだと言い張ってはいたものの、ほぼ間違いなく、意地悪で狭量な意趣返しだった。マリアのおばであるトウィス夫人は、死を前にしたマリアのふるまいが高潔とはいえなかったことを認め、その行動を脅迫だと考えた。一方、サリーはマリアの動機が「彼［ローレンス］を恨むのと同じくらい、わたしを心配し、気遣っていた」ことにあると信じていた。[108] 感情的な最期のふるまいと、感傷的な美徳を意識的に最後の日々と死につけ加えたという認識は一致しないとはいえ、この若い女性に対する死後の扱いは圧倒的に、当時の文学における肺病死の空想的な描写に沿っている。結局、マリア・シドンズは、その死の描写と同じくらい感傷的な墓碑銘を記され、葬られた。そこには、エドワード・ヤングの叙事詩『夜の瞑想』(一七四二〜一七四五年)の引用が冠されていた。「早々と、明るく、はかなく、朝露のように清らかに、彼女はきらめき、放たれ、天国へ旅立った」[109]

シドンズ夫人の悲嘆はマリアの死だけで終わらなかった。一八〇三年三月、サリーも慢性呼吸器疾患で命を落としたからだ。サリーとマリアの死は、残された娘セシリアに対するシドンズ夫人の見かたに影響を与えた。夫人はある友人宛てにこう書いた。「ああ!　この子[セシリア]にも、命取りになる肺病の傾向があるのではないかと恐れています。この病気のせいで、わたしたちはすでにこんなにも長いあいだ不安に苛まれてきたというのに——あの子は今のところとても元気ですが、愛しいマリアもこの年ごろには元気だったのです」[110]一八〇三年の別の手紙で、シドンズ夫人はまたもや娘ふたりの死を嘆き、ただひとり残された娘について募る不安を記している。

かわいい娘ふたりが逝ってしまい、もうひとりはちょうど学校から戻ってきたところですが、マリアの顔立ちを思わせるまばゆく恐ろしいほどの美しさを振りまいていて、あの子を見ると身震いしてしまうのです。まるで自分が哀れなニオベ(ギリシャ神話に登場する女性で、女神レトに向かって自分の子どもたちを自慢したため、子どもたちを皆殺しにされる)になって、最後に残った末っ子を胸にかきいだき、破滅をもたらす復讐の矢に絶えず警戒しているかのようです。[111]

幸いなことに、セシリアは美しくはあったが、病については杞憂に終わった。シドンズ夫人の残された娘は、母親の死後も生き延びた。

肺病の恐ろしい生物学上の症状と、患者やまわりの人たちが社会文化的な戦略として利用したいくぶん肯定的な描写のあいだの隔たりは、マリア・シドンズの死に対する評価と描写に明白に表れている。肺病死の現実と、その終焉の感傷的な描写の対立は、マリアが発病してから死亡するまでのあいだだけでなく、家族の反応のなかでも明らかだった。感受性が、美しさと肺病という概念と融合して、病気の経験と臨終をまとめ上げるのに役立ち、そのなかで愛と失望、体質と美しさがすべて明確に、これまでになく力強い肺病のレトリックと一致する形で結びついたのだ。

第7章 死んでも美しくありたい——おしゃれな肺病患者

十八世紀後半から十九世紀前半には、美学と結びついた肺病に対する認識と、病気が実際に美しさを創造したり高めたりする力を持つという考えがあった。結核は、病気をめぐる専門家と一般大衆のイデオロギーが対立する場となった——美容習慣と服装に関わる論争だ。折り目正しさと規定されたジェンダー・イデオロギーという十九世紀の概念が、美容習慣と服装の発展を促すうえで特に重要だった。典型的な上流・中流階級の人々にとって、肺病とは、運命の犠牲者の命を削り女性美をあらわにする創造者だった。悪化するにつれて患者の顔が別人のように変わるというより、病気に伴う消耗はむしろ美しさと結びつけられた。しかし、下層階級では肺病は相貌を醜くし、重労働をまざまざと象徴する病気だとされた。たとえば、トマス・ベドーズはこう述べた。「だがこの病気は、特に薄い粥《かゆ》や馬鈴薯で子どもを育てている貧しい家族のあいだでは、異なる形で現れる。その場合、顔つきは青白くむくみ、医療執筆者が言うところの〝悪液質〟を生じる。上唇が特に腫れ上がる。目に輝きがなく、どんよりしている。不自由と苦痛のせいでどうしても怒りっぽくなり、ときには愚鈍になることもある」[1]

十九世紀前半には、繊細な性質が病気の原因のひとつだという考えが残っていた。しかし肺病患者の容貌と、原因に繊細さがあるという考えかたはどちらも、ロマン派の男性から離れて、ほぼ身分の高い女性とだけ結びつけられるようになった。女性は過剰な身体的感受性を持っているとされ、それが礼儀作法や社会的な感受性の規範となり、神経の過敏さと体の繊細さを生み出すと解釈された。十九世紀の女性は、こういう特徴とともに、病的な状態すれすれのところで危ういバランスを取っている者として描かれた。[2] この時代、肺病は広く知られた〝おしゃれな病気〟で、女性の美とファッションに最も密接に結びついた不健全な時期があった。クラーク・ローラーによれば、「十八世紀末には、肺病は女性の美しさを表す魅惑に満ちた印」だった。[3] 同様に、医学史家のロイ・ポーターはこう認めている。「快活な若者たちが、世間の注目を集めるため、まるで繊細さと命への執着の薄さが自分たちをいっそう魅力的にするかのように、進んで結核風の容貌になりたがり（中略）鋭い感受性や若さの礼賛と関連づけられることで、結核風の容貌――それどころか結核自体――が積極的に必要不可欠なものになっていった」[4]

病気と美学の奇妙な融合は、文学的な思考の賜物であるだけでなく、医師や、社会教育関係者の研究のなかでも強化された。肺病の描写は驚くほど肯定的で、消耗や絶え間ない下痢、咳、血や痰の喀出を特徴とする病気の不快な現実を無視していた。一八三三年、《ロンドン・メディカル・アンド・サージカル・ジャーナル》は明らかに、このイデオロギーの普及に加担し、こう書いている。

病気によっては、その症状が人に嫌悪感をいだかせてしまうかもしれないと、患者が無言でひた隠しにしながら耐えることがある。過酷な経過をたどり、不名誉の烙印を押される病気もある。体の見苦しい損傷や精神機能の破壊は、同情よりも恐怖を呼び起こす。しかし肺病は、個人のさまざまな美しさを消し去ることも、知的機能を損なうこともなく、道徳的な習慣に磨きをかけ、患者の親しみやすい性質を伸ばす傾向がある。[5]

肺病に苦しむ女性たちはますます、その繊細な（ほとんど現実離れした）美しさで賛美されるようになり、それは青白い顔、ほっそりした体、透明感を特徴としていた。[6]

肥満体からおしゃれな肺病へ

世間の考えやファッションに影響を与えた病気は、肺病だけではなかった。結核と同じく、浮腫は、病気に対する臨床的・病理解剖学的アプローチの焦点となり、独自の文化的テーマを伴ってもいた。[7]浮腫と肺病は、発病した人がどう見られるかという点で異なっていた。腎臓病である（のちにブライト病と名づけられる）浮腫は、肺病と同じく蔓延していて、最終段階には命取りになり、患者の体に目に見える変化を生じさせた。肺病に特有の兆候は、体を弱らせ縮ませる消耗と憔悴だったが、浮腫は患者の体を著しく肥大化させた。[8]症状の性質が極端なうえに正反対なので、ふたつの病気は風刺画のなかで互いの引き立て役として利用された。明らかな誇張ではあるが、オーストラリアのファッション史家ピーター・マクニールの主張によると、風刺画には社会時評を超える力があり、「理想化された美に対する当時の理解」を表現することもできた。マクニールはさらに、十八世紀英国が専門の歴史家ハンナ・グレイグを引用して、風刺画はファッションにつながっているだけでなく、「上流社会の大都市の概念に基礎を置いており、そのなかでエリートたちが互いへの言及を確認できた」[9]と述べている。一方、歴史学教授ドロア・ワーマンの主張によると、風刺画は「目に見える社会的行動」を利用して、「許容できる（中略）行動様式のアンチテーゼというより、それを過剰にしたもの」[10]を表現する。結果として風刺画は、文学や医学論文、ファッション雑誌と同じく、肺病とファッションの一般的な概念を決め、表現するもうひとつの媒体となっているのだ。浮腫もまた、早くも十八世紀後半に、その病状をまねたファッションを生み出したことで非難された。一七九三年の《タイムズ》では、当時の「鳩胸」ファッションが、病気の模倣だと論じられた。

> 現在の服装の流行は、目立つように見せることで、コルセットもそれに応じてつくられている。これは繁栄を印象づけたいという願い、カンタベリー大主教管区のアーチ裁判所の権威すらない――フランス流の何かで――理性の法もおかまいなしに、いたずら心から際立って偉大でありたいという哲学上の欲望をあらわにしている。こういう趣向は当初、浮腫を患った数人の貴婦人によって持ち込まれた。[11]

しかし浮腫がおしゃれだったのは束の間で、しだいに結核がファッションと美しさに最も関連が深い病気となった。浮腫による肥満と、美しさの描写で肉体が強調されすぎることに対する反発が強まったせいもあって、注目が集まったのだ[12]（口絵の図XⅧと図XⅨ参照）。

十八世紀後半には、薄い生地を使ったファッションが流行し、ロイ・ポーターによると、「繊細さと感受性の鋭さを示す、しなやかで軽快なほっそりした体への新たな礼賛」が起こった[13]。このころには、しなやかさが仕立て屋のテーマとなり[14]、特に女性に対する細い体を理想とする圧力の高まりが、感受性という新たな文化と結びついて、洗練を定義するのに一役買った。結果として十九世紀までには、肺病と美しさと知性は、一般大衆の想像のなかで密接に関連していた。体形は知的能力と結びつけられて、肥満はとりわけ精神力を弱めると考えられ、魅力がないと見なされるようになった。「肥満と愚鈍」は「切っても切れない友」と理解され、同義として使われた[15]。こういう判断は、医学の教科書に限らず、大衆的な作品にも登場した。たとえば、《ニュー・マンスリー・マガジン・アンド・リテラリー・ジャーナル》の一八二四年の記事は、肥満症に苦しむ人の神経、知性、感受性に対して新しい見解を示し、こう論じている。「肥満した人の感受性の鈍さと愚かさは、病気［肥満症］と密接に関連している。神経が脂肪に覆われ、埋もれてしまうからだ[16]」別の研究は、解剖学的レベルでは脂肪自体が「完全に無意味」なので、肥満症は「真剣に治療すべきである（中略）姿の美しさを損なうと同時に、健康にも害となるからだ[17]」とされた。生理学者アレクサンダー・ウォーカーはこの考えをさらに発展させて、こう言った。「太った女性は（中略）皮膚だけでなく、一般的な感覚器官の感受性と過敏性にも欠ける（中略）これに対して、痩せた人は感受性が鋭く、女性の場合、目の輝きが増す[18]」痩せていることと感受性という女性化された資質を結びつけることで、これらの研究は、女らしさと望ましい痩せた体のつながりを強めた。こういう考えかたのすべてが、穏やかな死としての肺

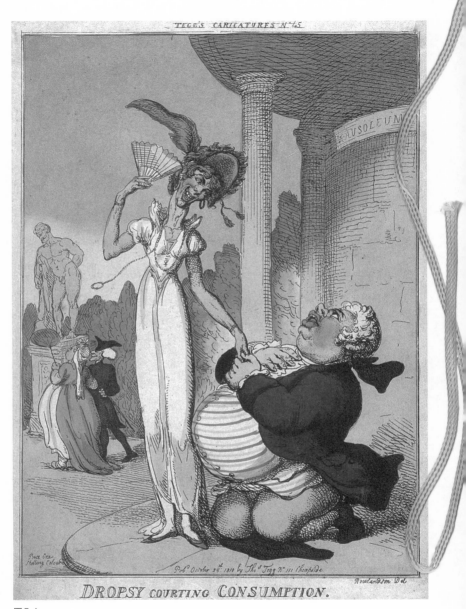

図7-1

『肺病に求愛する浮腫』霊廟の外で肥満体の男が背の高い痩せた女を誘っている。それぞれが浮腫と肺病を表している。T・ローランドソン作のカラーエッチング（ロンドン、トマス・テッグ、1810年）。

病の長い伝統と統合されて、女性の容姿の美しさを破壊するのではなく高めてくれる、ほっそりした繊細な外見を与える病気という結核のイメージがつくられた。[19]

おしゃれな病気

十八世紀には、ジョージ・チェイン、トマス・ベドーズ、ジェームズ・マキトリック・アデアなどの医師が、ある種の病気と、上流社会の人々が見せる感受性の資質の関係について大規模な調査を行った。[20]うつ病や痛風、肺病などの病気は、洗練された社会に属する人々に関連づけられるようになり、アデアの指摘によれば、「著名で裕福な」人々は「病気を選択するうえで」ファッションの気まぐれに影響を受けた。[21]外交官で著述家のサー・ウィリアム・テンプルはこの習慣を嘆き、病気とその治療法の流行を、「あるシーズンにはあちこちで見聞きするが、別のシーズンには消え去っている」ものになぞらえた。[22]病気がおしゃれになるにつれて、それは模倣の対象にもなった。当然アデアは、「地位の低い貧しい人々」が「流行を追って身を滅ぼし」、社会的境界を越えようとすることを非難した。[23]

おしゃれな病気としての肺病は、透き通るような肌の白さを特徴とした。《レディーズ・マガジン》は、この病気を「恐怖と蒼白の王」と認めながらも、一七九〇年の評論で読者に対し、肺病のおもな描写として美しさを強調した。著者によると、「肺病の末期になると、貴婦人は若さと健康に満ちた美貌を見せ、その肌の色を称賛されます——埋葬されるその日に」。[24]肺病の魅力は、その総合的な症状が、確立された美貌のパラメーターと一致していたことにあった。青白い肌に薔薇色の頬と唇という組み合わせは、美しさの定義のなかで由緒正しい資質だった。それは肺癆の産物でもあった。肺病患者の青白い顔を輝かせる消耗性紅潮の繊細な赤みは、病気の診断に使われる症状だった。

また結核の魅力は、女性をはかなさと同一視する表現、当時あからさまに美しさと結びつけられていた考えが広まったことによっても強化された。[25] 十八世紀前半には、ジョージ・チェインのような医師が、「洗練とは繊細さ」[26] であり、美しさは繊細な外見から生まれるという主張を助長した。こういうつながりは、一七五七年に政治思想家で哲学者のエドマンド・バークが、美しさは社会的に肯定される資質であると論じ、愛情を呼び起こすなんらかの特性として定義したことでさらに強まった。美しい人は繊細さを特徴とし、穏やかで落ち着いていて、明るく、優しく、陽気とされていた。バークの主張は、医師や社会評論家がつくったこれらの条件を補足した。一七七四年、《レディーズ・マガジン》はこの議論に割って入り、こう論じた。「我が国の身分の高い人々、特に貴婦人たちのあいだで起こりがちな多くの不調は、おそらく繊細さを装おうせいであり、それは（中略）報いとして、女性にたいへん多く見られるあの青ざめた顔色、あの過敏な神経、あの虚弱さと病的体質の一般的な素因をもたらす」[27] 著者はさらに続けてこう述べる。「繊細さは女性の美しさの構成物としてなくてはならないもの、強さとたくましさはその概念とは正反対のものなので、か弱さすらその必要条件に一致する。女性の美しさは、その繊細さ、あるいは弱さによるところが大きい」[28] 詩人ジョージ・キートは、『自然の写生（Sketches from Nature)』（一七九〇年）のなかでバークのとらえかたが優勢であることを認め、「たくましさや強さは、わたしたちの美的感覚を高めない（中略）繊細で、壊れそうなほどか弱いものが美しい」と述べたあと、次の詩を直後に引用することで、「繊細な透き通る美しさ」をはっきり肺病と結びつけている。「繊細な透き通る美のはかないあの姿を見よ／淡く青い目と熱を帯びる頬は衰弱の篝火《かがりび》に照らされている」[29]

バークにとって、女性美とは「たいてい弱さと不完全さを伴っている」ものだった。[30] さらに、女性自身が意図的にそうしていると論じた。女性たちは「舌足らずな話しかたをし、弱さや病気すらも装うためによろよろと歩くことを学んだ（中略）［なぜなら］苦しむ姿の美しさこそ最も人の心を打つ美しさだからだ」[31] バークは洗練と繊細さについての幅広い論議に関わっていて、医師たちもそれを永続させる後押しをした。たとえばジョン・リークは、肺病を「容貌を引き立たせる病気」、「若く最も美しい女性をとらえる」病気と説明し、「体の自然な繊細さから生まれるそういう資質が、病気の有害な力に特に影響を受けやすいからだ」とした。[32]

それにもかかわらず、当時の資料は明らかに、病気をおしゃれに飾りつけた責任をバークに負わせていた。一八一一年、《ラ・ベル・アッサンブレ》は、病気が魅力的だという考えに対する激しい非難を掲載し、こう問いかけた。「では、いつこの悩める感受性が（中略）女性の世界でこれほど普遍的になったのか？」

当然のなりゆきとして、この過ちについては、バーク氏の名高い『崇高と美の観念の起源』に責めを負わせてもよいだろうか？　あの輝かしき天才の登場が、女性の心を麻痺させたのでは？　女性読者たちは、舌足らずな話しかたをし、よろよろと歩き、感じのよい弱さを見せ、愛らしく悩む

ことを学べば、自然に従って美を向上させられると彼に言われたら、その主張の誘惑に抵抗できるだろうか？

著者は、見せかけの病気を病気そのものにたとえて、「その伝染性の影響力」を強調し、こう述べている。「それが人々のあいだにあまねく広がり続ける。彼らがひどい情報源に接したことを責めるわけにはいかない（中略）彼の意見に関する誤解が非常に大きな要因となって、体質を悪化させる習慣が奨励され、健康美の真の輝きを、病的な衰えと情緒的な弱さに変えてしまったのかもしれない」[33] 性差に強くこだわったバークの分類は、十九世紀のあいだに広まり、特に上流・中流階級のなかで、美しさと繊細な弱さを特徴とする女らしさの基準がつくられていった。[34]

一八一三年、風刺小説『わたしたちが生きる時代（The Age We Live In）』の著者は、健康と美のどちらが重要かをめぐる対立の高まりに着目し、こう書いている。「健康を損ねるか、美を損ねるか、どちらが最悪なのかはよくわからないが、この世に美がなければ、健康などほとんど無意味であることは確かだ。ありていに言って、部屋のなかでいちばん醜い人間が自分だとわかっていることより悲惨な状況は想像できない」[35] このように体の健全さより美学を重視することは、おしゃれな生活をめぐる議論の重要な一面であり、十九世紀には女性の理想の資質としてたくさんの肺病の素因が加えられるようになった。結果として、女性の繊細な体質は、肺病の美しさを表す比喩の格好の基盤となった。文学作品のなかだけのことではない。医療執筆者たちもこの関係を取り上げ、後押しをした。[36]

十九世紀初頭までには、健康と活発さは下品と見なされ、青白い顔をしたものうげで無気力な貴婦人がもてはやされるようになった。[37] この種の美しさが継続的に受け入れられた証拠は、風刺小説「社交界の風景その一――娘のデビュー(Scenes of the Ton, No.1.Bringing out Daughters)」(一八二九年)にも見て取れる。ある母親が、他人の娘の欠点について意見する。「でも、ベラ嬢のお顔は、社交界ではちょっと血色がよすぎて健康的すぎると思うわ。つやつやとして元気そうですもの。デビューしたての女性には、上品な青白さとものうさが必要な条件なのよ。感じのいい穏やかなけだるさというものがあって、それが下品さとの明確な境界線になっているの」[38] 幸いにも、健康的すぎるというベラの問題は、「一カ月間の訪問」でたやすく治すことができそうだった。

ロンドンの冬ほど、社交界のあの雰囲気をよく伝えるものはありませんからね。あなたもお気づきのとおり、身分ある人間にとってはどうしても必要なものよ。街の大夜会で乳搾り女の赤ら顔を見せられたら、たまったものではありませんわ。あの場にはバラの赤さはふさわしくないし、ユリのものうげな繊細さがみんなの称賛の的になるの。以前レディ・ベティー・コックルトップ[39]が、あの優雅な口ぶりでおっしゃったようにね。あのかたはきっと雪花石膏から生まれたのね!(中略)上流の人たちのなかで、あれほど美しい肌をした人は見たことがなかったわ。[40]

ロンドンでの暮らしと道楽三昧のおしゃれな生活は、肺病の膨大なリスクをもたらした。社会は女性から休息を奪い、体に負担をかけ、結果として病気や死を招くこともあった。一八二五年、作家のウィリアム・パークス夫人はこう嘆いた。「ご存じのように、以前は健康で元気だった若い女性たちが、弱々しくうなだれて、すっかり元気をなくしています。昔の習慣を捨て、社交界に加わって休息の時間をお祭り騒ぎと気晴らしのシーズンに変えてしまうからです。就寝時間が遅く不規則になると、健康の維持がたいへんむずかしくなります[41]」

健康は流行遅れだったので、自然に病気にならない場合、多くの女性は病気のふりをした。一八三二年の《ワールド・オブ・ファッション》はこの現象に触れ、あるパリ生まれの貴婦人の滑稽なふるまいについて詳しく書いている。

病気でなければ生きていけない人たちがいる。矛盾して聞こえるかもしれないが、紛れもない真実だ。フランスのある高名な医師が、身分の高い貴婦人を往診した。彼女の病気には、パリ医学界のあらゆる技能もお手上げ状態だった。貴婦人は新しい主治医に、自分がよく食べ、よく飲み、よく眠っていること、それどころか、どこもかしこも完璧に健康に見えることを認めた。「だいじょうぶ」と医師は言った。「わたしの指示に従えば、すぐにどこもかしこも不健康に見えるようになりますとも[42]！」

病気への熱望は、あまりにも広く社会に浸透していったので、一八三二年の第一次選挙法改正の可決をめぐる議論の一部にさえ使われた。《テーツ・エディンバラ・マガジン》はそれを、〝おしゃれな上流の人々〟の支配を絶つのに法案が必要である証拠として取り上げた。「血色のいい頰をしている〝おしゃれな女性〟など、聞いたことがあるだろうか。見せかけがだいなしになってしまうのだから」[43]不健康な外見がますます人気になるにつれて、模倣の手本として選ばれた病気のひとつが肺病だった。どうして病気の特徴を取り入れたファッションが、美と結核との結びつきに変換されたのか、なぜ肺病が手本として選ばれたのか。答えは、美しさの印と、診断マーカーとして使われる身体的な病気の特徴とのあいだに確立された関係にあるのかもしれない。美しさは、結核の遺伝的素因の重要な兆候のひとつと信じられていたうえに、一度発病すれば、その症状が患者の魅力を増すと考えられていたのだ。[44]

『美の技術（The Art of Beauty）』（一八二五年）は、全般的な健康と美の厄介で複雑な関係、特に結核の役割を取り上げた。英国で美という題材を初めて詳細に説明した本で、上流・中流階級の女性たちから幅広い人気を博した。[45] この作品ははっきりと、美は健康から生じると主張しているが（美は「繊細で傷つきやすいもの」というバークの主張に反論して）、結核の最も特徴的な症状のひとつである消耗熱となると、急に意見を翻している。

健康と美は、常に関連しているといわれる。つまり、女性の顔が美しくないなら、健康かどうかはわからないということになる。しかし、たとえば消耗熱など、特定の顔色の美しさを大きく改善する病気がある（中略）そういう症例では、不治の病の兆候だと知っている医師でさえ、その顔が美しくない――美が向上していないとはどうしても考えられないのだ。[46]

病気の医学的な説明は、肺病の美という考えをさらに広めただけだった。繊細な外見は、遺伝的な資質とされたことから、肺病の産物として見られただけでなく、病気に最もかかりやすい人を見分ける指標として使われることが多かった。一七九九年には、《メディカル・アンド・フィジカル・ジャーナル》がはっきりと、真性の肺病は、「美しさを」特徴とする「家族全員、特に女性たち」のあいだに広まる「特有の体質」から生じると主張した。[47]

医学研究者たちは観察と経験から、ある種の特徴を持つ人のほうが、そういう特徴を持たない人たちより肺病にかかりやすいと結論づけた。〝疑わしい〟身体的特徴は、素因が結核を見分ける基準になるという考えに沿うものだった。診断がむずかしく、はっきり目に見える症状がなかったので、末期になるまで病気にかかっていることに気づかない人も多かった。しかし、患者は徐々に、肺癆体質に特有な解剖学的変化を示すようになった。[48]結果として多くの人は、ある種の身体的特徴、なかでも美しさを、単なる病気の産物というより、最も病気にかかりやすい人の指標として見た。つまり美しさは多くの場合、診断マーカーとして使われ、遺伝的素因の重要な兆候とされた。たとえば、一八〇一年の《マンスリー・マガジン》の「ロンドンの病気の話」は、肺病患者の顔色と「特に女性全般においてふつうより興味深く魅力的な相貌」とのあいだの関連性を強調した。記事は続けてこう主張する。「美しさは肺癆と結びついていて」「ほれぼれと見つめたくなる資質、それは必ずしも備えるのが望ましい資質とはかぎらない！　そういうすばらしい魅力は（中略）病気の領域に（中略）関わっている」[49]素因と進行中の病気の違いは程度の問題であるらしく、素因を示す多くのものは徐々に、肺癆の原因とされていた数え切れないほどのものと同一視されていった。

肺病は、すでに魅力的なものとして認められていた資質を増幅させて、患者をいっそう美しくするようだった。たとえば、白い肌、赤い頬と唇が美しさを表すという考えは、女性への助言や教育の指南書で長年にわたって優位を誇っていた。[50] 肺病の進行過程にも、特有のものとして、青白い肌や頬の消耗性紅潮など、それと同じ資質が見られた。この病気の症状に関する医学的な言及では常に、体は華奢でほっそりとした繊細なつくりで、胸は痩せ、鎖骨は突き出し、肩甲骨は翼のように見えると説明された。[51] 四肢は細く、腹部は平らで、病気が進行するにつれて縮んでいった。顔色はきれいで繊細といわれ、つやがあってなめらかで柔らかく、青白く透き通るような肌を特徴とし、その輝くような白さは消耗性の微熱による〝花盛りのバラ〟でいっそう際立った。淡く透明な肌のすぐ下を、青い静脈が縦横に走り、白い歯が顔をさらに引き立てている。瞳孔の開いた目は豪華な濃いまつげに縁取られ、その立ち姿全体を、つややかで流れるような髪が飾っていた。[52] 十九世紀の理想の女性像は、肺病患者と驚くほどよく似た描写をされる傾向があった。何度も繰り返されるこういう症状の説明を見ると、この病気が破壊を伴いながらも美化されていった理由がわかる気がする。

目と顔色は、結核と美しさを結びつけるおもな部分となった。まず、目は昔から美しさの主要な構成要素で、表情豊かな大きい目は、感情が表れやすいので特に重視された。[53]《マンスリー・マガジン》の「女性美に対する批評」はこう論じた。「最高に美しい目とは、感性と優しさを併せ持つ目である。目の色はそれほど重要ではない。黒い目は最も快活で、青は最も女らしく、灰色は最も鋭敏と考えられているが、それは完全に内なる精神によって決まる」[54] 濃いまつげに縁取られた大きく広がった瞳孔は、魅力的であると同時に、肺病のよく知られた症状でもあった。一八二四年に出版された『健康についての家族の知恵（The Family Oracle of Health）』は、こう証言している。「大きな瞳孔

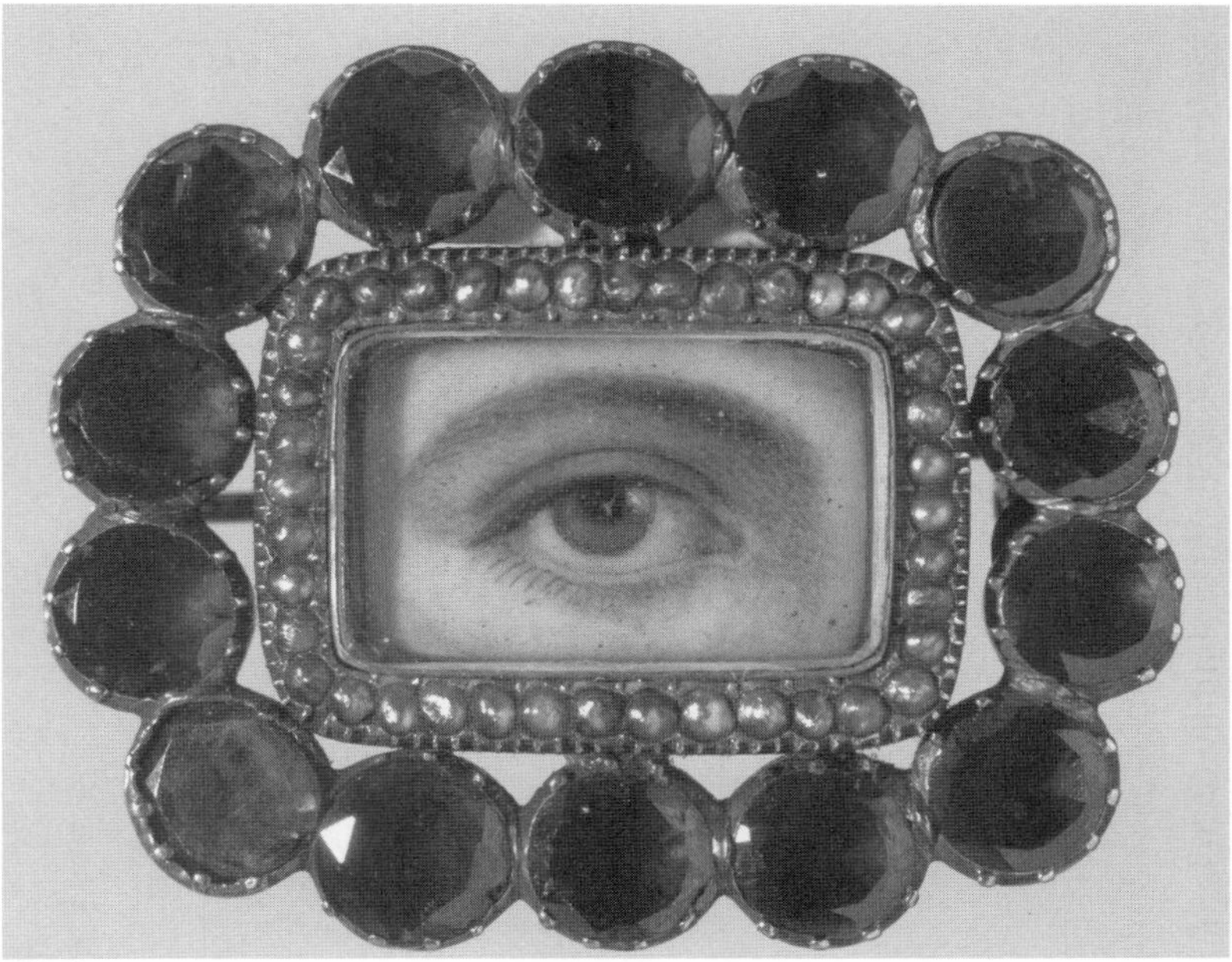

図7-2
心の窓をとらえる。目の細密画、イングランド、19世紀初頭（彩色）。

は、最上級の美しさの印ではあるが、虚弱さと、おそらく肺病体質の確かな兆候でもある。つまり、体を繊細にするものはなんであれ、瞳孔を拡大させ、目を美しくものうげにする可能性が高い[55]」この医学論文の著者は続けて、肺病体質を持っていない場合でもこういう目になれる方法を教えている。[56]

この原理に基づいて瞳孔を拡大するどの実用的方法も、安全面ではお勧めできない。しかし、瞳孔を大きくするのに絶大な効果を発揮するベラドンナエキスという薬がある。ほんのわずかな量をまぶたに塗ると、短時間で見事なまでに瞳孔が拡大し、その効果は数時間続く。[57]

目の美しさと肺病についての主張は、他の資料でも支持されていて、『美の技術』もそのひとつだ。

ほとんどの時代と国で、大きな瞳孔は美しさの印と見なされてきた（中略）しかし、大きな瞳孔は美しさの印として尊ばれてはいるが、同時に体の虚弱さや繊細な体質を最も強く示すものでもある。そういう体質を持つ人のなかで、肺病にかかりやすい人はとても多い。[58]

目の縁取りは重要で、まつげは美しさを高める役割を果たし、やはり結核と結びついていた。遺伝的な肺病体質の指標を詳述したある研究によると、「瞳孔が並外れて大きく丸いこと［が指標］であり、そこに長くつやのあるまつげを加える医師もいる」[59]。肺病患者に特徴的なそういう目になるには、さまざまな方法があった。人気の指南書では、まつげを濃くするいくつもの方法が宣伝された。たとえば、ニワトコの実や、松脂とマスチック樹脂からつくった混合物、黒い乳香や油煙を使った溶液をこすりつける方法だ。[60]

けれども顔色は、美しさの最も重要な側面であるとともに、女性の健康にとっての大切な指標でもあった。一八〇七年の《ラ・ベル・アッサンブレ》の「肌の美しさについて」では、その関連性が論じられた。

肌の美しさは全体の美しさに驚くほど影響するので、たいへんな美人と見なされる女性の多くは、美しい肌以外の利点を持たない（中略）うっすらと紅色を帯びた柔らかな手触りのなめらかな白い肌が、一般にきれいな肌と呼ばれる（中略）この国の気候では、紅色は健康状態を示す真の温度計と見なしてよい（中略）つまり、みずみずしく花開く頬の色、バラ色の唇、生き生きと輝く目は、健康の指標である。[61]

図7-3
ベラドンナ（Atropa belladonna）。
J・ジョンストン作の木版画の着色複製
（グラスゴー：ブラッキー＆サン）。

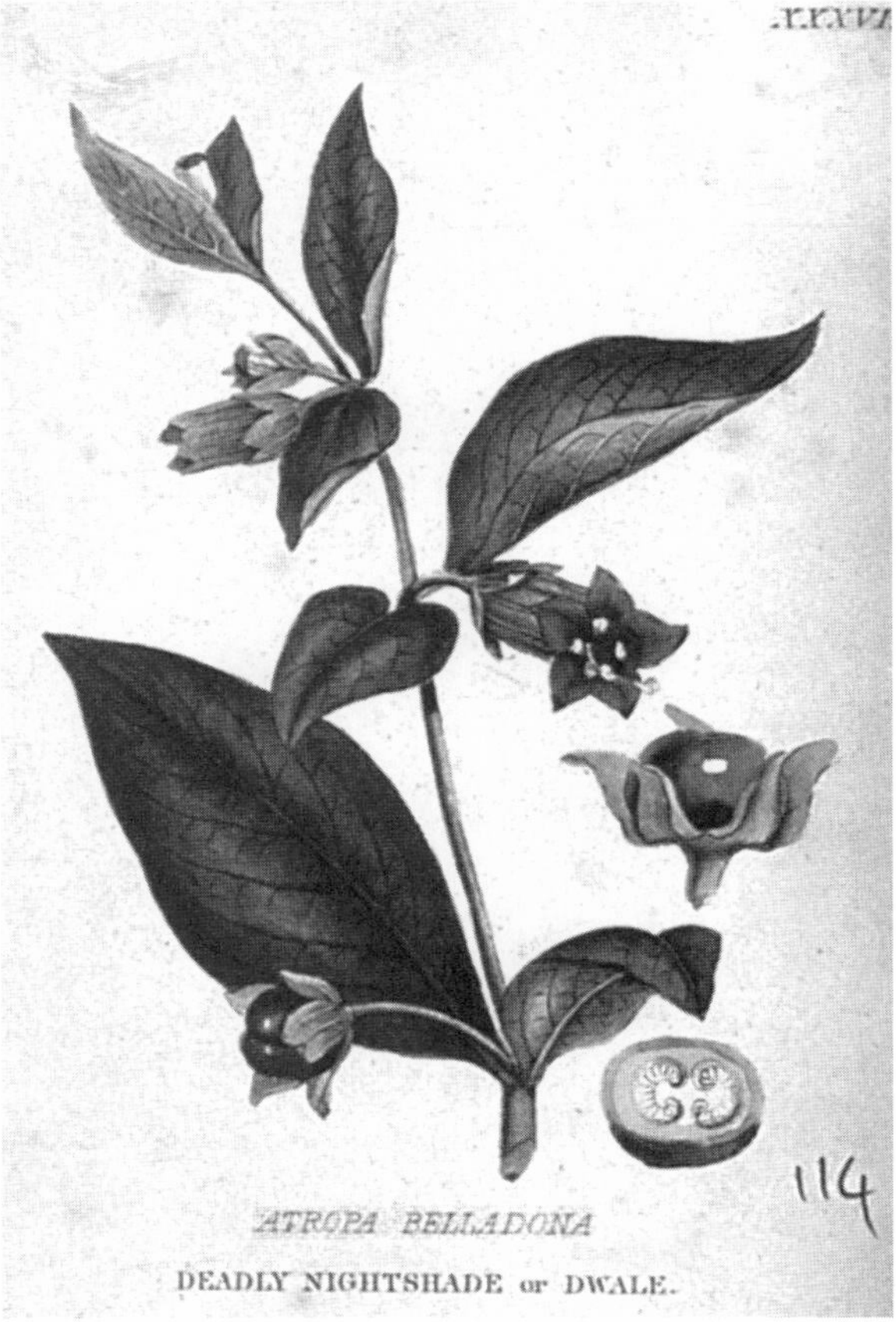

ところがまたしても、健康でなければ美しさは得られないという主張は、肺病に関しては通用しなかった。[62]なめらかな白い肌、輝く目、バラ色の唇と頬は、肺病の遺伝的素因の兆候でもあったからだ。『現代の医術（The Modern Practice of Physic）』（一八〇五年）は、次のような肺病の指標を挙げている。「つやのあるきれいでなめらかな肌、太い静脈、繊細な顔色、真っ赤な唇（中略）白く透明な歯[63]」顔色の質と美しさは、その白さによった。《ラ・ベル・アッサンブレ》の「貴婦人の身だしなみ（The Ladies Toilette）」の主張によれば、「肌が美しいと言われるために、必ず持っていなければならない資質のひとつが、白さです[64]」この白さは肺病の際立った特徴であり、ジョン・アームストロングは一八一八年にこう述べた。

肺癆の接近を示す最初の変化は、肌に見られる。頬の色は決まって以前より青白く、繊細になる（中略）少しのあいだ頬の一部に美しい赤みが広がったあと、それは薄れて、目立った青白さが残り、ほとんど白に近くなる（中略）皮膚のさまざまな場所に表在静脈が走っているのが観察され、青い線が入った白い大理石のように見えることもある（中略）そして興味深く美しくさえある表情が、きわめて驚くべきことに、以前は不器量だった人の容貌全体を覆い尽くすこともまれではない。[65]

一八三一年、文学・美術雑誌《アシニーアム》はこう論じた。「いくつかの遺伝的な事例、特に美しく繊細な顔色の女性では、肌が透明に近いように見える（中略）詩人は想像上の愛人の手を、透き通っていると描写すべきではない。その女性を墓に（中略）連れていくつもりでないかぎりは。心と同じくらい容易に手が透けて見えるとすれば、若い婦人の健康にとっては悪い兆候であり、牧師ではなく医師を呼ぶべきだろう[66]」

静脈が隆起して目立つことは、魅力と肺病をつなげるもうひとつの鍵となり、たとえば「収穫祭（The Harvest-Home）」（一八二四年）など、さまざまな文学作品で詳述された。

> 枕に優しく支えられ、死にゆく乙女が横たわっていた（中略）影のごとく痩せ衰え、死の病の重圧に沈みながら、それでもなお美しかった。しかし、その美しさは今や奇妙な、この世のものとは思えぬ性質を帯びていた。この世にとっては繊細で清らかすぎて、まるで空想の世界の住人のように見えた。青白い大理石の額をさまよう細く青い静脈のなかに血液の動きが見えるかのようで、柔和な目は、純粋で気高く霊的な意味に満ちた光を放っていた。[67]

絵画をめぐる一八〇六年の雑誌記事に、静脈の役割が見て取れる。女性の肖像画に描かれた血管の美についての評論だ。著者は、「女性の静脈は（中略）透き通る肌に走るかすかな青い線にしか見えない」と書き、静脈を描くべきかは決めかねていると言いながら、「自然な彩色法では、かすかな青みという効果があり、それが白に繊細さを与え、最も目立つ淡紅色と混じり合う」と述べた。[68]画家は静脈を強調することに疑いをいだいていたかもしれないが、おしゃれな女性たちに同じ迷いはなかったようで、折々に、そういう外見になるための化粧が行われた。『しとやかさの鏡（The Mirror of the Graces）』（一八一一年）はその習慣を非難し、「偽りの白い肌に、同じく偽りの染料で、くねくねした静脈を」描く女性たちをきびしくしかった。[69]

笑顔は、結核と美しさを結びつけるもうひとつの重要な鍵だった。肺癆は歯も白くすると信じられていたからだ。歴史学教授コリン・ジョーンズは、十八世紀に感受性の美が注目されるなかで笑顔の重要性が高まったことに触れ、「愛想のよい笑顔が（中略）きわめて価値のあるものになっていった」と論じている。[70] またジョーンズは、「世紀の中ごろから、小説、演劇、絵画が感受性を賛美したことによって、笑顔は内面と外面の美しさの印、そして自己認識の象徴として再評価された」とも主張する。[71] 世紀の変わり目までには、美しい笑顔は、美になくてはならない一面になっていた。一七八〇年、『医学解説書（Medical Commentaries）』は「肺癆の素因の兆し」を明確に提示して、「丈夫な歯」は重要な兆候で、「この病気で亡くなる人の多くは、一度も虫歯になったことがないようだ」と述べている。[72]『肺病の予防と治療に向けた医師の助言（A Physician's Advice for the Prevention and Cure of Consumption）』は、「白く透き通った丈夫な歯」が、肺病にかかりやすい人によく見られる特徴であると主張した。[73] さまざまな歯磨き粉が市販されていて、それ以上に自宅で調合するための製法が出回っていた。それらは数多くの教本や、十九世紀の定期刊行物に掲載された。そういう物質が、健康で輝く白い歯を手に入れるために欠かせないものとして宣伝された。[74] コリン・ジョーンズは、紅を使えば唇や頬だけでなく、「深紅色の唇で美しく白い歯が映え、引き立つ[75]」とまで言っている。

白い歯、白い肌、バラ色の頬と唇——望ましい資質すべて——は、結核を示すあらゆる証拠でもあった。『美の技術』は、肺病を美しさへ向かう確かな道として受け入れる姿勢を示したが、同時に、健康とのバランスを保ちながら美しさを得る危険の少ない方法を認めてもいた。

どんな病気もすべて問題外なので、女性読者にお勧めしたい訓練として、目の輝き、肌色の明るさと透明度を高めるために開発された、確かな効き目のある唯一の方法をお教えしよう（中略）過度にバラ色をした顔、これは、一般に考えられているのとは違って、すこぶる健康な印というわけではなく、炎症性の病気や、それが原因の突然死に密接に関わっている。バラ色の頰と命取りの炎症を防がなくてはならない。[76]

十九世紀には、肺病が与える〝自然な〟美しさだけでなく、その病気への熱望が美容習慣まで変えていくにつれて、肺病の模倣が拡大していった。世紀の変わり目には、流行の顔色に変化があった。十八世紀には人気だった鮮やかな赤い顔は、一八〇七年には淡く青ざめた白に場所を譲った。[77]同じ年、ある著者はこう書いた。「青ざめた顔つきがとてもはやっているので（中略）上流の人々は、ユリの花の興味深く病弱そうな色合いを増すために、一種の化粧水を使っている」[78]肺病のような外見を得るもっと〝当てにならない手段〟――化粧品――もあったが、みだりに使用すると肺病を招くと考えられた。ここでも、バランスが鍵らしかった。身だしなみと美しさを扱った定期刊行物や出版物は、引き続きこう繰り返した。「最も美しいと見なされる顔色は、白と赤のどちらも目立っているとはいえない、青白い淡紅色である」[79]この繊細な色のバランスは、肺病になると自然に得られた。化粧は、前世紀に人気だったつくり込まれた人工的な外見から離れ、自然の模倣をめざす抑えた外見へと向かった。『美の技術』は化粧品を、「女性の頼みの綱」と呼んだ。[80] 六年後、『使用人の指導と家族の手引(The Servant's Guide and Family Manual)』はこう述べた。「婦人の身だしなみを完璧にするには、よい化粧品を選ぶことが重要です。白粉《おしろい》や染料その他を使うことが賢明かどうかはわたしたちが決めることではありませんが、以下に製法を記すうえでは、特にいかがわしいものは区別するように努めました[81]」

化粧品には限界がある——つまり、初めからないものをつくることはできず、「ただ自然を補助すること」しかできないという認識もあった。[82] 白粉を使うことが、最も反感を買ったようだ。〝真珠の白さ〟と宣伝され、とびきり白い顔色にする金属酸化物の使用は、きびしく非難された。『家政の新方式(A New System of Domestic Economy)』(一八二七年)は、肌を改善するために石鹸と水、あるいはバターミルクを使うよう呼びかけた。こういう訴えをよそに、金属酸化物は女性の化粧台に欠かせないものであり続けた。顔色を青白くするために使うと、美しい青白さを自然に与える肺病を引き起こすことにもなると考えられた。『美の技術』は、蒼鉛《そうえん》、鉛、あるいは錫《すず》でつくられた白粉が「皮膚の毛穴を通して少しずつ(中略)肺に浸透し、病気を誘発する」可能性があると論じた。[83] また、ジョン・マリーは『肺病についての論文』で、化粧品の化学物質が(中略)死の使いを大いに助ける」と強く主張した。[84] 肺病死のほかにも、起こりうる結果として、公の場でひどい恥をかくおそれがあった。たとえばある作家は、だまされやすい求婚者が「恋人の美貌が本物かどうか」を見分けるためのヒントをいくつか作中で提案した。それによると、紳士は意中の人を温泉地「ハロゲット」に連れていくとよい。その湯は「あらゆる金属酸化物(中略)に強力に」作用する。五、六回入浴したあと恋人の顔がもとの美しさを保っているなら、その人は正真正銘の美人で、あらゆる偽装の恐怖は免れたと見なしてよい。しかし、もしご婦人または乙女の顔が青く、あるいは黒く見え始めたら、すぐさまその美しさは、ロンドン・ポーター（焦がした麦芽で濃い色をつけたビール）のように、売り込みのために手を加えたものかもしれないとわかるのだ[85]」ヴィクトリア女王の治世が始まるまでには、化粧品の使用が肺病の発生に与える影響は明らかだとされたので、人工的な補助用品はその後も手に入ったものの、一八三〇年代後半には、その使用はしだいに隠されるようになった。[86]完璧な美しさを得るための化粧品ははやらなくなったが、肺病の美しさの模倣はさらに続き、拡大していった。

感傷的な美しさ

ヴィクトリア朝初期の美の概念は、感傷主義に大きく影響されていた。信頼できる感情は、あからさまな行動で明かされるのではなく、むしろ微妙なそぶりや抑えた態度でほのめかされるという考えだ。[87]感受性は、感傷主義のイデオロギーの中心にあり、感覚を受け入れて体の意志を伝える神経系の能力を表していた。それは、個人の気持ちと感情だけでなく、そういう心情の肉体への反映をあらわにした。女性の顔色さえ、洞察を与えてくれた。たとえば青白い肌と頬の紅潮は、感受性の強さと感情の透明性の証とされた。さりげなく無防備なところは、女性の最もすばらしい特性のひとつと見なされた。[88]

感傷主義のイデオロギーはさらに、女性の真の性格は病気と闘わなければ表れないという考えで、病気を格上げした。こういう姿勢はすでに十九世紀初頭に存在し、多くの人は、病気が女性の個性やまじめさ、誠実さ、そして最も基本的な真実をあらわにすると考えていた。[86] クラパム派（十九世紀初頭の英国国教会福音主義者のグループで、奴隷制廃止などを唱えた）のメンバーだったトマス・ギズボーンは、一八〇六年に著書『女性の義務の探究（An Enquiry into the Duties of the Female Sex)』で、こう論じた。「病気の無力感とつらさに耐えることに関しては、女性の証言のほうがはるかに重みがある」さらに、女性は「長々と続くつらい試練のもとで、固い意志と、落ち着き、服従の最も優れた模範」を示す、と続ける。[90] 女性の性格にとって苦しみが重要であるもうひとつの証拠が、一八一四年の著書でグワトキン嬢が「徐々に肺病に沈んでいく」あいだの描写に見られる。著者はこう書いている。「病気が彼女の肉体を破壊している最中でも、〝従順で穏やかな精神の輝き〟は少しも腐敗しないどころか、さらに際立つようになった」[91]

ヴィクトリア朝初期には、苦しみや病気は女性の人生に重要な機能を果たすと考えられていた。作家のサラ・スティックニー・エリス夫人は、著書『イングランドの女たち（The Women of England)』（一八三九年）のなかで病気の役割を取り上げ、人がこの世で持てる時間の短さに気づく必要性を説きながら、「消耗性紅潮の美しさ」について具体的に言及している。[92]

その考えが憂うつをまとっている必要も、苦悩と関わっている必要もない。ただ真実を見つめているだけだ。そしてわたしたちはいつものように、都合よく解釈しよう。土で覆われたばかりの墓が並ぶ緑の墓地――弔いの鐘――ゆっくり進む葬儀馬車――最近まで笑い声が聞こえていた部屋の閉じられた鎧戸《よろいど》——自分の家庭内への病気の訪れ——消耗性紅潮の美しさまでも——すべては、同胞に好意を寄せる営みに割り当てられた時間が、たちまち飛び去ってしまうことを思い知らせる。[93]

さらに『イングランドの娘たち（The Daughters of England）』（一八四二年）のなかで、エリス夫人は読者に、肉体的にも精神的にも「病気の利点を最大限に利用する」よう忠告した。[94] また、女性の人生にとって病気がどれくらい重要かについて率直に語った。「身体的な苦痛に苛まれているとき、女性の性格には強さと美しさがある。小説に見られる女性の勇敢さは、お粗末な模倣にすぎない。どんな状況だろうと、女性がやたらとおだてられ、求愛され、甘やかされている場合は、尊敬に足るとは言いがたいが、試練の時になると、最高の美点が輝き出す」[95] シャーロット・ブロンテは、エミリーとアンが肺病に苦しむあいだ、同様の表現を使って妹たちの性格について書いた。一八四九年一月十八日の手紙にはこうある。「アンは、エミリーが決してひるまなかったのと同じくらい辛抱強く、とても辛抱強く病気に耐えています。わたしは、愛情だけでなくある種の尊敬を込めて、ひとりの妹を思い出し、もうひとりの妹を見つめるのです——苦痛に満ちた試練を受けながら、どちらもくじけはしませんでした」[96]

感傷主義者にとって、外見はその下にある性格を映し出すもので、今や美しさは「道徳的かつ個人的」なものになった。[97] 外見と内面的な性質とのあいだに関連があるという考えは、《ロンドン・ジャーナル》の一八三四年の記事にもはっきり表れていた。「美しさのことを考えれば考えるほど、感情との依存関係がはっきり見えてくる（中略）ああ、感情よ！　美しさは、汝の外面的な、目に見える印にすぎないのだ[98]」こういう考えかたは、医学研究者の次のような発言によって強化された。「結果として、女性の善良さと美しさは、互いに強固な関係を持つことがわかるはずだ。美しさは常に、善良さの証として表れる[99]」骨相学者のジョージ・クームは、外面の重要性に生物学的な基盤を与え、こう論じた。「顔が知性と善良さで輝いているとすれば、それは脳の道徳的・知的な領域が優位を占めている印であり、その人は（中略）自然界の貴族のひとりなのだ[100]」

こうして、肺病の身体的な症状は患者の道徳的美点を反映していると解釈できるようになり、肺病の女性はますます、生きていくには善良で美しすぎる者として描かれることが増えた。たとえば、『肺病についての臨床講義（Clinical Lectures on Pulmonary Consumption）』はこう論じた。

さまざまな家族のなかでよく観察されるのは、遺伝的傾向が最もはっきり現れがちな人が、洗練された心持ちと繊細な感情を持つ人たちであることだ。身勝手さや頑固な性格は（中略）この種の病気にかかりやすい人にはあまり頻繁に現れない。〝善良すぎて長生きできない〟というよくある表現には、どうやら根拠があるようで、詩人がこう叫ぶのももっともなのかもしれない――「善人は早死にする[101]」

真の美しさは内面から生まれるので、美しい女性の体が魅力的なのは、魂があらわになっているからだった[102]。『イングリッシュウーマンズ・マガジンとクリスチャンマザー文集』（一八四六年）は、それについてこう論じた。「美しさの影響はとても幅広く強いと認識されるべきだが、もちろんそれは、美しさが心の鏡と見なされているからだ」[103]

　内面的な性格と外面的な美しさの関係は、女性の心を完璧なものにするための指導を急増させることになった。たとえば、一八四三年の『貴婦人の身だしなみの手引（The Ladies Hand-book of the Toilet)』にはこうある。「内面の純粋さや不純さは、外見から読み取れる性格に表れます（中略）本当に美しくなるには、心の修養を積まなくてはなりません（中略）それがいちばんに関心を向けるべき点です」[104]また『貴婦人の礼儀作法の科学（The Ladies Science of Etiquette)』（一八四四年）はこう論じた。「顔は心の鏡です（中略）容姿の美しさを保つために適度に念入りな注意を払うことは、望ましいだけでなく、明白な義務でもあります」[105]こういう道徳的・社会的含みがあったとすれば、顔立ちの美しさがますます重要性を増していると見なされるのも当然だろう。体のなかで最も読み取りやすい部分で、〝心の鏡〟と考えられた顔は、微笑みや顔色、さらには目にも表れているとおり、女性の感情を知る手がかりとされた。[106]したがって、内面的な生まれつきの体質によって外見の美しさが与えられる肺病

図7-4
ジョージ・クーム。サー・D・マクニーの画風にならったR・M・ホジェッツ作のメゾチント。

は、体の内側の働きと、その状態の外面的な現れとの結びつきを強めた。

このように感情を道徳的資質として外面に固定させることで、肺病と美しさの関係は、大衆の想像力のなかでも、医療関係者のなかでも強化されていった。ヘンリー・ギルバートの医学論文『肺病(Pulmonary Consumption)』(一八四二年)は、詩人の力まで借りて、その症状を描写し、女性の美しさを生み出すうえでの重要性をほのめかしている。

夏の空気のようにひそやかな足取りで
美しき崩壊へと向かうのは誰だろう
彼女の目は
熱を帯びたまばゆい光で溶けてゆく
そして頰はほんのりバラ色に染まっている
まるで美しい指の先端でそこをそっと押したかのように
ああ！　彼女の名は肺病なり[107]

一八四九年、シャーロット・ブロンテは、肺病と美しさのつながりが広く信じられていることを認めてこう言った。「肺病が、虚栄心をくすぐる病気であることは知っています」[108] 美しさと結核は、大衆の神話によっても、医学によっても結びつけられ、病気と感傷主義をしっかりつないでいた。

肌の透明感と顔色の白さは、どちらも肺病の症状として重要であると同時に、美しさにとっても欠かせない要素になった。透明感は、特に一八三〇年代後半から一八四〇年代にかけて霊的な資質あるいは性格を特徴づける資質として、重視されていった。とはいえ、そのつながりはすでに一八二〇年代から一八三〇年代にかけて顕著になっていた。『美の技術』は、美しい顔色の特徴を定義する際、そのことに触れている。「なめらかで柔らかく透明感のある肌は、完璧な美しさにとって、容姿の上品さに劣らず不可欠なものだ[109]」著者は続けて、「純粋で繊細な透明感のある肌色」を「朝露で飾られたユリ、さわやかな夏の朝に芳香を放つバラ[110]」と描写した。この作品が認めたとおり、バラは、憧れの肺病患者の透き通るような顔色と組み合わされた。この病気による消耗性紅潮は「バラの花に似た頬の突出部の小さな明るい点」に限定され、著者はそれについてこう書いている。「一生つきまとう色で（中略）あらゆる種類の顔色に生じるが（中略）とてもきれいな透き通る肌、とても明るい色の髪、青い目、虚弱体質を持つ人により多く見られる。たいていは不治の病、特に肺病の兆候である[111]」『健康についての家族の知恵』によると、消耗性紅潮は「肺病にかかった印」のひとつと呼ばれた。さらにこの本では、『美の技術』と同じ用語を使って、それに伴う身体的な変化を説明している。「頬はバラの花のようで、その色は一生つきまとう。初期段階の意気消沈した悲しげな顔つきが、このころにはしめやかな微笑みに輝く[112]」

顔色の白さは、可憐さと最も結びつけられがちな結核の特徴で、感傷的な透明感を得るための重要な要素でもあった。アレクサンダー・ウォーカーは、青白く透き通る肌が感情の影響をあらわにすると主張し、こう述べた。「実際、白さは美しさにあまりにも大きく寄与するので、美しいと見なされる女性の多くは、美しい肌から得られるものを除けば、その形容詞にふさわしい他の特徴はほとんど持たない」[113] こういう考えは、身だしなみの手引にも見られ、たとえば『女性の美（Female Beauty)』（一八三七年）にはこうある。「白さは、肌にとって最も重要な資質です[114]」こうして、白い顔色は女性の身だしなみの中心的な関心事になり、美貌と肺病の両方を特徴づける印にもなった。ジェームズ・クラークは、この見かたを病気の症状に当てはめて考察した。

> **体質の特徴は、顔立ちにさらにはっきり表れる。目、特に瞳孔は概して大きく、まつげは長く、たいてい穏やかな表情をしていて、特に色白で頬に赤みのさした人の場合、顔立ちがとても美しい。[115]**

クラークによると、女性の感情は顔、特に目のなかに表れる。感傷主義の伝統では、目は「心の窓」と呼ばれ、「知性と愛の源」として感情と性格をあらわにし、「ものを言う」と考えられたことから、肺病患者の美しさも引き立てるとされた。[116] 特に大きな瞳孔**（口絵の図XX参照）**は、器量のよさを表す特徴であり続け、この〝美しさの印〟は「丈夫さや健康全般に結びつくことはめったになく、場合によっては虚弱な体の明らかな指標になる」と当たり前のように認識されていた。[117]

しかし、外から見えるものが女性の心にあるものを純粋に表しているという感傷主義者の見かたと、化粧品や他の道具を使って美しくなり、肺病患者の外見をまねたいという女性の願望のあいだには、本質的な矛盾があった。もとから存在しないものをつくるのは、基本的な性格の欠陥を補おうとする試みともいえ、化粧品の使用による偽装ではないかと考えられるようになったからだ。服装でも身だしなみでも、小細工に対しては多くの痛烈な批判があり、一八四〇年の『若い女性のための本（The

Young Woman's Own Book)』はそれを「うまくいかないうえに罪深いもの」と呼んだ。[118] 感傷主義者たちの主張によれば、美しさの鍵は、安っぽい模倣ではなく、望ましい資質を養うことにあった。こういう批判の猛攻撃を前にして、化粧品はますますこっそり使われることが増え、一八四〇年代には、化粧品を使ったとわかる装いは受け入れられなくなった。[119] 結果として、化粧品は薄く塗るか、まったく塗らないかのどちらかで、もちろん、使っていることを認める人はいなくなった。多くの女性が、『装いの技術（The Art of Dress）』（一八三九年）の呼びかけに耳を傾けた。この本は化粧品の使用をきびしく非難し、女性たちに「シンプルな石鹸と水で、顔色を明るく美しく、きれいに清潔に保ちましょう！」と呼び

図7-5
「それ以上赤くしないでください、お嬢さま。塗っていると思われますよ」
（ロンドン：S・ナイツが所有者向けに発表、1845年？）リトグラフ。

かけた。[120] 化粧は秘密の行為になった——存在はしていたが、決して公言はされず、そのテーマについての手引は、社会的に望ましい美容法を紹介し始めた。

たとえば、キング夫人の『身だしなみ（The Toilet）』（一八三八年）は、純真を最良の白粉、しとやかさを最良の紅として挙げた。『貴婦人のためのファッション公報（The Ladies' Gazette of Fashion）』（一八四八年）は、「貴婦人の装いかた」を掲載し、こう述べた。「慎ましさをあなたの白さに、しとやかさをあなたの紅にしましょう（中略）美徳をあなたのドレスに、意識的な高潔さをあなたの装いの仕上げにしましょう」[121] これらの忠告があっても、顔色が美の中心を占めていたせいで、化粧品は女性の身だしなみにとって重要だが物議を醸す要素であり続けた。したがって、使用するときには慎重さがいっそう求められた。[122] 雑誌はあいかわらず、顔や体つきやスタイルを美しくする商品の広告であふれていた。化粧品を扱う業者は、化粧水を始めとする調合剤のほか、米や真珠粉を売って繁盛していた。さりげなく肺病患者の顔色にするのにこれらが使われた一方、身だしなみの本は家で化粧水などを調合するための方法を掲載し続けた。[123] しかし同時に、あからさまな化粧品の使用に対する抗議もあり、美しさとは高潔な女性に自然に備わったものであるという考えと対になっていた。結果として、偽装や小細工なしで女性美を高める力がある結核は暗に、高潔な性格の外面的な表れであるとともに、自然に美しさを獲得するひとつの方法とされた。

ところが皮肉なことに、この病気にも、女性が美しくあるために見せかけやごまかしを必要とする厄介な症状があった。たとえば、結核が進行すると、次のようなことが起こると考えられていた。「髪にこしがなくなるので、以前のようにきちんとまとまらない。特に女性にはよく見られる。髪が柔らかくなるらしく、整えた状態を保ちにくい」[124]

こういう問題は、あまり複雑でない髪型とつけ毛を組み合わせることで解決した。一八三〇年代のロマン主義スタイルの典型であるアポロノットのような華やかで凝った髪型は、もっと柔らかい感傷主義スタイルに場所を譲った。髪はたいてい中央で分けられ、巻毛の房で顔を縁取るか、ゆるく結んでまとめたり、後ろで丸く結ったりした。それでも、病気がもたらすダメージを補うために、女性たちは偽装した。顔を縁取る巻毛は本物ではなく、隠されたヘアバンドに取りつけた人工の髪の房でできていることが多かった。つまり、質素で飾らない魅力を持つ外見をつくるために、つけ毛が使われていた。

　肺病をめぐる文化的な期待は、文学、医学論文、ファッションと女性の役割の定義に関わる研究で取り上げられ、そのすべては病気と美しさを結びつける事例に満ちあふれていた。これらの作品で

図7-6
純真は最良の白粉。『貴婦人の身だしなみ』1845年ごろ。ワドルトン。

は、結核には確かに魅力があるという意識がはっきりと共有されていて、結果として当時の人々はこの指針を手本としていた。こういう肯定的なとらえかたにもかかわらず、結核の美しさの特徴はすべて、こう告げていた。「内側で働く敵の恐ろしい物語。危険なことに変わりはない。人を惑わせる危うい魅力で、狙った餌食を打ち倒すのだから」要するに肺病は、「美しさというきらびやかな見せかけの衣装で着飾った死」だった。[125]

図 7-7
つけ毛の使用が指示されている 1830 年代のロマン主義的な髪型と 1840 年代の感傷主義的な髪型。1831 年の最新のおしゃれなヘアスタイルをした女性たち。

図 7-7
前図のつづき。おしゃれなドレス、つけ毛、アクセサリーを身に着けた女性たちと、自毛につけ毛を取りつける方法を説明した図。1840 年ごろ。

第8章

自尊心の苦悩——衣装と肺病

十九世紀初頭には、目まぐるしく変化するファッションに熱中してしまうのは、女性に生まれつき備わっている弱さゆえであり、自分では抑えられないことと考えられていた。[1] 女性は自ら進んで、しかも自らの生理機能のせいでファッションの犠牲者となっていて、ファッションへの卑屈なまでの献身は、女性の力では止めようがなかった。[2]《ラ・ベル・アッサンブレ》は、何度もこの問題に取り組み、一八〇六年にはこう述べた。「衣装に惹かれることをとがめる道徳家もいるが、とても不当なことだ。女性の性質に本来備わっている傾向を責めてもどうにもならないのだから」[3] こういう意見は何度も繰り返し語られた。とはいえ、十九世紀を通じて女性の弱さがますます複雑な問題になるにつれ、ファッションへの愛は〝多様な〟衣装への愛に場所を譲った。一八二五年、ウィリアム・パークス夫人はこう書いた。

女性のワードローブは、装飾用と実用のふたつに分けられます。第一のグループに、わたしは流行に影響されるさまざまな衣類すべて、というより外側に着るあらゆる衣装を含めます。賢い倹約家なら、ここが過剰にならないようにするでしょう。女性のそういう弱さ——絶えず変わっていく流行のせいでついつい見せてしまう多様な衣装への愛を、抑えるように努力するでしょう。そして、ふだんの生活や訪問のスタイルが許すかぎりにおいて、ワードローブの装飾用の衣類を、最小限にとどめておくようにするでしょう。[4]

神経過敏や肺病の素因と同じように、ファッションへの熱意も、十九世紀の女性を生物学的に決定づけるもうひとつの側面だった（口絵の図XXI参照）。だから驚くまでもなく、衣装は結核の神話とレトリックのなかで、病気に対する処方としても、病気を生じる起因としても、重要な役割を演じていた。結核の原因物質として衣装が具体的にどう作用するかはファッションとともに変動し、病気の予防に関する忠告も同じように変わっていった。

質素すぎる、豪華すぎる、きつすぎる、ゆるすぎるといった表現すべてが、健康へのファッションの有害な影響を非難するために代わる代わる使われた。一七八〇年から一八五〇年のあいだにスタイルが変化したにもかかわらず、そういう問題を防ぐ方法や衣服が体に加える圧力についての批判はかなり一貫していた。当時のファッションはイングランドの変わりやすい気候から着る人を守れないので結核の原因になるとか、肺を圧迫するせいで肺病を引き起こすなどと議論されることが多かった。肺病のさまざまな症状の模倣も続いていたが、衣装と模倣の方法に対する批判の大半は、ファッションそのものと並行して変わっていった。

由緒正しい肺病患者とおしゃれな生活の危険性

十八世紀後半になると、ファッションは、世紀前半を特徴づけていたぜいたくさや人工的な造形からがらりと変わって、簡素なおしゃれへ向かい始めた。[5] イングランドでは、一七八〇年代半ばにシュミーズドレスが取り入れられて、形式張らないスタイルや、より〝自然な〟シルエットへの移行の影響が感じられた。[6] 十八世紀後半のファッションは簡素化が進み、「もっと自然な、ミニマリストの美学へ向かう」動きがあった。[7] 一八〇〇年には古典的なドレスのラインがしっかり確立されていて、フランスのおしゃれな人々に特徴的なドレスのシルエットが、イングランドで大流行した。新古典主義スタイルが採用されると、ウエストラインが上がりネックラインが下がったが、イングランドで受け入れられたドレスは、フランスのドレスに比べると慎ましさが保たれていた。こういうファッションは、古典的なラインにこだわるだけでなく、体の美しさを覆い隠すよりもあらわにすべきだという古典的な考えを反映していた。女性のファッションは、いくつもの方法でこのスタイルにならった。ひとつは、薄く透き通る生地を使って、必要最小限の下着の上に重ねる方法だ。すべては、裸体を強調し、暗に目立たせるのに役立った。胸や背中、肩や腕など、体の広い部分の大半は露出していた。しかし脚は覆われたままで、まとわりつくスカートの生地でさりげなく形がわかるようになっている。この時代に女性がまとったドレスは、柔らかく、半透明もしくは透き通った生地（モスリンや紗《しゃ》など）で、優美なひだが寄せてあり、その下の〃自然な〃形を包み、あらわにしていた。[8] ある女性雑誌が、一八一一年にそのスタイルについて詳述している。「不思議な形につくられたこの体に、薄っぺらいペチコート、同じくらい薄っぺらいドレスを重ねて身に着ける。ドレスは衣服というより枕カバーに似ている。さらに、体にぴったりまといつくだけでは飽き足らず、襟ぐりと背中は大きくあけられ、胸と肩は露出し、袖は切り取られている」[9]

　女性のシルエットは下着に左右されるので、そのスタイルは変化していった。当然ながら、新しい種類の下着は、特に女性のスカートが細くなった一八一〇年ごろには、ほっそりした形に合うようにつくられた。最新の下着のなかには、「編み目のなめらかな下ばき」[10]や、「以前その「ペチコート

図8-1
ジェームズ・ギルレー作『強風のなかの上品な婦人たち』
ハンナ・ハンフリーによる公開、1810年5月26日。

Ladies Dreſs, as it soon will be.

図8-2

“赤裸々な”ファッションを滑稽に描いた作品。ジェームズ・ギルレー作『貴婦人のドレスはいずれこうなる』ハンナ・ハンフリーによる公開、1796年1月20日。

の」代わりをしていた不快で下品な衣類を完全に不要に」する見えないペチコートもあった。[11]一八〇七年、《ラ・ベル・アッサンブレ》は、ロバートショー夫人が「大いにお勧めする」見えないペチコートの広告を出し、「キャンブリック・モスリンよりサイズが小さくなる」ので、シルエットがほっそりすると宣伝した。[12]同じ年、ある紳士は、これらの衣類の進歩で可能になった「略装」を批判して、こう書いた。「現代の見えないペチコートと透明な布地によって、上部のみならず下部まで露出するようになった」[13]小説家ダーブブレー夫人の妹シャーロット・バーニーは、荒天のなか新しいファッションで過ごした経験について、こう述べている。「風がとても耐えられなかったので、歩き回る気がしなかった（中略）軽やかなフランス風の衣装がすっかり乱れて、わたしたちの完璧さが見る影もなくなったら困るから」[14]同じ問題が、ジェームズ・ギルレーの一八一〇年の作品『強風のなかの上品な婦人たち（The Graces in a High Wind）』で風刺された。

新古典主義が流行した当初から、ドレスも下着も薄っぺらいものであることは嘆かれ盛んに風刺されていたし、健康にも品位にも悪影響があると、女性たちは赤裸々なファッションを非難されていた。[15]一七八五年、《ヨーロピアン・マガジン・アンド・ロンドン・レビュー》は事態を嘆いて、「現代のおしゃれな生活習慣」、特に女性のドレスのせいで、「真の健康、安らぎ、美しさが、女性にはほとんど見出せなくなっている」と論じた。それどころか、「ファッションの気まぐれは（中略）不運な女性を病気や死へと追いやっている」。これは、現世代だけでなく、将来世代の問題でもあった。「後世の人々が無分別なドレスの有害な影響を恐れるだけの理由がある」からだ。[16]

風刺画家やジャーナリストたちは、女性たちがろくに服を身に着けていないことを非難した。[17]政治情勢と、健康における体質の重要性を考慮して、《タイムズ》はこう述べた。「現在の裸のファッションが今後も続くなら、服飾小物屋は彫刻家になるしかなく、最も上品なイチジクの葉が大流行するだろう（中略）裸のためのファッションがこれ以上続くなら、流行の最先端を行くすこぶる健康な人が、喜んでシエイエス師（フランスの聖職者・憲法理論家）の書類棚から新しい憲法《コンスティテューション》を盗み出すことになるだろう」[18]〝体質《コンスティテューション》〟に悪影響が及ぶ心配や、寒冷で変わりやすいイングランドの気候のなかでそういうファッションに身を包む不適切さは、往々にして無視された。ある若い貴婦人は、一七九二年にこう嘆いた。「この冬は半袖を着ることになりそう（中略）コルセットはみんな切り詰められて、できるだけ低い位置に着けなくてはいけない（中略）冬に半袖を着るのはいやだけれど、長袖を着るのはあっという間に流行遅れになるでしょう」[19]

図8-3
チャールズ・ウィリアムズ作『赤裸々な真実、あるいは身を切るように冷たい霜』（1803年）、S・W・フォアズによる公開。

寒さにさらされることは、新しいスタイルの最も嘆かわしい懸念のひとつになった。新古典主義の装いに求められた肉体の誇示と、不十分で薄い生地が大きく広まった結果だった。[20] イングランドの気候と、その変わりやすさに耐えるのに向かない衣服は、ファッションを扱った文学でも結核に関する論文でも、繰り返しテーマになった。一七九九年、『肺病についての小論（Essay on the Causes, Early Sigus, and Prevention of Pulmonary Consumption）』はこう論じた。「しかしながら、我が国の貴婦人たちは間違いなく、半裸でこの島の霧や霜に体をさらすのをやめれば、いくらか苦痛から救われるはずだ」[21] 一八〇四年の『華やかなる社交界（The Fashionable World Displayed）』によると、貴婦人たちは「腕や脚を（中略）むき出しにし、胸をあらわにしているのだから」肺病になるのも当然だった。[22] 風刺画家、社会評論家、医師たちはみんな、著者の苦言に同意した。『赤裸々な真実、あるいは身を切るように冷たい霜（A Naked Truth or Nipping Frost）』は、おしゃれな服装の問題をはっきり示した。ドリー嬢は、ペチコートをはくのをやめたせいで、霜の妖精《ジャック・フロスト》に「裸のお尻をつねられ、ねじられて」代償を払うことになった。不運にも、この哀れな少女は「ファッションと自分の愚かさとうぬぼれのせいでひどい目に遭った／家に帰って床につき、長患いのあと死んでいった」。教訓は明らかだった。「ご婦人がたよ、ジャック・フロストに襲われないようご用心／あなたの裸を覆うのだ、あいつは無作法なのだから」[23] こういうファッションは風刺文学に豊富な題材を与え、ジョージ・コールマンの喜劇『貧しい紳士（The Poor Gentleman）』（一八〇六年）にまで登場した。「一八〇〇年のイングランドの上流婦人は、オークの木のまねをしている。（中略）美しいが、十二月も半ばだというのに裸でいる」[24]

薄い生地とむき出しの手脚、背中、胸元がイングランドの気まぐれな天候と合わさると、災いを招くもとになった。ある医療執筆者は次のように批判した。「この変わりやすい天候のなかで、服装を天気の変化よりも暦とファッションに合わせる有害な習慣は、必ずや多くの不愉快な結果をもたらすに違いない」[25]それらの結果のなかで突出していたのが、肺病だった。こういうファッションは、体質を維持すれば結核を防げる人たちにも問題を引き起こした。『医療行政および食事、養生法についての論文（A Treatise on Medical Police, and on Diet, Regimen)』は、体質の問題を取り上げ、こう述べた。「一般的な服装について言えば、女性の多くがごくわずかな布地しか身に着けていないことは（中略）非常に許しがたい。すこぶる丈夫な体質を持つ人にさえ、きわめて有害であると考えられる」[26]ジョン・アームストロングも、結核との関連を明らかにし、肺病症例の大半が、特に「女性の服装による保護が不十分」なことが原因で生じていると訴えた。[27]

古典的スタイルのまとわりつく薄いドレスは、以前のドレスのようにしっかり保護してくれないうえに、下にはくペチコートの数も減少していった。[28]《ラ・ベル・アッサンブレ》が述べたように、「この国の天候は、田舎の美女たちの軽やかな妖精のような姿にとてもよく似合う、あの風通しのよい優雅なスタイルにとっては大敵です」[29]。このように風刺画家や社会評論家が大げさな報告をしてはいたが、新古典主義的な薄い生地をまとった女性たちもさすがに、暖かさを求めてさまざまな衣類を身に着けていた。寒さをしのぐために、女性たちは体を包むショール、マント、ストール、あるいはスペンサーやルダンゴートなどのあつらえの衣類を含む、各種のおしゃれな品を好んだ。[30]「インド製のショール」の流行は、新古典主義の装いが影をひそめたあともずっと続き、イライザ・ハーバートという女性を描写した、想像力を喚起する文章にも登場した。「ほとんど影のように衰え――この世のものとは思えない繊細さと透明さを備えるまでに弱っていた。飾り気のない白いモスリンのドレスを着て、インド製のショールの上に横たわっている。このショールにくるまれて、寝室から運ばれてきたのだ。小さな足と足首は、白い絹のストッキングとサテンの上靴に隠されていた。そこに、完全に健康だったころからどれほど体が縮んでしまったかが見て取れるようだった」[31] ここではショールが、肺病で縮んでいく体に暖かさとおしゃれな雰囲気を与えている。

しかし、医学研究者によれば、とりわけすでに体質的な繊細さを見せている女性たちには、そのように外から覆う衣類では不十分だった。薄着の流行がなぜ悪いのかというと、外衣ではなく、下着が天候に合っていないこと、そして羊毛の靴下類やフランネルの肌着がないことだと医師たちは指摘した。たとえばジョン・アームストロングは、ほとんどの肺癆の症例が「軽率な服装をしていた人」に発生し、病気を免れた人たちが健康を保っているのは「フランネルの肌着や羊毛の靴下類などの一般的な衣類を常に使っているおかげだ」と述べた。[32] アームストロングはさらに、とりわけ「生まれながらの繊細さのせいで大気の変化に抵抗する力が弱い女性たち」にとっては、気温の変動から身を守ることが重要だとつけ加えた。[33] そういう女性たちの場合、適切な衣服で一定の体温を保つことが大切だとされた。

医師のジェームズ・ソーンダーズは『肺病についての論文』で、肺病の症状と気候のよく知られた関係を繰り返し強調した。

憔悴は明らかに進行する。冷気、湿気、濡れた足、あらゆる方法で加えられた寒さが、ひどい寒けをもたらし、常にすぐさま血の気を失わせ、顔立ちを鋭くさせる（中略）顔は青白くなり（中略）ただ気まぐれな赤みが、ときどき表情を活気づけるだけだ。[34]

濡れた足はファッションと結核をつなぐもうひとつの鍵であり、この問題もまた痛烈に批判された。優美なドレスを着るときには、薄い靴やサンダルをはくものだったからだ。一八〇六年、ジョン・リードは、結核の発病には足が大きく関わっているとして、「足が冷えないように気をつけることで（中略）肺病にかかる可能性はかなり低くなるだろう」と論じた。[35] ところが、翌年の流行を紹介した文章によると、足の状態にはまったく配慮されていないことがわかった。「モスリンは明らかに普段着になって、ペチコートはとても短く、あらわになった足首を、粗い織りのストッキングで飾り、サンダルの紐を結びます[36]」

一八〇七年の《マンスリー・マガジン》で、ある父親は、すでに肺病の兆候を見せ始めている娘に新しい服装のスタイルが及ぼす影響について不安を訴えるとともに、天候や娘の体質にふさわしい服

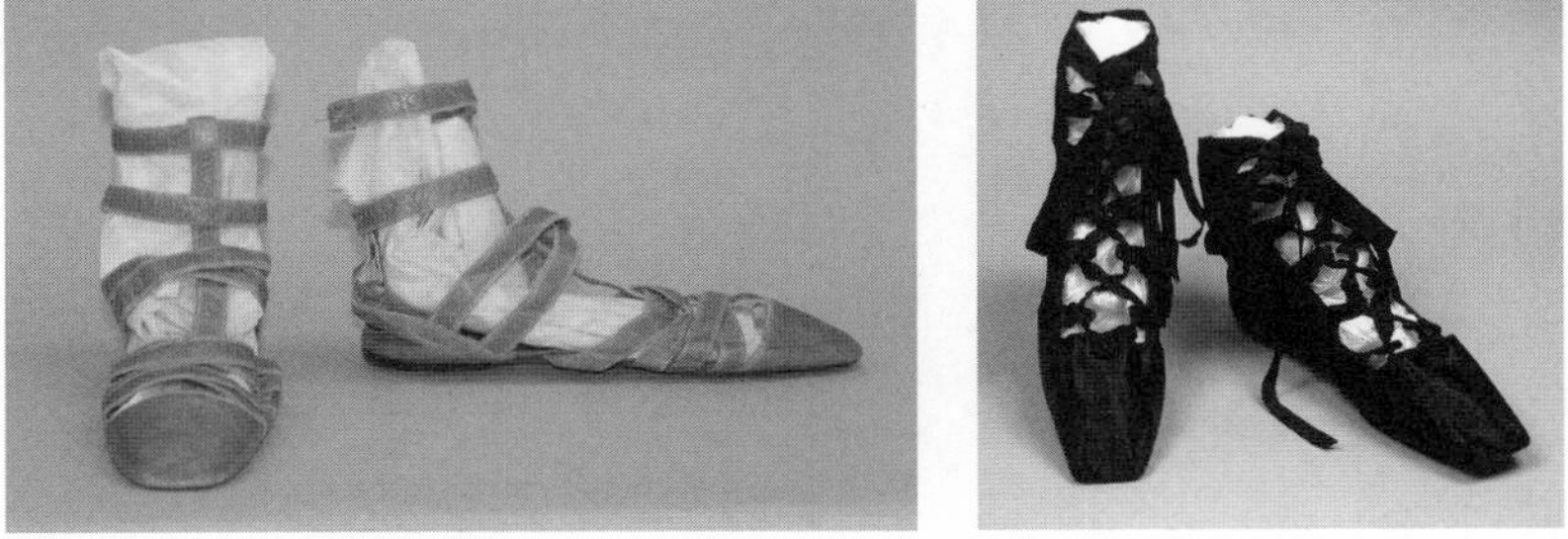

図8-4　19世紀初頭のサンダル。
（左） 1806～1815年の靴。**（右）** 女性用“ギリシャ風サンダル”、1818年ごろ。

装をさせてこなかった自分の失敗を認めた。父親によれば、娘は「決して丈夫ではなく」、「ときどき少しばかり消耗性の咳をする」。しかし、娘の健康を気遣って服装の選びかたに口を出そうとするたびに、娘は「元気で快活なふりをして、体調がよくなったと請け合うが、いつでもそれは無理なやせ我慢で、わたしがやめさせたがっている格好を禁じられないよう、取り繕っているだけなのだ」[37] こういう忠告があっても、ファッションは肺癆の恐怖に打ち勝ったようだった。学者で作家のウィリアム・バードンは、こう説明している。「女性たちは、ファッションにとことん支配されているので、薄っぺらい服装で絶えず肺病の攻撃にさらされようと、とびきりきびしいファッションの法則から一点の衣類が外れることよりも、この上なく恐ろしい災難に見舞われる可能性を受け入れるほうがよいと思っている」[38]

懸念されていたのは薄着で体の保護が不十分なことだけではなく、肺病と新古典主義の装いの重要な要素――ドレスの裾もだった。裾の長さは肺病と直接結びつけられ、病気の原因として非難されもした **(口絵の図XXII参照)**。一八〇六年、《ラ・ベル・アッサンブレ》は「この国のおしゃれな女性たちの裾がとてつもなく長いこと」を酷評した。[39] 著者はこう述べている。「現在のような裾は、公衆衛生にとって有害です」どうして裾のように一見無害に思えるものが、公益を害すると非難されるのだろうか。答えは、グリーンパークやセントジェームズの通りをそぞろ歩く貴婦人たちが立てるもうもうたる土埃にあった。記事はその影響を取り上げ、次のように問いかけた。「いったい何が、そこで吸われる空気を繊細な肺にとってあれほど致命的にし、あれほど多くの風邪や、喉の痛み、肺病を引き起こしているのか？　裾――あの不吉な裾です。人類の大多数はあそこへ行って、汚染されていないきれいな空気を吐き出し、代わりに窒息させられるのです」著者によれば、その裾は室内でも健康に悪かった。「冬には、舞踏会や夜会で、害は減るどころかいっそう増します（中略）擦り切れたカーペットや塗装のはげた床のせいで生じる影響については、説明のしようもありません。ときどき見かけるのは、いたずら好きなしゃれ男が、地面に引きずっているその部分を踏んづけて、婦人がその死の道具を手に取らざるをえなくなる場面です。裾を解放したい婦人がスカートをつかんで慎重に振ると、ひだからもうもうと土埃が立って、軽率なしゃれ男は窒息を恐れてすぐさま退却します。ご婦人がたよ、お願いですから（中略）わたしたちの肺の繊細さを気遣ってください」[40]

しかし、こういうファッションの健康への悪影響に対する痛烈な批判と並んで、肺病と衣服をもっと肯定的な形で結びつけた文学も急増した。詩人や作家も、美しい女性のひとつの理想を明確に描いた。いかにも肺病らしい、けだるく青白い肌をした優雅な女性美の典型に偏った理想像だ。[41]たとえば、一八〇九年の《ラ・ベル・アッサンブレ》で、ある執筆者は「真の感受性を持つ」ジュリアナについて詳しく書いている。その外見は青白い顔としなやかな体つきを特徴とし、服装は肺病を思い起こさせた。

その姿はまさに心の鏡で、青白く興味深い顔と、空気の精のような均整の取れた姿を兼ね備えている（中略）ロマンティックでありながら興味深くもあるこの少女ほど、際立った対照をなすものを生み出せる者はいない（中略）はっきりと目に見える繊細さと、控えめだが品のよい率直さを。[42]

エドワード・ボールのメロドラマ『黒い略奪者（The Black Robber）』にも、〝空気の精のようなジュリア〟が肺病に倒れるという似たような描写があった。ジュリアは「神々しいほどの姿をしていた（中略）が、ああ！　一日また一日と過ぎても色あせた頰に健やかさは決して取り戻せない。本来ならそこには燃えるようなバラ色が明るい光を放っているのに、ただ肺病の消耗熱に赤らんでいるばかりだ[43]」

「空気の精のような均整の取れた姿」と「繊細さ」を特徴とする肺病のイメージのほかにも、病気のある種の特色を強調する服装があった。最も顕著な例のひとつは、背骨を見せるファッションで、肩甲骨が翼に似てくる症状を際立たせて、肺病が見て取れるかのように装うものだった。あらわになった背骨への言及は、この時代のファッション誌にあふれ返った**（口絵の図ⅩⅩⅢ参照）**。《ラ・ベル・アッサンブレ》は一八〇六年にこの習慣に触れ、こう述べた。「パリの婦人たちはこれまで以上に背中が大きくあいたドレスを着ている（中略）が、我がイングランドの美女たちはここ三週間で自分たちのドレスをとても巧妙に進歩させた。縮こまった肩と、そのせいでゆがんだ背中は、この上なくつまらない見ものになるだろう[44]」この「縮こまった肩」と「ゆがんだ背中」は、不気味なほど肺病患者の体形を思い起こさせた。ジョン・リードの描写によれば、肺病患者の「鎖骨と肩甲骨は適切な位置から突き出し、いくらか翼のような形を帯びるようになる（中略）体から持ち上がって広がり、今にも飛び立ちそうだ[45]」。

ファッションは肺病の身体的な影響を強調し続け、繰り返し批判はされたものの、あいた背中とむき出しの肩甲骨は十年以上のあいだ女性の装いの不可欠な部分であり続けた**（口絵の図ⅩⅩⅣ参照）**。一八一八年、《レディーズ・マガジン》はこう述べた。「おしゃれになりたい乙女たちの多くは、こぶでゆがんだ背中を見せながら歩き（中略）まるで家を運ぶカタツムリのように見える」[46] 同じ年、『ファッションの変化の状況（A Picture of the Changes of Fashion）』は、「背骨を見せる不快で恐ろしいファッションは消えつつある」と伝えた。[47] しかし断言するには、まだ時期尚早だったかもしれない。一八二〇年、《ラ・ベル・アッサンブレ》は、またもやその見ものについて次のように述べ、おしゃれな人を叱責した。「英国の婦人たちが（中略）あれほど大胆に裸の背中をひけらかしているのを見て驚いている」[48] 流行に敏感な女性たちは「背中を丸めるのが勝ち」（「低く出て勝つ」「負けるが勝ち」を意味する慣用句 stoop to conquer にかけた皮肉）、というわけだ、と社会風刺家のフェリックス・ムドノーは述べて、「おしゃれな背中のこぶ」を見せる女性のスタイルを嘆いた。[49]「いかり肩で、たいてい背中を丸めて歩く」姿を批判したムドノーの誇張表現は、肺病体質の特徴と一致していた。[50] こういう肺病患者のような外見が人気だったので、ムドノーは一八二〇年、次のように批判した。ファッションは「衣服と裸の奇妙で現実的な矛盾を露呈し、哀れな痩せ細った女たちが不十分な覆いで恥をかかされ、それを見た人を身震いさせた。胸は、うつろな鎖骨、目立つ肋骨、まともに覆われていない肩甲骨とともにむき出しになっていて、外科医がその生きた骨格を使って骨学を研究できそうだった」[51]。

どれほど流行のスタイルが変わってもおしゃれであり続けるために、女性たちは健康をおびやかすだけでなく、実際に結核を引き起こすと考えられていたことまでする必要があった。その結果、気候への強い関心は、新古典主義スタイルが廃れたあとも続いた。女性のファッションと肺病の関連づけは一八二〇年代から一八三〇年代にかけて広がり続け、衣服の問題は重要性を増し、病気を説明するうえで第一に考えられるまでになった。たとえば、一八二九年の《レディーズ・ポケット・マガジン》にはこうあった。「あの不治の病の性質について概論するつもりはありません。きわめて多くの症例で、肺病はふつうの風邪から始まります。そして、とりわけ女性の場合、衣服にきちんと注意を払わなかったせいで風邪を引くことが多いのです[52]」『健康維持と病気予防の実用的手引(A Practical Manual for the Preservation of Health and of the Prevention of Diseases)』(一八二四年)でも同じ意見が述べられている。「多くの患者、とりわけ女性は、この点に注意を払わないせいで肺病にかかる[53]」

ファッションの有害な影響に対する抗議は、たとえば過剰な肌の露出や不十分な保温が結核の発病と進行にどんな役割を果たしているかなど、数十年間ずっと同じテーマの周囲を回り続けていた。医師のサー・アーサー・クラーク曰く、「現在の

図8-5　肺病患者の翼状の背中を想起させるおしゃれなこぶと突き出た肩甲骨。
(左)『夜会用の正装』《ラ・ベル・アッサンブレ》(ロンドン:1811年)。
(右)『パリジェンヌの舞踏会用ドレス』《ラ・ベル・アッサンブレ》(ロンドン:1811年)。

ファッションに従えば、女性は、日中には全身を覆う暖かい服装をしているが、夜になると肩を出して薄着になる。このような事情で、ダンスの練習が終わると彼女たちは冷たい風のなかへと急ぎ、往々にして人生をつらく短いものにする病気の基盤をつくってしまう」[54]《ラ・ベル・アッサンブレ》も、おしゃれな衣服が気候の影響から着る人を十分に守ってくれないことについて批評した。一八二七年の記事によると、暖かさが不十分なのは、おしゃれな女性たちが夜の社交行事に出席するとき、適切な外衣をまとってドレスのラインをだいなしにするのを嫌うせいもあった。暖かい服を着ないことが一因で、多くの若い女性が健康を損なっていると記事は主張した。病気が発生するのは、「肌寒い夜の九時に、彼女たち［おしゃれな女性たち］が暖かい住まいを離れ、ドレスの縁飾りが乱れることを恐れて無防備な胸をあらわにする危険を冒すときだ」[55]。医療執筆者たちもファッション執筆者たちに加わり、依然として薄っぺらい衣服と肺病を結びつけていた。『現代の医術』（一八二八年）にもそれが見て取れる。

英国で、この悲惨な病気が現時点でますます増えていることについては、さまざまな原因が挙げられている（中略）住宅の暖かさと気密性に加えて、流行に敏感な女性たちの、肌もあらわな現在の軽く薄い服装が、この病気へのかかりやすさを急激に高めている可能性は大いにある。[56]

『携帯用医療の手引（The Pocket Medical Guide）』（一八三四年）も同様の主張をした。「さまざまな環境下で、気温の突然の変化は体に有害な影響を及ぼす。混雑した暑い舞踏室から戸外へ移動すると、特に冷気にさらされやすくなる。そういう環境で、どれほど多くの咳と肺病が始まることだろう！」[57]

ファッションだけがやり玉に挙がっていたわけではなく、すでに一八二三年には《レディーズ・マンスリー・ミュージアム》がその問題を不十分な服装以外にも拡大させ、読者に忠告していた。「健康を享受することは義務である。健康を手に入れられるかは、人生という壮大なドラマのさまざまな面で適切な行いをするかどうかにかかっているのだから（中略）ファッションと娯楽のルールが優先されれば、健康は決してその主張を通してはもらえない」[58] ジャーナリストは続けてこう訴えた。

ファッションが勧めてくる衣装や、娯楽が強いてくる時間に、理屈で反論してもむだだ。若く美しいおしゃれな女性たちは、生まれつきの体質が必要とする有益な休息を取ろうとはせず、夜な夜な混雑した部屋で汚染された空気を吸い、その結果、慎ましい人生の飾らない美しさが若き日の清浄な空気から健康を受け取るべき時に、熱を出して寝込んでしまう。この過程で、何千人もが早死にへと追いやられた。[59]

おしゃれを追求すれば寒さにさらされ、そのせいで肺病にかかると考えられたので、こういう批判は何度も繰り返し行われたが、役に立たなかったようだ。[60]

おしゃれな生活は、肺病の原因としてだけでなく、上流・中流階級のあいだで発病率が高いおもな理由のひとつとして取り上げられた。一八三三年の《ロンドン・メディカル・ガゼット》には、次のような批判が掲載された。

衣服には最大限の注意が払われるべきだ。この国の大勢の女性が、自身の落ち度で肺病にかかっている。貧困層は資金がないから立派な身なりはできないし、体に気をつけるべきでもなかなかうまくいかないが、上流・中流階級はむしろ、肺病にかかるためにできることを何もかもやっているのである。[61]

著者は特に、女性が気温の変化に注意を払っていないことを批判した。女性たちは「足もとを覆いもせずにひどく暑い部屋から寒い外へ出ていく。ほとんど眠らず、毎晩パーティー三昧だ。そして最後には、肺病にかかってしまう。なのに自分たちも、友人たちも、この休息の不足、この過度な興奮が原因だとは考えもしない。しかしわたしは、そうだと確信している」[62]。不適切な服装は、肺病をめぐる論議で不可欠な役割を果たし続けた。

肺病患者のコルセットとロマンティックなファッション

貧弱すぎる衣服が肺病を招くのと同じように、過剰すぎる、少なくともきつすぎる衣服も病気の原因になると考えられた。その結果コルセットは、ファッションをめぐる議論でも病気に関わる議論でも論争の絶えないテーマとなった。衣類のスタイルによっては、「圧力の不均衡で体の成長と機能を妨げるか、外気温の変動に体を不適切にさらすせいで」着る人に害を及ぼすと広く信じられていた。

これらを考慮することは、虚弱体質の人にとってはきわめて重要だった。物理的な力が「体質的な感受性」を高めて、「暑さと寒さの威力に対する身体的な感受性も同程度まで」上がってしまうからだ。[63] つまり、きつい服を着ると、繊細な体質に対する温度変化の影響が拡大して、肺病にかかりやすくなるというのだ。きつさの問題は、コルセットの問題とも言い換えられる。コルセットを着ける習慣のせいで、肺系統に有害な圧力が加わって結核の素因がつくられ、全身性の病気に至ると考えられていたからだ。

胴部の締めつけの問題は、十八世紀には絶えず話題になっていた。優美な女性の体は何本もの締め紐の産物であり、その習慣は「健康にきわめて有害」であるとして繰り返し非難されていた。[64] 十八世紀初期にはすでに、それは肺病の原因のひとつとされていた。キャサリン・ウォルポールの症例（最終的に肺病と判明）を検討したチェインはこう書いた。「明らかに抑うつがあり、悪いほうへ向かっている」そして、原因は「鉄製のコルセット」を使っていたせいかもしれないと指摘した。[65] 十八世紀から十九世紀にかけて、コルセットと肺病罹患とのつながりは、繰り返し現れる主題であり続けた。医師のベンジャミン・リチャードソンは、肺病を扱った一八五七年の著書で、コルセットを着けることを「ゆるやかな自殺」[66]と呼び、ジョン・グレゴリー医師は一七六五年に、コルセットの着用と女性の肺病罹患をはっきりと結びつけた。[67] また、コルセット着用の習慣を健康の悪化と病気の発生を促すものと見なす大勢の医療および社会評論家も考えを同じにした。[68]

新古典主義的なシルエットをつくろうと努力するなかで、世紀の変わり目に、女性はコルセットを捨てるべきか否かをめぐって激しい議論があったが、当時の数多くの文献からすると、捨てることはなかったようだ。[69] 丈を短くしたさまざまな下着など、このスタイルづくりを補助するたくさんの衣類があった一方で（口絵の図XXV参照）、風刺画やファッション関係の文献、トレードカード（ビジネスの宣伝用に凝ったデザインの文字や絵を印刷した名刺よりやや大きめのカード）には、しっかりした支えが必要な女性のための長いコルセットもあったことが示されている。[70] おそらく長いコルセットは、流行遅れだったふくよかさを抑えて、ますます細さが際立つようになったおしゃれなスタイルをつくる補助としてデザインされたのだろう。[71] 一八〇〇年、マーサ・ギボンは、「消化管のどんな突出も」防ぐことでウエストを細くすると称した魅惑《ジュヌセクワ》のコルセットの特許を取得した。[72] 一方で、肺病についての一八〇六年のある論文は、コルセット着用の産物である「病的で不格好な」女性の体つきを嘆き、こう述べた。「きれいな形をつくるためにやたらとまっすぐに紐で縛り、締めつけたせいで（中略）多くのきれいな少女が血を吐くことになった」[73]

十九世紀の最初の十年が終わるころ、コルセットの使用を非難する声はますます大きくなったが、この下着はファッションのごく一般的な備品として返り咲いた。一八〇九年、医師のジョン・ロバートンは、消えたままでいてほしかったこの習慣についてこう評した。

> きつい紐で体を縛ってコルセットを着ける野蛮な習慣が捨てられてから、長い年月がたつ。ところが、一部ではふたたびコルセットが着用され始めているらしい。だがわたしは心から、その習慣が以前のように広まりすぎないことを願っている。むやみに使ったせいで、多くの病気が引き起こ

されたからだ。肺の自由な拡張が妨げられ（中略）続いて息切れが起こり、多くは肺病に行き着いた。[74]

しかし、イングランドとフランスのジャーナリストたちがコルセットの再流行を謳い続けたので、ロバートンの願いは打ち砕かれた。[75] 一八一一年には、痩せた体形は、女性美の不可欠な部分として復活した。[76] 同じ年、『しとやかさの鏡』はこう訴えた。「最近流行の装具で（中略）長いコルセットと呼ばれるものは（中略）体の最も敏感な部分を鋼《はがね》とクジラひげできつく締めつけ（中略）明らかに肺病の原因となっている」[77] さらに、《ラ・ベル・アッサンブレ》は、コルセットの「過剰な圧迫」が「恐ろしすぎて名前も口にできない病気」を引き起こすと論じた。[78] スタイルが厳密な新古典主義からあでやかなロマンティック・スタイルへ移行すると、新しいファッションは胸ではなく、どんどん細くなるウエストを強調し始めた。[79] しだいに、極端な細さの追求が心配されるようになり、それとともにコルセットの着用は病気の原因としてさらに非難を浴びた。

ロマン主義運動は文学や芸術とまさに同義だったので、一八二〇年以降はファッションでも顕著になった。ファッション史研究家たちは、一八二〇年から一八五〇年ごろまでを、その特徴から服装におけるロマン主義時代と呼び、おもにふたつの時期に分けることが多い。本書では、ロマン主義という言葉は一八二〇年から一八三〇年代半ばまでの時期を指し、感傷主義という言葉は一八三六年ごろから一八五〇年までの時期を表すのに使うことにする。前半の時期には、気持ち、生き生きとした激しい感情、ロマン主義を特徴づける歴史的テーマの復興など、すべてが服装のスタイル、特に女性の

図8-6
『身だしなみの進歩――コルセット』（1810年）。

ファッションに影響した。歴史的な装いの要素は袖のスタイルやひだ襟、特徴的な装飾などに現れ、生地の色にはよく「エジプトの大地」や「遺跡の塵」など空想的な名称が与えられた。[80] ロマン主義の影響は、特に一八二〇年代から一八三〇年代前半にかけて流行した仰々しい縁飾りにも見て取れた。[81] この過剰な装飾は、「女性の理想像が古典的な善良さから美しく飾られた人形へ変わったこと」の具体的な表れだった。[82] 服飾史家アイリーン・リベイロも、一八三〇年代と一八四〇年代の女性美のありかたは、「人形のようであること」に傾いていたと論じている。[83]

服装は、ロマン主義時代にも、女性を定義するうえできわめて重要だった。『裸体（Kalogynomia）』（一八二一年）の著者はこう論じた。「洗練された趣味とそれに応じた顔の表情を持つ女性は、概して趣味のよい服装をしている。下品でそれに応じた粗雑な顔立ちをした女性は、服飾小物屋や仕立て屋がまとわせた不適切な仮面を簡単に見破られてしまう」[84] 一八二五年までには、ますます広がっていくスカートと徐々にすぼまっていくウエストを特徴とする新しいシルエットが確立された。肩を広げて見頃《ボディス》をV字形に見せるドレスが現れ、ゆったりした襟と大きく膨らんだ袖でさらにV字形を強調したスタイルが、一八三〇年代半ばまで流行し続けた。頭飾りや髪型も大きさが増して複雑になり、造花や羽根、宝石で念入りに飾られた。[85] ウエストラインは自然な位置まで下がり、新古典主義スタイルではやや狭かったボディスの背中は広がり始め、首と胸元が露出していくにつれていっそう幅広くなった。この変化によって胴体の上部と喉が目立つようになり、なで肩がさらに強く印象づけられた。なで肩は、女性の魅力を表す重要なポイントとなっていた。[86] 深すぎる襟ぐりは、昼間は三角形の肩掛け《フィシュー》やケープのようなペルリーヌの着用で調節され、夜間にはこれみよがしに披露された。そしてウエストの細さは、広がったスカートと巨大な袖との対比で強調された。上端では、袖の上部が膨らんでいくにつれて、肩幅もゆるやかに広がっていった。[87] ジゴ、つまり羊の脚と呼ばれる袖は、肩のラインから華やかに膨らんで、袖口に向かって細くなっていくデザインだった。[88] 一八二九年には、他の巨大な袖のデザインも加わり、そのなかには「愚か者《インバシル》」という想像をかき立てる名前のついた袖や、少しわ

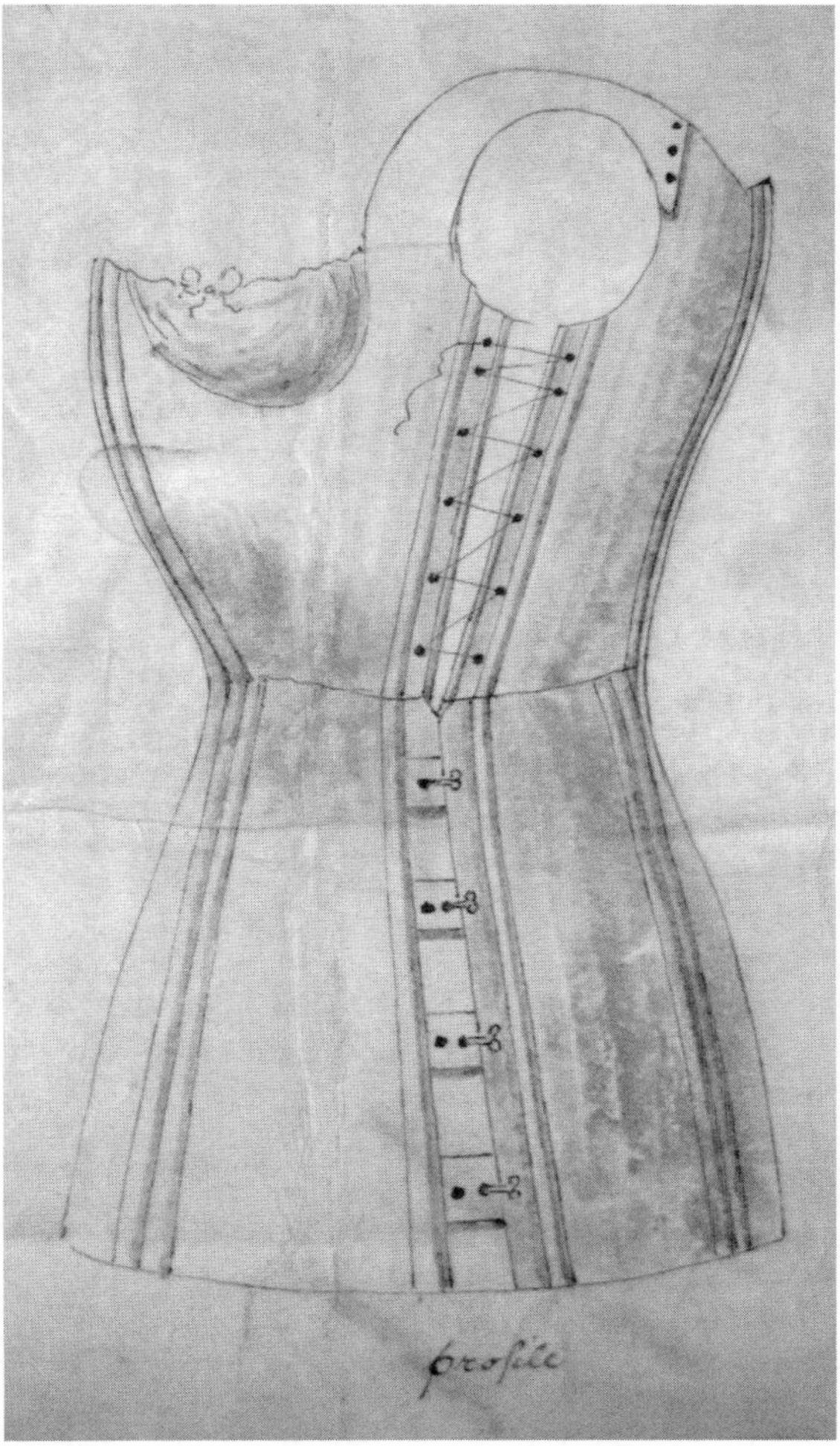

図8-7
マーサ・ギボン、女性および子ども用のコルセット、特許番号2457、1800年12月17日。

かりにくい「ドンナ・マリア」や「マムルーク朝」といった名前の袖もあった。すべて、袖の上部がウエストの二倍の大きさに見えるようにつくられていた。こういうファッションはどれも、たおやかで弱々しいロマンティックな天使のイメージを補うのに役立った。

この天使はもうゆったりとした優美なドレスをまとってはいなかったが、いっそうきつく紐で結ばれたコルセットと、さらにウエストを締めつける幅広いベルトとバックルのおかげで、繊細で華奢な外見を獲得していた**（口絵の図XXVI参照）**。ウエストにますます注目が集まると、コルセットは十八世紀のものとは違って自然な形を人工的に変えるためというより、体の線をほっそり見せるために設計され始めた。コルセットの寸法は、激しい議論を呼ぶ着こなしのポイントになっていた。何よりもウエストが、上半身と下半身のコントラストを高めるために、紐で恐ろしくきつく締めつけられていたからだ。砂時計のような極端なくびれは、一八二九年の風刺画『ウエストと豪華な装い（Waist and Extravagance）』の題材になり、同じ年に《ニュー・マンスリー・マガジン》で批判の的にもなった。「最高の姿は、それゆえに煩わしく（中略）一本の棒きれに引っかかったふたつの枕カバーと間違われるかもしれない。その付属物のあいだのごく小さい空間に、ウエストが押し込まれているのだ」[89]

ウエストに関心が集中するにつれ、体はしだいに食事制限と運動、そして最も重要な圧迫と身体的な操作で制御するものになった。革新的な形と構造をしたコルセットの開発は、細いウエストがふたたび重視され始めるのと並行して進んだ。ウエストを強調して胸を持ち上げる、硬く短いコルセットが開発された。新しいスタイルでは、胸とお尻の上下に襠《まち》をつけることで、さらに丸みを帯びた形をつくれるようになった。新しいコルセットには幅広の張り骨がついていることも多く[90]、コルセット前

図 8-8
ロマン主義のファッション。ドレス、1836年ごろ（英国）。

部中央の袖のような部分に挿入されていた。[91] 新しいコルセットの形状は、ウエストをインゲンマメ形というより円形に圧迫して細くし、同時に胸と腰を強調するものだった。さらに、コルセットの紐を極端にきつく引っぱり、さらにウエストを細くして効果を際立たせる習慣が、ますます流行するようになった。けれどもこの習慣は、一八二〇年代前半までしか続けられなかった。糸でかがった紐通し穴に圧力がかかりすぎて、すぐに破れてしまったからだ。[92] しかし一八二八年、コルセット用の金属の紐通し穴が発明されたおかげで、ウエストを大幅に細くできるようになった。[93]

紐で締めつける習慣に対する懸念と議論は、一八三〇年代、一八四〇年代、一八五〇年代を通して続き、コルセットによる有害な圧迫は、ファッション評論家の嘆きの種となり、肺病の主要な原因のひとつとされた。コルセットがきつくなればなるほど、結核と結びつけられることも多くなっていった。ある作家はこう嘆いた。「本来より細いウエストをつくるファッションを追うことで、体はつくり変えられてきた――〝命取りとなる鋼のコルセット、その腕《かいな》にいだかれて。ファッションという名の暴君は優美な体を傷つけ苛む〟そのコルセットが用いられ、女性たちはあまりにきつく紐で縛られているので、このファッションが長く続けば、命とまではいかなくても、健康を奪われることになるだろう」[94] しかしこの装いは流行し続けただけでなく、ウエストも細くなり続け、一八四〇年代には胴体までが細くすべき対象として加わった。[95] 一八四二年、《フレイザーズ・マガジン》のある記事は、三万一千九十人の英国人女性が肺病で死亡した責任は「紐で締めつける不自然で有害な習慣」にあるとした。[96]

医師たちは怒り、風刺画家たちはさらに漫画のネタを仕入れ、ジャーナリストと社会評論家、ファ

図8-9
『ウエストと豪華な装い』（1829年）。

ッション執筆者までもが紐で締めつけるコルセットの着用を非難したが、むだだった。[97] 大衆文学と医学文献の両方で、コルセット着用の影響が何度も論じられ、その多くには、有害な影響を理解させるための視覚資料として解剖図も載せられていた。図解ではたいてい、紐で締めつけられた女性の不健康な体形と、自然で健康的な体形が比較された。[98] こういう記事のかなり多くは、女性たちに古代ギリシャを今一度見習うように呼びかけていた。新古典主義時代の服装ではなく、ギリシャ人の姿の美しさについてだ。一八二五年、ある作家は読者たちにこう訴えた。「優雅なギリシャ人を模範としよう。彼らの姿の自然さと美しさは称賛に値する。若い婦人を不自然な紐で縛りつけはせず（中略）その効果は彼女たちの四肢の隅々、動作のひとつひとつに見られた」[99] 一八二七年、《ラ・ベル・アッサンブレ》は、これらの主張に同調してこう述べた。「あきれた状況で、あざけりの気持ちが込み上げるばかりだ。比類なき彫刻家の鑿《のみ》を拒むような、ゆったりとしたふくよかな姿はどこへ？　拷問によってスズメバチのようにされたウエストに、クジラひげで形づくられた一見丸い腰[100]！」コルセット着用が引き起こすとされた体

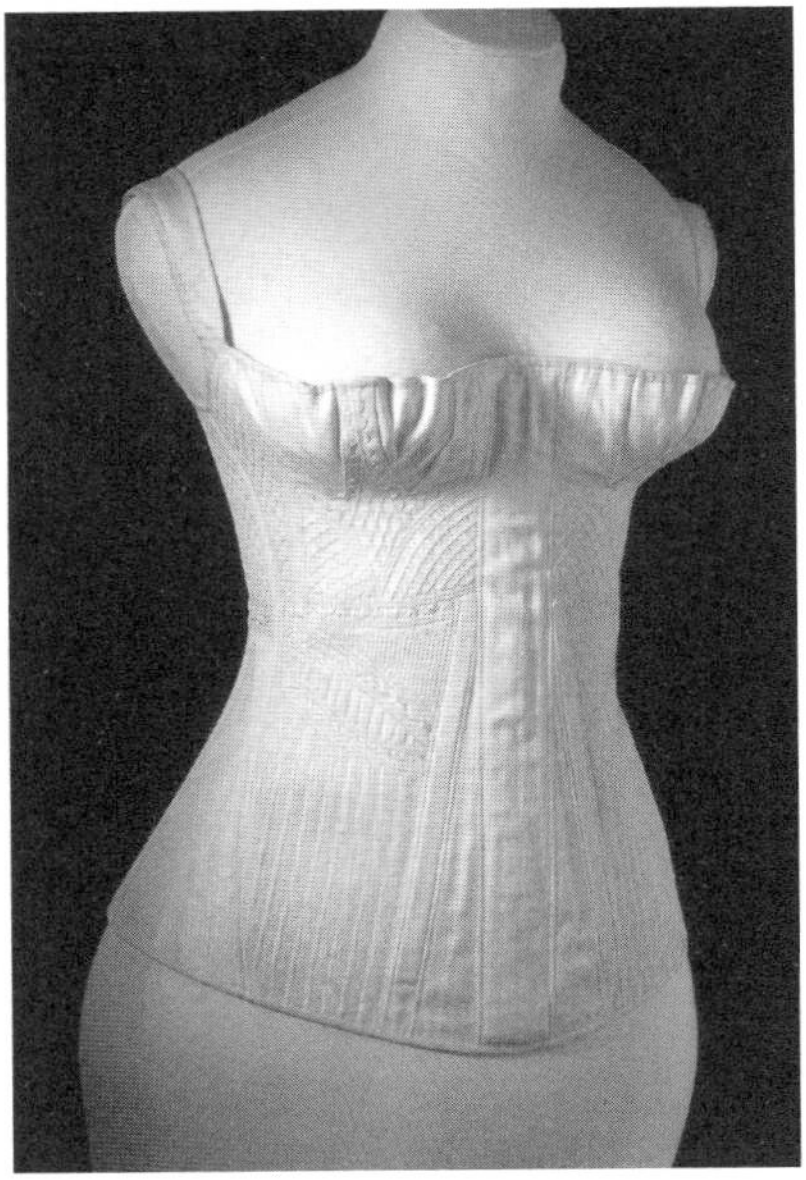

図8-10
ロマン主義時代のコルセット。イングランド製（1825～1835年ごろ）。

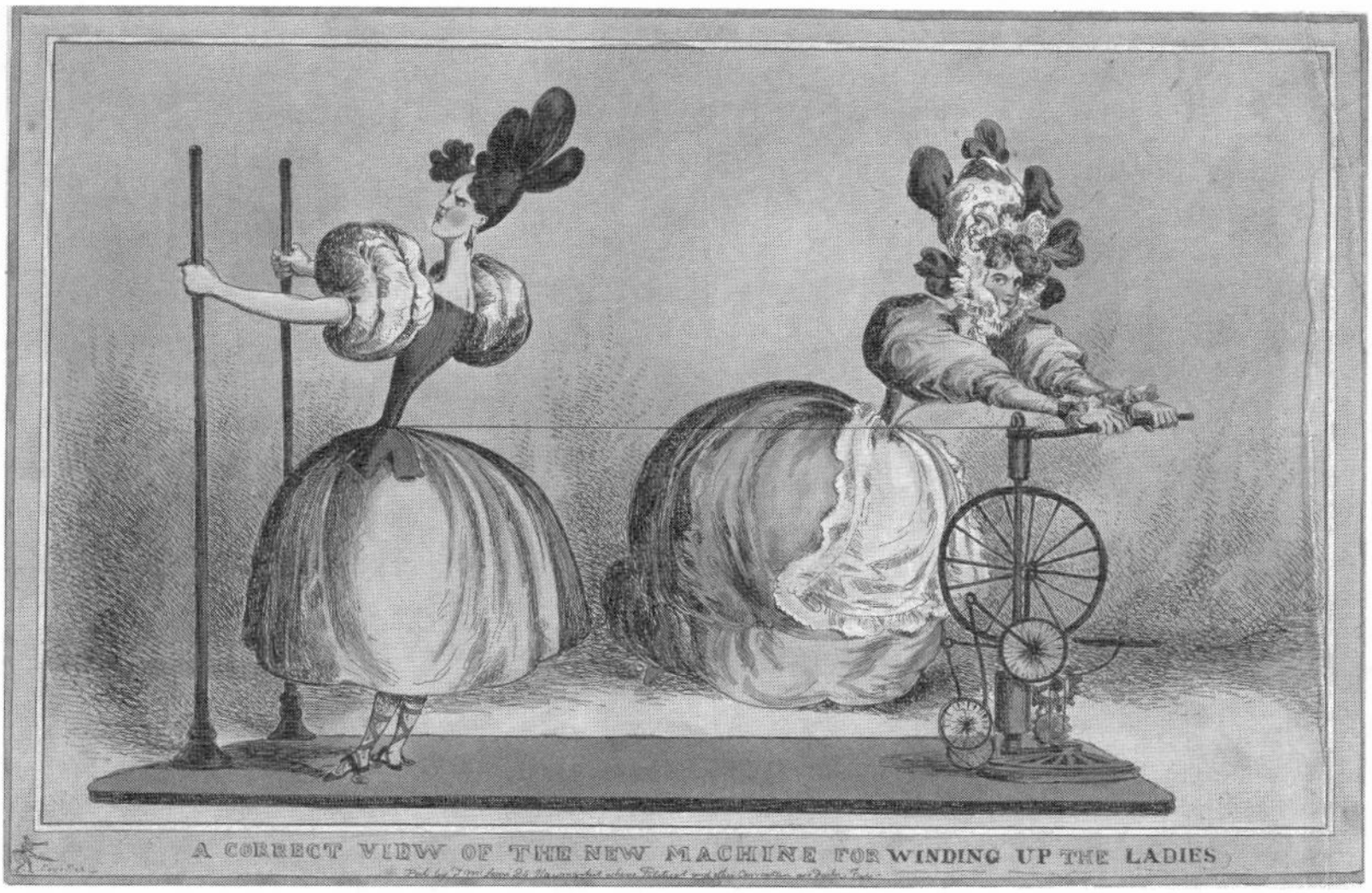

図8-11
少女のウエストを細くするために車輪を回す女。W・ヒース作のエッチング、1830年ごろ。

のゆがみは、結核ときわめて重要なつながると考えられた。「胸の変形」は「一般に肺病の誘因に分類されて」いたからだ。[101]

コルセットの使用に反対する文書は大量にあったものの、非難していた多くの人は、女性たちがワードローブの重要な一部をあきらめたがらないことを受け入れていた。おしゃれのすべてが、そこにかかっていたからだ。著者たちはコルセットを捨てるよう女性を説得するむずかしさを認めていたが、次世代の破滅を防ぐよう説得したいと望む人もいた。そこで、一八二五年のある記事はこう論じた。「有害な服飾品の使用を女性たちに思いとどまらせようとしてもむだだろう。しかし、自分自身をどんなに軽んじているとしても、子どもたちに害を及ぼすものはなんであれ、間違いなく拒むべきだ[102]」この問題をさらに複雑にしていたのは、コルセットが細いウエストだけでなく、まっすぐな背骨を維持するのにも重要だと広く信じられていたことだった。たとえば、『美の技術』はこう述べている。「残念ながら、年月と風習によって、成長中の少女の体には支えが必要だという考えは、ほとんどの母親の頭にしっかり根づいてしまったので、その習慣を捨てるよう説得しても彼女たちを動かすことはできないだろう[103]」

コルセットをめぐる難問は、ファッションだけでなく医学にとっても深刻な課題だった。衣類は体に変形を生じることも治すこともあると考えられていたからだ[104]。早くも一八〇一年、医師のチャールズ・ピアーズは、肺病にかかった体にコルセットが役立つ可能性を認めていた。ピアーズは、支えにはよい効果があるという考えと、妊娠中には肺病が治まるという考えを組み合わせ、コルセットで病気を治療できるとして、次のように論じた。

肺癆は妊娠中、一時的に治まる。おそらく子宮の上昇と圧迫によって、肺に一定の安静状態がもたらされるか

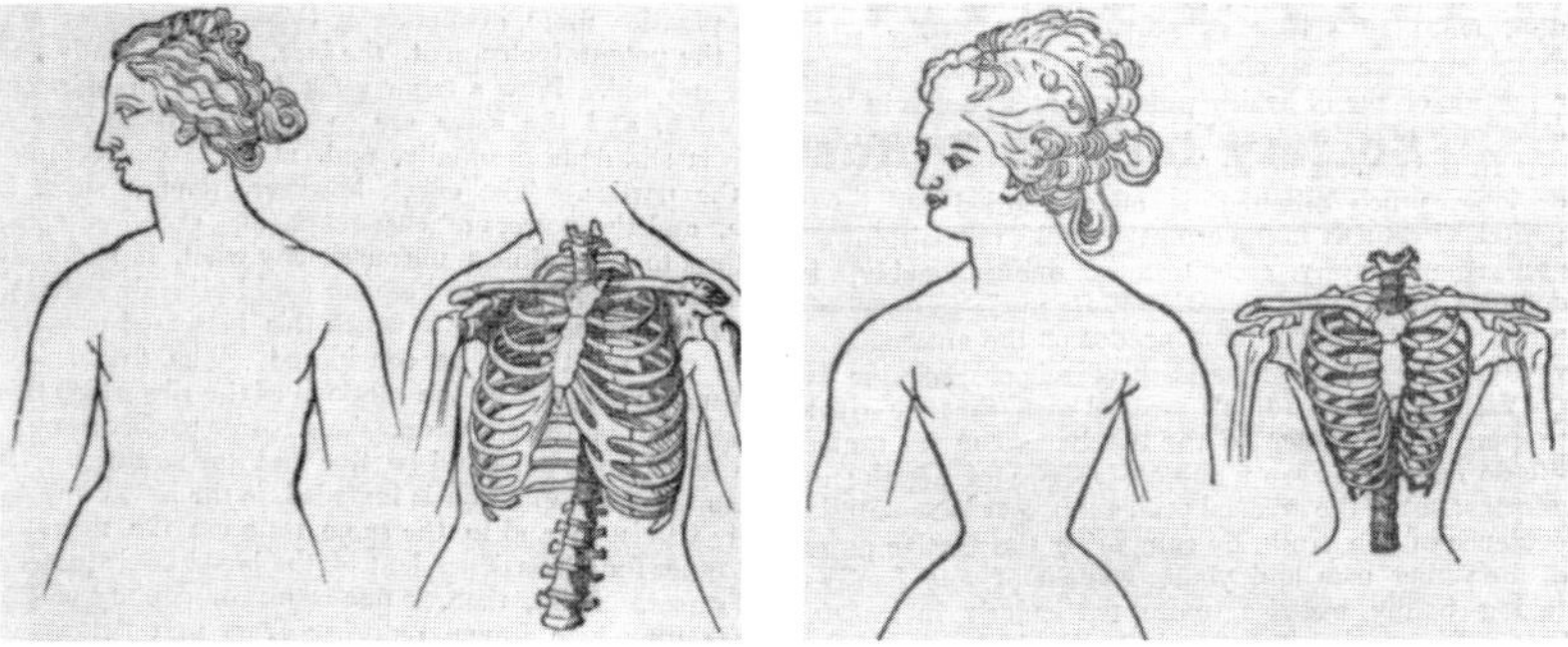

図8-12
『メディチ家のヴィーナス』像を描いたもので、その自然な骨格（左）と対比させて、「現代の寄宿学校の女生徒」の体形とその変形した骨格（右）を並べている。『有用知識普及協会のペニー・マガジン』（ロンドン：チャールズ・ナイト、1833年）。

らだろう（中略）だとすれば、包帯を使ってうまく再現できるかもしれない（中略）また、コルセットの着用で得られる支えを、医学的に有効に利用できるかもしれない。[105]

さらにコルセットには、脊柱の変形を矯正して、結核を防ぐ力があるとされていた。そこで、コルセットをもとに、病気の原因となる脊柱と胸の変形を矯正できると謳ったさまざまな特許や装具が生まれた。一八二二年に特許を取得した「しっかり支えるガードナー・コルセット」などの発明品、二十年ほどのちには「人体を支えるためのキンドン装具」が、体の変形を矯正できると宣伝された。こういう装具は、コルセット自体と同じく、時とともにますますきつく複雑になっていった。

変形を矯正する装具以外にも、ファッションの現実と、コルセットなしではやっていけない社会のなかで、もっと安全なものをつくろうと模索する産業が発展した。コルセットメーカーは、肺病を引き起こさずにおしゃれなシルエットをつくれると謳ったさまざまな下着を考案した。たとえば、一八一五年に特許を取得したジョン・ミルズの「女性と子どものためのしなやかなコルセット」など、胸の動きが制限されにくいデザインの商品があった。ミルズは「コルセットのあちこちに、着用者が苦痛を感じないよう最適に設計され、同時にクジラひげなどの硬くしっかりした素材を採用したときに体が得られる安定や支えを維持する、柔軟でしなやかな部分」を導入した。[106] さらに、妊婦用のオプションまで開発した。一八二五年、『美の技術』は「健康的なコルセット」を探し始め、ミルズが特許を取得したようなしなやかな下着を求めた。

けれども、もしコルセットを着用するなら、十分に注意しなくてはならず、明らかに有害なクジラひげや鋼の使用は一切やめるべきだ。素材はすべてしなやかで、体のどの部分も圧迫されることなく、あらゆる動きが可能でなくてはならない。[107]

多くのコルセットメーカーがその要求に応じた。なかでも特に有名なのは、《ラ・ベル・アッサンブレ》の編集者の妻であるベル夫人だった。一八三一年、コルセットに天然ゴムを使った夫人を、この雑誌が褒めちぎったのは言うまでもない。

ベル夫人の店は以前から、そのコルセットの優美さで他の追随を許さなかった。頑丈さ、上半身の支持、形状に添えられる無類の上品さという数々の利点がみごとに調和している。最近の発見で、ベル夫人は弾性ワイヤーの代わりに天然ゴムを使い、それらの利点をさらに活かせるようになった。[108]

こういう技術革新にもかかわらず、コルセットは、多くの肺病症例の原因になっていると医学界から非難を受け続け、女性が男性よりこの病気にかかりやすい根拠のひとつにされていた。

自然な限界までウエストを縦に長くすれば、その直径が小さく見えることがわかっている（中略）コルセットは体の形状を変え、胸の下はできるだけ細く、上はできるだけ幅広くし、両胸の高さと豊かさと隆起を際立たせるために使われる（中略）要するに、胸部の自然な形と、おしゃれな

ウエストの形とは正反対のものだ。おしゃれな形は下が細く上が幅広いが、自然な形は上が細く下が幅広い。[109]

おしゃれなコルセットがつくり出す「下が細く上が幅広い」体の形は、結核患者を模倣していた。上端の幅広さは、両肩と背中の上部を広げることで得られた。一八三四年に医師のフランシス・ラメッジが主張したところによれば、肺病にかかると体形は次のように変化した。

肩甲骨が突出する（翼に似ているといわれる）と同時に、肋骨の隆起が増して下方へ大きく傾き、胸骨も背中に近づくせいで、側面および横径が狭くなる。胸の上部前面では、肋間腔が広がって押し下げられたように見え、同時に腹部は引っ込んで平らになる。[110]

一八三〇年代には、肺病をまねた外見を際立たせようとするファッションの新たな変化があった。この十年間の後半に始まり、感傷主義という新たな概念に沿った変化だった。それは、おもに三つの分野に関わっていた。礼儀作法、服装、そして社会的儀式だ。[111] 衣装の感傷主義スタイルへの変化は一八三〇年代に始まり、十年間は着実に続いた。女性のシルエットは明らかに変わっていき、衣装はロマン主義の華々しさを失い始め、控えめな落ち着いたシルエットが好まれるようになった。ボディスは簡素になって体にぴったり合わせられ、傾斜したラインを描いて焦点を下に向けさせ、しなだれるような外見がつくられた。[112]

一八二〇年代と一八三〇年代前半のロマン主義ファッションは、たっぷりとした袖と広い肩幅、広がったスカートを特徴としていた。それに対して、一八四〇年代のファッションは慎ましく自信なさげで地味だった。感傷主義は色の選択にまで影響を与えて、茶色や濃い緑色が好まれ、それがドレスの形と相まって、抑えた外見をつくり上げた。[113] ボディスは、何本もの紐がついたコルセットと、ボディス自体の構造によって体にぴったり合わせられた。ウエストはさらに細さが際立ち、あいた胸元は丸めた肩を目立たせ、そのすべては一八四〇年代の女性の「繊細で上品な女らしい特徴」を強調していた。[114] 感傷主義の装いでは、ウエストはそれまでの十年より細く、ますます胴部全体の細さに関心が向けられた。

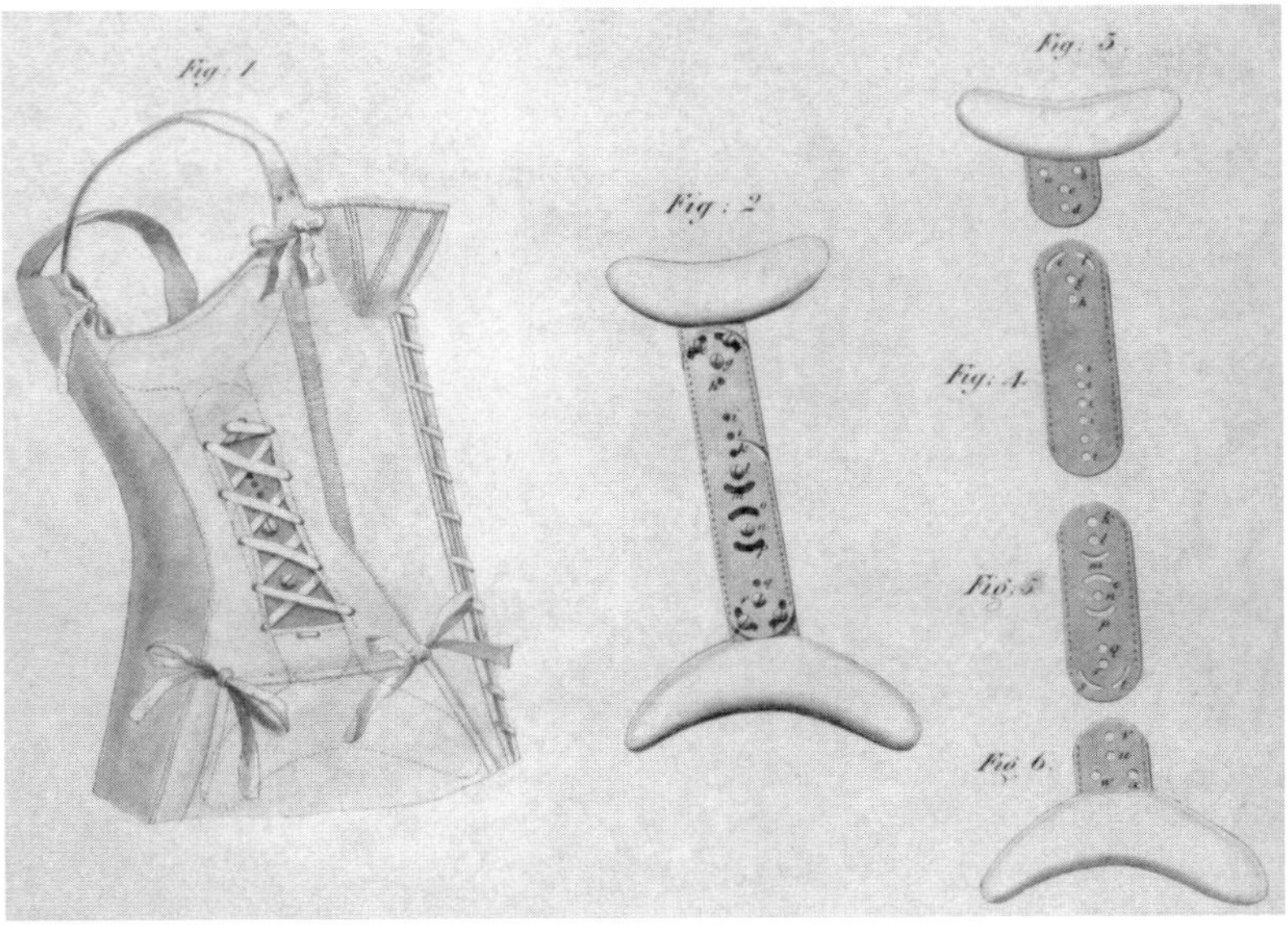

図8-13
デニー・ガードナー「体を支えるコルセット」。1822年6月13日特許取得。

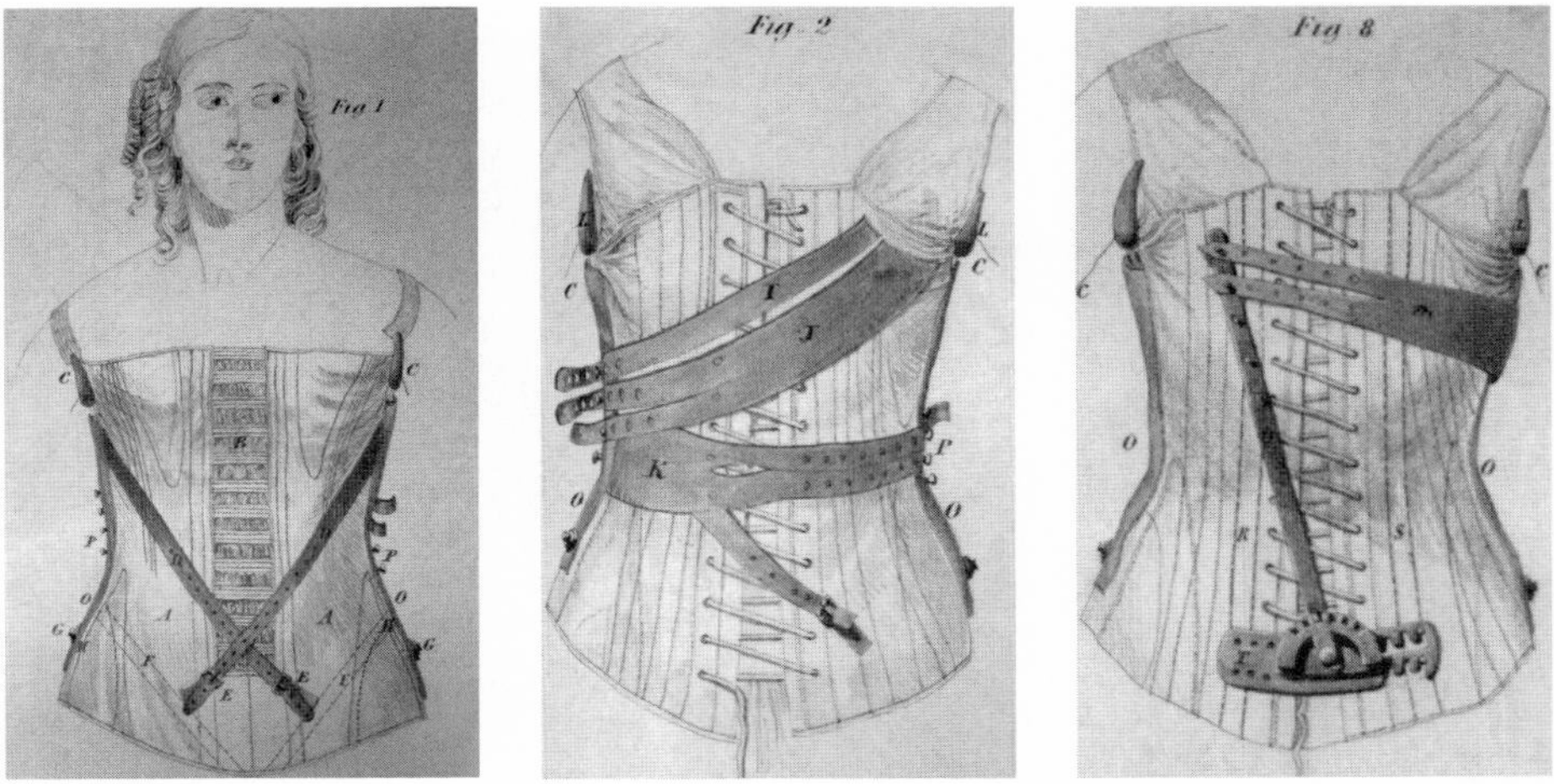

図 8-14
リチャード・キンドン「人体を支えるための装具」。1840年2月25日特許取得。

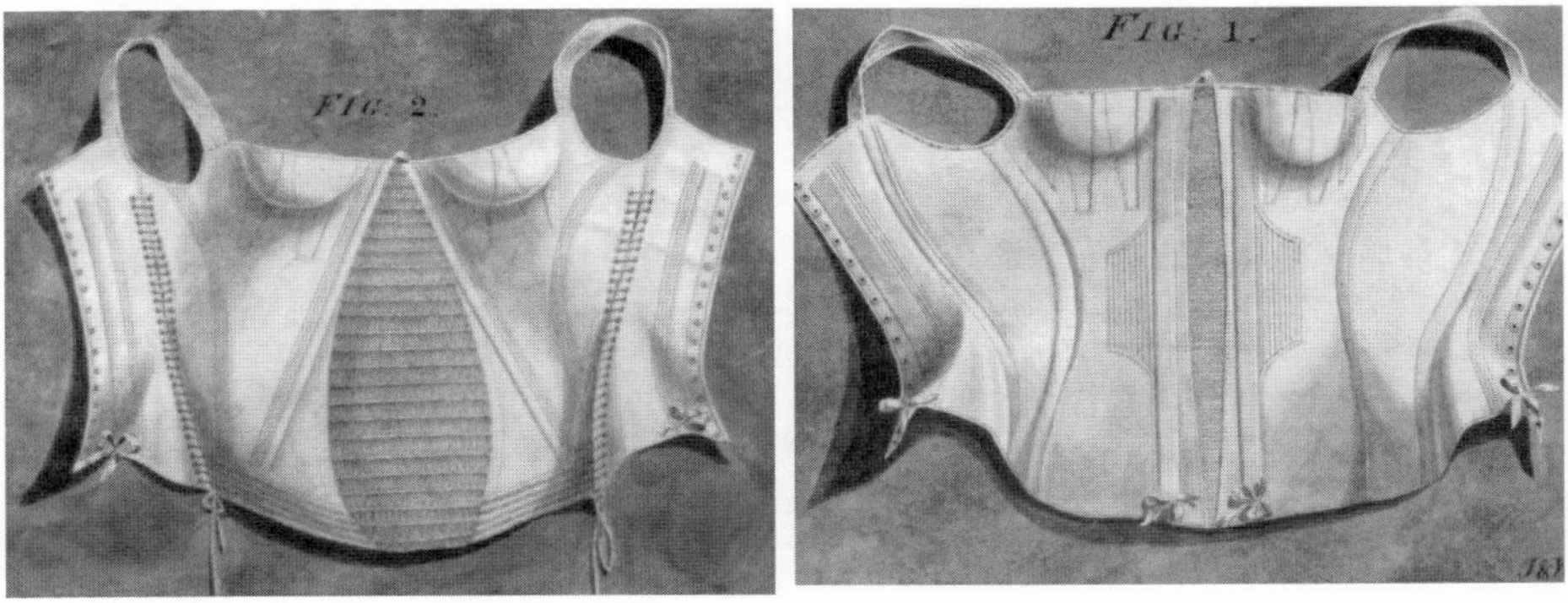

図 8-15　ジョン・ミルズ「女性と子どものためのしなやかなコルセット」(1815年)。
(右) 健全な体質を持つ成長期の若者または大人用のコルセット。
(左) 妊婦用コルセット。

結果として、コルセットはスタイルに欠かせない定番の要素、そしてファッションに求められるほっそりしたラインと長く細いウエストをつくる重要な道具であり続けた。[115] 一八三六年の《マガジン・オブ・ザ・ボー・モンド》に掲載された批判によれば、女性は美の新しい基準を打ち立ててしまった。それは、「腕の下で急激に細くなり、自然な胴回りの三分の二もない」ウエストを特徴としていた。[116]

新しいコルセットのスタイルは一八三〇年代にはすでに確立されていたものの、一八四〇年代になると、外側に重ねる女性の衣装が変わるのに合わせてふたたび変化した。[117] コルセットはボディスと同じく、新しい感傷主義の形状に従って長くなり、一八六〇年代まで目に見えてふたたび短くなることはなかった。[118] 紐で締めつける習慣に対する不安は、〝ア・ラ・パレスーズ〟、つまり〝怠け者スタイル〟として知られる一八四三年に生まれた新しいスタイルの紐のせいで高まった。この技術は、紐自体のコントロールをもっと正確にして、コルセットの紐をウエストでさらにきつく締められるようにし、多方面の評論家の不興を買った。[119]

紐で締めつける習慣は衣服と肺病をめぐる議論を激化させ、ファッションは以前にも増して、結核を引き起こす重大な要因と見なされるようになった。道徳教育家エスター・コプリーは一八四〇年にこう書いている。

> 現代のファッションが示してきた偽りの人間の姿はあまりにも突飛でばかげているので、その信奉者たちは（中略）それぞれが自分の上品さと趣味のよさを誇りにしてはいるが、無関心な傍観者からすれば、体を変形させようと競い合っているようにしか見えない。[120]

医学論文や道徳教育者の著作は、きつい紐の弊害に痛烈な批判を浴びせ、肺病の原因として挙げた。しかし、いくらコルセットの使用に反対する著作が大量にあっても、若い女性たちは健康に悪いと考えられていた衣類を身に着け続けた。一八四二年、そのことに業を煮やしたフランシス・クック医師は、腹立たしげにこう書いた。「若い女性の装いが胸に加える圧力は、肺病の原因となる頻度が最も高い。しかし、ファッションのルールが優先される現状では、医師の警告に耳を傾けてもらおうと期待してもむだだろう」[121]『簡単につくれる若者の健康(Health Made Easy for Young Health Made Easy for Young People)』(一八四五年)も、胸を「縛りつけて」、「きれいに見せて」いる女性たちが肺病にかかるのは必然の結果であると主張し、その習慣を「とんでもない!」と見なした。[122]どれほど医師たちが議論しようと、「現代の若い女性の目から見れば、典型的な最悪の体形のひとつはウエストが太いこと」と認識されていた。[123]そ

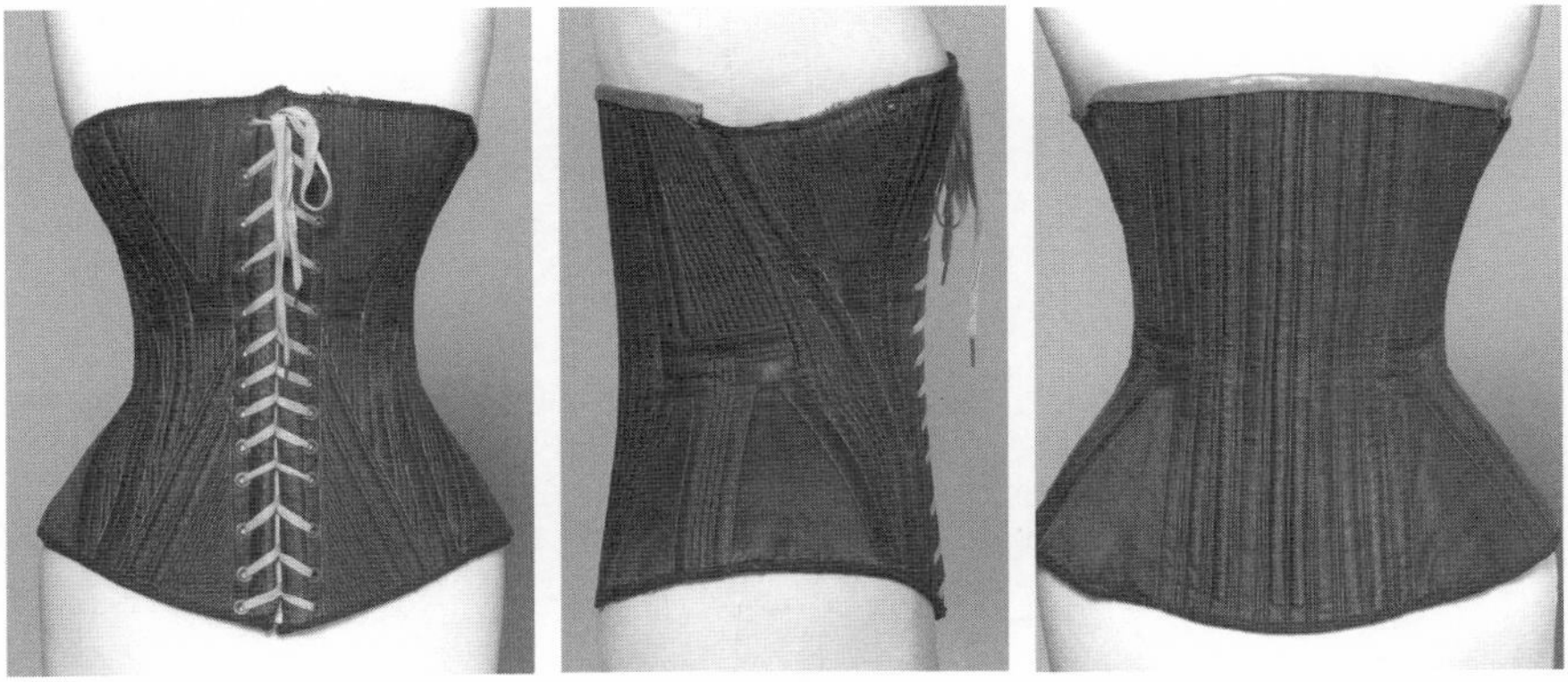

図8-16
感傷主義スタイルのコルセットの例(1480〜1850年ごろ)。この前紐のコルセットは、腰を前方へ傾けて、胴部を圧迫し、肩甲骨を押し上げて前かがみの姿勢を際立たせる。

れから十年近くたった一八四八年でも、その志向は変わらず、《ブラックウッズ・レディーズ・マガジン》のある記事はこう述べている。「女性の姿の美しさは、ゆるやかな曲線のなかにある」[124]反コルセット研究は盛んだったものの、着用の習慣は継続しただけでなく、感傷主義の装いは全体として肯定的に受け止められていた。たとえば、一八四八年の《ワールド・オブ・ファッション》にはこうある。「現代女性の装いのありようはおそらく、自然さと簡素さを提唱する人々の望みにかなう申し分のないものだろう（中略）その人の自然な美しさを引き出すよう意図された衣装といえる」[125]

結核と感傷主義ファッションの締めつけ

感傷主義的な美の理想は女性の外見全体を性格の表れととらえ、服装はこの性格を形成するうえで大きな役割を果たした。また、女性の表情から発せられる感受性が際立つようにデザインされた感傷主義の装いは、顔立ちを損なわずに引き立てた。おしゃれな女性の体形はほっそりしていて、顔は青白く化粧っ気がなく、服装はどちらかといえば地味だった。一八三七年の『若い貴婦人の友（The Young Lady's Friend）』は、衣装と着用者の性格を直接結びつけてこう論じた。「じつにさまざまな心の資質が、服装と関連して働きます（中略）キリスト教の教義が普及すればするほど（中略）ますます服装が性格を正しく表すようになるでしょう」[126]つまりファッションはしだいに、道徳的な自己改善の一形態、個人的な資質を高める、あるいは少なくともそう見せかける方法になった。

一八四〇年代の感傷主義ドレスの窮屈な形は、実のところ、女性の体を偽装したりゆがめたりすることが目的ではなかった。ドレスは、それを着る女性の感情をあらわにするようデザインされていた。一八四〇年代の感傷主義ドレスは、全体として上品で慎ましくおとなしい印象で、ヴィクトリア朝の女性を規定する理想像を映し出していた（口絵の図ＸＸⅦ参照）。つまり、こういうファッションは歴史と文化に特有なもので、折り目正しさやキリスト教道徳のレトリックの影響を示している。[127] 一八四〇年代を通じて、おしゃれな女性がますます衣服に束縛されていくにつれて、気持ちや感情が重視され、身体的な健全さより優先されるようになった。エリス夫人のような作家が定めた理想では、女性に期待されることは明らかだった。穏やかさ、繊細さ、弱々しさ、しとやかさ、さらに細いウエストとすぼまった肩を兼ね備えていること。[128] 同様に、

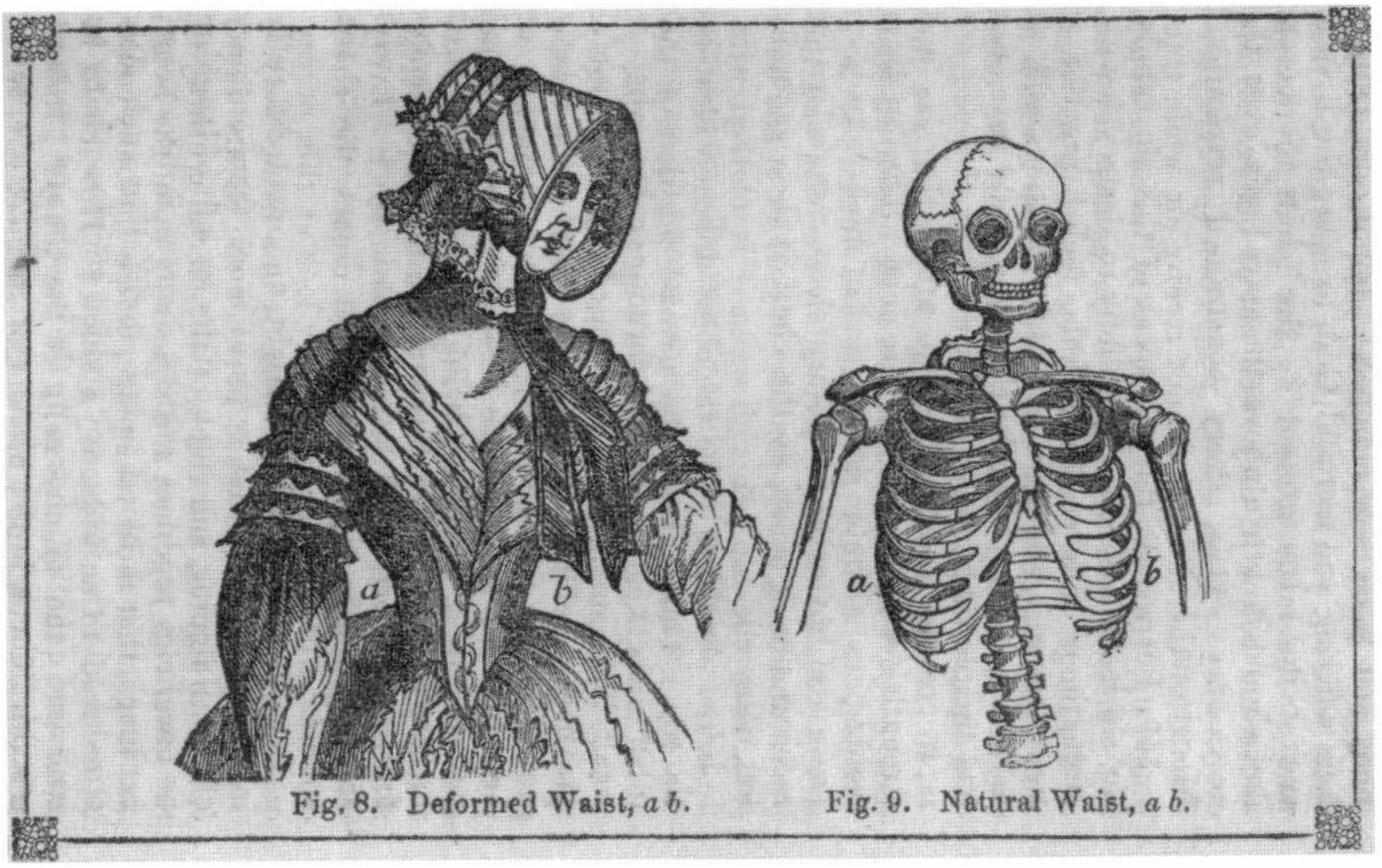

図8-17
コルセットを着けて“変形した”ウエスト**（左）**と、コルセットをしない“自然な”ウエスト**（右）**の比較。『簡単につくれる若者の健康』（ロンドン：ダートン＆クラーク、1845年）。

医師のアルフレッド・ボーモント・マドックは、一八四五年の肺病についての研究で、消耗熱を起こしやすい体質の人を、「狭い、あるいはとがった胸部、いかり肩、長く細い首、概してほっそりした体形」を持つと説明した。[129] また、作家のメリフィールド夫人は著書『芸術としての装い（Dress as a Fine Art）』のなかで、こういう特徴を女性美に不可欠なものと見なした。[130] 全体として、ヴィクトリア朝初期の女性は、世紀前半の数十年の英国人女性に比べて、体も物腰もあまり活動的ではなかった。優雅なしぐさや物腰、態度を通じた道徳的品性の表現が重視されるようになったからだ。[131] ある作家はこう述べた。「優雅な動作、自然な上品さのある物腰はその姿に宿り、感性と優しさはその目に宿る。魂が、窓から顔を出す。詩人が〝肉体の思索〟と呼ぶものだ[132]」

この種の衣装が女性の立ち居ふるまいに与えるおもな影響は、動きの制限だった。さらに、肩のラインが狭められてドレスがしなだれるような外見になると、体が下へ引っぱられたような印象を与えた。[133] 長くなったボディスは、丈の見た目がよくなるように飾りつけられた。たとえば、一八三〇年代には装飾の特徴だったひだつきの胸元の覆い《オーバーレイ》は、一八四〇年代までには、肩のラインを狭めて強調し、先細りのウエストを長くして際立たせるため、過剰なほど傾斜した形になった[134]（口絵の図XXⅧおよび図XXⅨ参照）。きついコルセットは上半身を繊細で細く華奢に見せ、肺病患者の胴部を連想させた。当時のスタイル画には、女性の衣装と全体的な外見の変化が描かれ、きっちり結われた髪、引き下ろされたボンネット、上半身を繊細で細く華奢に見せるきついコルセットが示されている。[135] 新しい衣装が与える感傷主義的なイメージは、弱々しく、生気すら感じられないほどで、全体的な物腰は夢見心地ではかなげだった。[136]

繊細さを重視する傾向はこの十年で強まって、袖がさらに細身になり、それに伴って肩のラインも狭まった。ある著者はこう主張した。「繊細さは確かに、女性の名誉に関わることだ（中略）繊細な女性は、ほかのどんな女性たちよりも愛され、尊敬されるだろう」[137]つまり、スタンフォード大学教授ダグラス・A・ラッセルが論じたように、「女性の理想は十年ちょっとのあいだに、陽気な蝶から家庭的な人形に変わったのだ」[138]。ボディスは簡素になって、ますます体にぴったり合わせられ、下に焦点を絞った斜めのラインをつくった。[139]感傷主義ファッションの女性は、なだらかな狭い肩と細いウエストで、すらりとしてしなやかに見えた。袖ぐりは肩のかなり低い位置にあり、斜めにカットされた細身のぴったりした袖がついていたので、着ている人は九十度以上腕を上げられなかった。[140]また、ドロップショルダースタイルは、無理に背中を丸めた形状をつくって、肺病の症例によく見られる、病気の原因とも考えられていた前かがみの姿勢にさせることで、肺病患者の女性のシルエットをまねていた。

さらに、感傷主義の装いは繊細さを強調し、体を衰弱させる病気とまったく同じように身振りや動作を制限してもいた。『体質的な女性の病気についての解説書』は、肺病の初期症状を示すと考えられる物腰や姿勢について特別に言及している**（口絵の図XXX参照）**。「病気のごく初期段階で、歩行する際にいくぶんか頼りなさと猫背が見られ、ほとんど悪化しないままこれが続く」[141]病気が進行するにつれて、「歩きかたが独特になり、猫背と、弱々しさ、慎重さが見られる」[142]。一八三〇年、医者で生理学者のマーシャル・ホールは病気に伴うこの状態を、「独特な顔つき、独特な歩きかた、独特な態度と全般的な物腰、すべてが衰弱と重い病気を示している」と説明した。[143]猫背は肺病の原因とも指標とも描写され、女性の教育は非難の的のひとつになった。『肺病の予防と治療に向けた医師の助言』はこう論じている。

上流階級の若い女性たちの教育を実施している現在のシステムに関連して、ひとこと言っておくべきだろう。不活発で座ってばかりいる生活様式は、結節の形成を促し、肺病の再発を招くらしい。第一に、全身を衰弱させるから、そして第二に、猫背になる癖のせいで胸の変形と同様に肺を傷つけるからだ。[144]

同じく、一八四七年にヘンリー・デションはこう主張した。「病弱な女子学生が青ざめた顔をして猫背で歩いている姿は、肺病という運命を予言しているかのようだ」[145] またデションは、著書『冷気と肺病（Cold and Consumption）』で、若い女子学生が「書き物机にかがみ込む」のを、病気を引き起こすもととして嘆いた。[146]

こういうことすべてが、肺病の原因と見なされていた。また女性は、育ちのせいで男性より結核にかかりやすいと考えられてもいた。女性が社会で役割を果たせば、肺病にかかることがあらかじめ決められたようなものだった。ジョン・トリッカー・コンクエストなどの医師たちは、確実に病気を引き起こすことになる育てかたに嫌悪感をあらわにした。『健康と病気における自身と子どもたちの管理に関する母親への手紙（Letters to a Mother on the Management of Herself and Her Children in Health and Disease）』（一八四八年）で、コンクエストはこう書いている。

図8-18
肺病患者の体の形状をまねて猫背にさせる感傷主義スタイル。
《マガジン・オブ・ザ・ボー・モンド》第11号（ロンドン、1842年）。

自然は馬鹿にされ嫌われて、少女たちは〝淑女らしく〟座り、〝淑女らしく〟食べなくてはならない。そして、輪転がしや野球、羽根突き、スキップなどをする代わりに、はつらつとした健康の計り知れない恩恵を犠牲にして、知力の獲得と(間違った)〝淑女らしい習慣〟に励まなくてはならない。〝淑女らしく〟というおぞましい言葉は、体育に充てるべき何年ものあいだ上流・中流階級の哀れな少女たちにつきまとい、最後には変形や病気の餌食にしてしまう(中略)ファッションとは、専制政治のスローガンなのだ。[147]

病気が性格を照らし出すという考えと、感傷主義文化を組み合わせてみると、肺病がいかに美とファッションに関する人々の理想を侵害していたかが容易に見て取れる。

一七八〇年から一八五〇年のあいだ、結核は一貫して、当時のファッションと絡み合っていた。レトリックの焦点は、ファッションが病気にかかりやすくする点に当てられがちだった。一七八〇年から一八二〇年ごろを代表する新古典主義スタイルはおもに、きびしい気候からの保護が不十分なことで肺病と結びつけられた。寒さ、湿気、塵でさえ、女性の服装との相互作用によって、結核の発病につながると考えられ、ファッションと気候への懸念は大きな影響力を持っていた。一八三〇年代から一八四〇年代にかけて、コルセットが女性の服装の重要な一部になると、今度はそれが批判の最大の関心事になり、ファッションがかつてないほど窮屈になるにつれて、衣類の圧迫に対する懸念は高まり続けた。この時代を通して、肺病にかかるおそれよりもファッションが優先され、病の模倣は常に問題をはらんでいた。そしてファッションは多かれ少なかれ、結核の影響を強調するか、実際に病気の症状をまねるかしていたのだった。

エピローグ――おしゃれな肺病患者の終焉

当時の作家たちは女性の置かれた地位とファッションの突出した役割が、女性の健康に重大な影響を及ぼすと見なしていたが、感傷主義の衣装に「飾り気のなさ」を求めることで生まれる矛盾をいつまでも無視してはいられなかった。結果として一八五〇年代には、ファッションの不自然さと生物学的な影響をめぐる議論は肺病に対する態度にも及び、女性のファッションを変える一助となった。また十九世紀後半には、衛生改革と社会の関心が結びついて、結核は美しさと知性を与えてくれる病気から、変更と管理が必要な社会状況によって生まれる生物学上の害悪に変わった。

一八四〇年代の感傷主義の服装の特徴だった肺病患者そっくりの外見は、一八五〇年代には変化し、ファッション史研究家のヴァレリー・スティールが主張したように、「一八四〇年代スタイルのやや退屈な飾り気のなさは、一八五〇年代に入り、しなだれるようなシルエットがふたたびたっぷりした華やかなものになるにつれて、復活した俗っぽさに道を譲った」[1] 続く十年間には、女性の快活さが新たに受け入れられた。[2] 一八六〇年代から一八七〇年代にかけて、病弱で繊細な感傷主義の女性美は完全に、〝健康な〟女性のファッションへの回帰に置き換わった。[3] こういう健康美への移行と並んで、肺病と、女性にとってそれが何を意味するかの解釈にも変化があった。英国の人々に対する肺病のイデオロギーの支配力が衰え始め、それに伴って病気の認識が変わり、価値が失われるにつれて、ファッションは病気の指図に従わなくなった。おしゃれな肺病患者との決別は、社会・衛生改革だけに根ざしているわけではなく、文学における病気の描かれかたが変わっていった結果でもあった。それは、一八四〇年代後半に始まった。[4]

ロマン化された結核患者の神話は残っていたが、論議の的は尊敬すべき女性から離れて、堕落した女性の典型へと移っていった。一八四八年にアレクサンドル・デュマ・フィス（小デュマ）が発表した人気作『椿姫』は、その変化をはっきり示した。この小説の英語版が出版されたのは、一八五六年だった。[5]しかし翻訳される前から、英国人はその物語をよく知っていたかもしれない。小説は批評され[6]（戯曲化され、演劇も上演された）、パリのゴシップに詳しい定期刊行物で繰り返し取り上げられたからだ。たとえば、《ブラックウッズ・エディンバラ・マガジン》にはこうある。「今年の大当たり、間違いなく飛び抜けている唯一の作品、それが『椿姫』だ。春に百夜を超える公演が行われたあと、この秋に再演され、ほぼ同等の成功を収めた」[7]物語は、高級娼婦（アルフォンシーヌ・）マリー・デュプレシ（一八二四〜一八四七年）の生涯をモデルにして書かれた。本人が語ったところによると、「決して和らぐことのない病気にかかっています。長生きはできないでしょうから、人より急いで生きると心に決めました」[8]**（口絵の図XXXI参照）**。デュプレシは、パリの裏社交界《ドゥミ・モンド》の花形として短くきらびやかなキャリアを築いたのち、二十三歳で肺病によって死亡した。[9]デュプレシはとても有名だったので、死後、彼女の持ち物は競売にかけられ、チャールズ・ディケンズまでが興味を引かれて出席した。[10]

デュマ・フィスは、肺病と女らしさの関係を変容させた。病気から来る消耗を、女性の美しさと性格を向上させるものとして描いてはいるが、贖いとしての苦痛も強調した。デュマは病気と強い情熱、特に愛の情熱との関連づけをやめはしなかったが、病気が引き起こす苦しみと、道徳上の罪の許しという概念との関係を重視した。十九世紀半ばには、そういう贖罪としての苦しみが、結核を文学的仕掛けとして利用する目的になった。デュマの小説の戯曲版は、一八五二年にヴォードヴィル劇場で初上演され、テオフィル・ゴーティエに批評された。ゴーティエは、主人公マルグリットについてこう書いた。「彼女は悩み、真実の愛に満たされていくうちに、慎ましく控えめで優しくなり、そして病に冒される。アルマンへの愛だけでなく、体を蝕む病気にもすべてを奪われていく。こうして高級娼婦の仮面ははぎ取られ、無垢な若い女になるのだ！」[11] 病気の過程で、堕落した女マルグリットは、ある種の純粋さを獲得した。肺病による苦痛と夭逝《ようせい》の悲劇は、「不幸なこの世では、無垢な愛が不可能であることを表し」、「肺病の高級娼婦を、女性そのもの――うっとりするほど単純で魅力的だが悲しい運命をたどる者――のモチーフ」にしていた。[12]

デュマがつくり出した文学作品の傾向のなかでは、堕落した女は肺病の苦難を通じて精神的な救済を得ることができた。つまりそれらの作品は、贖いの苦しみという概念が、尊敬すべき女性の領域から離れたことを示している。ヴィクトリア朝の女性の義務でもあった、苦しみを通じて道徳的に生きるという考えは変わらなかったが、論議のテーマが変わった。結果として、立派な女性たちはしだいに肺病のイデオロギーから距離を置くようになった。アンリ・ミュルジェールの『ボヘミアン生活の風景』（一八五一年）のような小説は、肺病を上流社会の女性の領域から切り離して、堕落した女のものにした。ミュルジェールのフランシーヌも、若く快活な肺病患者で、その顔には「まるで美しさのせいで死んだかのような神聖な輝き」が表れていた。[13]

いくつか別の要素も、肺病をめぐるレトリックが、尊敬すべき女性から離れて堕落した女性へ向かう後押しをしたと考えられる。たとえば、極貧層に蔓延する病気への認知度が高まったことや、一八四〇年代末にかけて結核の接触伝染説が受け入れられるようになってきたことが挙げられる。[14] しかし、病気が人から人へうつるという考えは、なぜ全員が病気にかかるとは限らないのかを説明するにはまだ不十分で、遺伝的体質と考えたほうがうまく説明できていた。結果として接触伝染説は、一般的だった瘴気説をなかなか駆逐できなかった。瘴気説では、病気は人との接触ではなく、悪い空気、つまり病気の誘因をつくるひどい環境条件から発生するという見解が主張された。[15] 工業国イングランドの過密なスラム街での病気の蔓延、この状況に対する意識の高まり、病気と道徳上の罪を同一視する文学作品の隆盛など、すべてが肺病をめぐるイデオロギーの変化を促した。こういう関連性が確立されると、結核は尊敬すべき女性を表すものとは解釈できなくなり、一八四〇年代の終わりには、病気は貧困と混乱状態という悪いイメージを負わされ、その関連づけは世紀末以降も続いた。

肺病の上流階級からの降格と、貧困層に蔓延する病気の認知度の高まりは、服装改革の動きと一致していた。十九世紀後半には、衣装はもはや、個人と組織が改革されていくうえで注目を集める社会の一面にすぎなかった。[16] 十八世紀以来、女性の服装の問題を何度も繰り返し訴えてきた改革者たちは、ようやく前へ進むことができた。彼らはもっぱら、おしゃれな服装の精神的・肉体的な悪影響――なかでも肺病は際立っていた――に懸念を示し、特にコルセットを非難した。[17]

健康と美しさの関係は繰り返し唱えられてきたにもかかわらず、結核はここに至るまでずっと特別扱いされてきた。しかしこの特別な例外も、一八五〇年代には消えた。[18]その移行は、カナダの作家トマス・チャンドラー・ハリバートンの『自然と人間性（Nature and Human Nature）』にも明らかに見て取れた。著者はある若い女性を次のように描写している。「彼女の目はエゾギクほどの表情しかなく、顔は死人のように青白く、頬につけた紅は死にゆく肺病患者の消耗熱のように見えた。まったくの話、その醜さはあふれんばかりだった」[19]肺病がおしゃれではなくなり、代わりに健康が支持されたことは、当時のファッションスタイルに反映され、ボディスは短くなり、胴部は広げられた。袖も広げられ、パゴダスリーブ（パゴダ（仏塔）のように、数段重ねで先に向かって広がっていくデザインの袖）の導入もあって、円錐形になった[20]**（口絵の図XXII参照）**。ボディスはまだコルセットの上にぴったり合わせてあったが、クリノリン（馬の毛などで織った硬い生地）の出現と、どんなウエストでも比較的細く見せるとても幅広いスカートのおかげで、紐の締めつけ具合は軽減された。[21]ある定期刊行物は、一八五一年に次のような宣言までした。「きつい紐は、上流および中流階級の女性たちのあいだでは、完全に流行遅れになった。女性たちは、過度の圧迫が上品さにも均整美にも有害であることに気づいたのだ。今やその習慣は、下層階級の若い女性のあいだで最も流行している」[22]

一八五〇年代には、女性の体の強調点が変わるのに伴って、コルセットの見た目にも変化があった。〝肺病患者の〟胴部のような細さからは離れていき、コルセットの構造とデザインが合理的に改善され、それが技術革新と結びつくことで衣類としての形が変わった。一八四〇年代後半には、一枚の生地でつくって襠で補うのではなく、別々の生地を組み合わせて形がつくられ始めた。[23]このスタイルはしだいに人気になったが、一八六〇年代後半には蒸気成形コルセットが取って代わった。一九五〇年代から一八六〇年代にかけて、コルセットとボディスは短くなり、一八四〇年代の空気の精のようなしなやかなシルエットからは離れていった。

　ロキシー・アン・キャプリンは、イングランドの服装改革の最前線にいた。女性のファッションに形を与えたあらゆる下着を撲滅するのではなく、合理化しようと努めた人たちのひとりだ。キャプリンのような服装改革者たちは、むしろ下着の形を変えることによって衣服を再構成するべきだと論じ、おしゃれな衣装の外側の複雑さを保つことで、ついに多くの女性たちが受け入れられるバランスを達成した。また、こういう衣類を供給する産業の改革を手助けして、女性のファッションのスタイルに真の変化をもたらした。[24] キャプリンは健康的なコルセットの販売に向けた最初の大規模なキャンペーンをまとめ上げて成功させ、一八五一年の万国博覧会で新しいデザインのコルセットをいくつか展示し、メダルを獲得した唯一の英国のコルセット職人となった。興味深いことに、キャプリンは自分の「健康コルセット」のデザインを、〝哲学、音楽、時計学、外科用器具部門〟に出品した。[25] キャプリンの新しいスタイルのコルセットは、「コルセットを体に合わせて着ける」のではなく、「コルセットをぴったり体に合うようにする」という彼女の願いを反映していた。[26] ウエストは十九インチ（約四十八センチ）ほどの細さに保たれたが、胴部の動きがやや自由になったので、肺病を引き起こすと考えられた圧迫が緩和された。その結果、明らかに肺病患者風のか細い外見からは遠ざかった（口絵の図XXⅢおよび図XXⅣ参照）。キャプリンは万国博覧会での成功に続いて、一八五六年に『健康と美、あるいは人体の生理学的法則に従って設計されたコルセットと衣装（Health and Beauty; or Corsets and Clothing, Constructed in Accordance with the Physiological Laws of the Human Body）』と題した本を発表した。そのなかで、キャプリンは人々にこう忠告している。

自分の専門分野をしっかり守ったほうがいい。わたしたちがサンスクリット語を知らないのと同じく、医師がコルセットづくりについて何も知らないことは明らかだからだ（中略）ヨーロッパじゅうの医療関係者に反対されようと、女性たちがコルセットを着けなければならず、着け続けるだろうとは、医師は思いもしなかったらしい。強く完璧な女性たちはコルセットを着ける利点を実感し、弱く繊細で不完全な女性たちにとって、コルセットは絶対に欠かせない。しかしそれは、コルセットが適切に設計されて初めて言えることだ。設計が不完全であれば、過ちも同じくらいひどいものになる。[27]

女性の衣類の裁断とデザインに技術革新が起こると同時に、尊敬すべき女性らしさとは何かが慎重に再評価されて、肺病とは切り離して考えられるようになった。

肺病は徐々に、富裕層のあいだでは肯定的なイメージを失い、労働者階級や貧困層の世界に追いやられていった。この移行によって、病気には汚名が着せられ、社会全般が採用する対処方法にも変化が起こった。こうして、肺病をめぐって発展し、個人の経験に枠組みを与えた神話と一連のイメージは、十九世紀半ばまでには移り変わっていった。新しい考えかたは、個人の肺病へのかかりやすさと、患者の社会的役割や性格との関係をもっともらしく説明するのにも役立った。病気の否定的なイメージは、社会的格差から生まれ、逸脱した者の行動や考えに対する通念に支えられていた。[28] 一八六〇年代までには、病気はほとんど、有害あるいは不適切な行動によってのみ起こるものとして描かれるようになった。それは個人にとっても社会全体にとっても、重大な事態をもたらした。肺病は、もはや単なる個人の病気ではなく、地域社会全体の生産性と競争力に避けられない影響を及ぼす病気になったのだ。

終わり に

医学研究の第一の関心事は、苦しみをもたらすさまざまな病気について人々に納得のいく説明を与えながら、疾患の過程で生じるかもしれないあらゆる側面を網羅する、統一された包括的な病気の理論をつくることだ。十九世紀から二十世紀にかけて、細菌説と微生物学が進歩した結果、研究者たちがそれぞれの感染症の決定的な唯一の原因を突き止めるにつれて、複数の原因を探るアプローチは人気を失っていった。抗生物質時代には、ひな型は単純化された。細菌やウイルスなどが病気を起こし、化学療法薬が投与され、しばらくすれば患者は回復した。原因がひとつなら、対処して根絶すれば、効果的に病気を取り除けた。しかし、この単純さは、もはや二十一世紀の医学の決定的な特徴ではなくなっている。慢性疾患と全身性疾患の急増と、感染症の新たな研究によって、複雑な病気は単純な原因で起こりうるという考えがまたしても時代遅れになったからだ。今日の医学はふたたび、薬物治療でたやすく除去できない病気について、外的な原因を説明する役割を持つようになった。かつての病気の理論を再現するかのように、2型糖尿病や心臓病、がんなどの病気では、個人のライフスタイルや環境の影響がなんらかの役割を果たしている。今ふたたび、病気の概念は、医学と社会の境界を越えるようになった。十八世紀から十九世紀にかけて、結核と社会と患者の関係が流動的だったときも同じだった。そこで使われる用語は常に再検討され、変化し、新しい社会慣習と最新の医療情報に適応していた。

さまざまな病気の原因と経過の社会的分析は、十九世紀に起こった公衆衛生運動の重要な要素になり、階級の枠に沿った健康の解釈は、病気に関する論議の中心テーマであり続けた。十九世紀前半には、労働者階級の肺病は、姦淫やアルコール依存など、さまざまな悪徳の有害な影響によって起こると見なされていた。一方、上流・中流階級では、肺病は繊細な感受性と社会的な洗練の産物として描かれた。こういう階級による区別は、単なる物質的・社会的格差の結果ではなかった。それが定着したのはおそらく、上流階級の人は下層階級の人より洗練された神経系を持つともてはやされ、生理学的な相違があるという認識が生まれたからだ。特に上流・中流階級の女性は、生まれつきの虚弱体質のせいで肺病にかかりやすいとされた。この発想は、遺伝性の病気という考えともうまく合致した。肺病の特徴であり、上流階級の過敏な体質の特徴でもある繊細さは、子どもに受け継がれるはずだったからだ。十八世紀後半から十九世紀前半にかけて、遺伝的体質、環境、ライフスタイルによるさまざまな重圧は、結核に対処するうえでの中心テーマであり続けた。肺病と、上流・中流階級の人々が追求する洗練されたライフスタイルの関連性は、医師にも社会にも受け入れられた。多くの病気は〝文明〟の産物と考えられ、病気の概念はそういう社会的定義によって形づくられていた。

このような考えは、一七八〇年から一八五〇年にかけて、肺病を美とファッションに織り込むうえできわめて重要になった。福音主義とロマン主義もまた、結核の肯定的な描写を生み出すうえで大きな役割を果たした。ロマン主義のイデオロギーは、肺病と、社会の最も優秀で聡明な人々、患者たちのなかでも傑出しているように見える知的で繊細な人々との結びつきを強めた。結果として、肺病の進行と死を表すためのひとつの典型、つまり神の意志への服従という福音主義的な考えを、ロマン主義のイデオロギーでくるんだものがつくられていった。そこには、結核患者は神経衰弱と創造的な才能のせいで広い世間の荒波には耐えられないという見かたがあった。

一八三〇年代と一八四〇年代には、この病気の文化的な構造は、感傷主義の影響を受けてつくり直された。病気はしだいに女性患者の弱さと繊細さを示すひとつの機能と解釈され、性別によって病気に異なる意味が与えられるようになった。当時の生物理論では、女性には強すぎる感受性の作用が働くとされたことから、結核と女性を結びつけて考える医学文献が増え、そこに階級別のイデオロギーが混じり合った。ヴィクトリア朝初期には、感受性と、その資質に関連づけられた結核は、明らかに女性的なものになっていた。肺病が引き起こす症状のきびしい現実は、ロマン主義と感傷主義が謳う手直しされた現実にはうまく収まらなかった。結果として病気は、その破壊的な影響に立ち向かう努力のなかでもっともらしく解釈された。病気に適用されるロマン化された概念や感傷主義のレトリックは、上流・中流階級の英国人が、ほかにはほとんど制御しようのない人生の一面に秩序をもたらす方法を与えた。そういう概念やレトリックにとって許容できる行動を決め、医学と生理学を通じてそれらの機能を強化し、正当なものとするうえでも、しだいに女性が論議の中心になっていった。観察される生物学的差異は社会的な期待にまで及び、女らしさはある意味で、過剰な感受性の一機能と見なされた。その後、こういう生物学的な発想は、礼儀作法や感受性、身体的な繊細さの規範に形を変え、そのすべては女性を、病気の瀬戸際、暗に結核の瀬戸際でバランスを取っている者として描いた。

このような考えは、肺病を、美しさの印であるだけでなく、患者にその資質を与えることができる病気として描写し続けるために利用された。

十九世紀前半には、この病気によって美の理想が一般に浸透するとともに、結核は魅力的な美しい病気だという考えが優勢になった。美しさは、結核の遺伝的素因を示す明らかな兆候のひとつと考えられた。さらに、いったん病気にかかれば、さまざまな兆候が患者の魅力を増し、その効果は顔色や目、笑顔にさえはっきり見て取れると信じられていた。美しさの印とされたのは、細い体、ハクチョウのように長い首、瞳孔の広がった大きい目、たっぷりしたまつげ、白い歯、青ざめた顔色、それを引き立たせる青い静脈とバラ色の頬だった。感傷主義の概念が足がかりを得ると、美しさは女性の内面的な性格を映すものととらえられた。結果として結核は、美しさを与える力を通して患者の性格を再確認するものにもなった。しだいに美しさの獲得は、化粧に助けられた安っぽい模倣ではなく、女性にとって望ましいと考えられた資質（しとやかさ、無邪気さ、善良さ、愛情深さ、繊細さ）を養うことによって実現すると信じられるようになった。感傷主義的なレトリックの影響を受けて、化粧がひそかに行われ、化粧品による補助が避けられるようになると、自然に美を生み出す結核の役割から、その病気と肯定的な美がますます強く結びついた。肺病をめぐる文化的な期待は、文学や医学論文、ファッションと女性の役割の定義に関する作品ではっきり表現され、それらすべてでは、病気と美しさを結びつけ、結核が確かに魅力的なものであるという意識の共有を示す例であふれていた。

結核と女性の魅力との関係は、当時のファッションをめぐるレトリックと習慣のなかにも表れた。こういう考えが、美しさ、健康、女性の役割に対する態度に反映されただけでなく、衣装は実際に、美しさと病気の関係についての当時の概念を定義するうえで積極的な役割を果たした。衣装は世相を反映するだけでなく、病気の模倣に利用されたり、肺病の原因と考えられたりした。一七八〇年から一八五〇年にかけて、肺病はファッションをめぐる当時の論議に繰り返し現れ、女性のファッションが病気の原因と見なされる傾向があった。衣装がしなやかな新古典主義からきらびやかなロマン主義、やがて控えめな感傷主義スタイルへと移り変わっていくにつれ、ファッションが肺病の原因とされる理由も変化した。新古典主義ファッションの貧弱さは、イングランドの気候から着る者を守る役割には適さないと考えられた。湿気、冷気、さらには塵という形を取った環境が、新古典主義の衣装と相互作用して肺病を引き起こすとされた。気候とファッションへの懸念は、そのスタイルが廃れたあとも残った。ロマン主義スタイルへ移行すると、コルセットがファッションと病気をつなぐ鍵となり、その結びつきは、感傷主義スタイルへの移行でコルセットがきつくなるにつれて強まり続けた。

ファッションが病気の原因とされただけでなく、ファッションが病気の身体的兆候のいくつかをまねることもあった。スタイルによって程度の差はあるが、結核のなんらかの兆候を強調するか(たとえば新古典主義ファッションの翼のような背中)、病気のなんらかの症状を積極的にまねるか(たとえば感傷主義の装いに見られる猫背)のどちらかがよく見られた。一八五〇年代には、肺病患者の美しさとファッションの支配力は衰え始めた。女性をめぐる病気の解釈は、衛生改革の影響と、文学で用いられる病気のレトリックが堕落した女性の典型へと移行したことで変わっていった。

十九世紀後半には、下層階級の病気の解釈で優勢だった考えかた――結核は道徳と衛生の不足で起こり、不潔で過密な生活環境と労働条件によって悪化すると見なす考えかた――が影響力を増し、しだいに社会のあらゆる階層に適用されるようになった。結核に対するこのアプローチは、特に十九世紀半ばに公衆衛生への関心が高まったこともあって、徐々にこの病気の一般的なイメージになっていった。病因としての細菌説が導入され、ようやく受け入れられると、この衛生学モデルは、道徳的な含みとともに結核に対する唯一の解釈となり、病気は不快なものと見なされることになった。こうして健康は、生物学的退化に対する社会の懸念と恐怖が高まるなか、望ましい目標として認められたのだった。

訳者あとがき

結核という病気の名前なら、誰でも耳にしたことがあるだろう。日本では、ほとんどの人が子どものころに予防接種（ＢＣＧワクチン）を受ける。そのおかげもあって、結核が日本の死亡原因の第一位だったのは遠い昔のことになり、多くの人にとっては過去の病気というイメージが強いかもしれない。

結核とは、結核菌によって起こる感染症だ。患者の咳やくしゃみを通じて空気感染するが、感染しても実際に発病する人は五〜十五パーセントといわれている。潜伏期間が数カ月から二年近くと長いことが多く、進行もたいていはゆっくりで、数年から数十年かかることもある。全身の部位を冒す病気だが、患者の八割を占めるのは肺結核だ。発病すると、初期には咳、痰、発熱など、風邪のような症状が長く続き、やがて寝汗、体重減少などの症状が現れ、そのまま放置すれば胸の痛みや喀血《かっけつ》を起こし、最終的には呼吸困難で死亡することになる。現代では早期に抗菌薬で適切に治療すれば治る病気だが、複数の薬に耐性を持つ厄介な結核菌が出現したこともあって、二十一世紀の今も、結核は世界の十大死因のひとつになっている。世界保健機関の報告によると、二〇一九年には、世界でおよそ一千万人が結核にかかり、百四十万人が死亡した。全症例の九割近くは結核の脅威が高い三十カ国で発生しているものの、日本でも年間一万四千人以上が発病し、およそ二千人が死亡している。決して過去の病気ではないのだ。

そんな恐ろしい結核という病が、かつて天才や美貌の証《あかし》と考えられ、この病気でロマンティックな死を迎えたいと多くの人が憧れたのはなぜなのだろう？

本書は、十八世紀後半から十九世紀半ばのヴィクトリア朝初期にかけて、不可解な魅力を持つ結核という病気が、英国の社会と文化、そしてファッションにまで及ぼした影響を、おもに上流・中流階級に焦点を絞って追いかけた作品だ。当時の文献から豊富な事例を引用し、医師、医療ライター、ファッションライター、そして不運にもこの病気にかかってしまった患者とその家族が、結核にどう向き合い、どのように対処したのかをていねいに探っていく。記録や証言をひとつひとつ積み重ねることで、当時の社会の雰囲気、専門家の見解、人々の考えや感情を、くっきりと浮かび上がらせている。図版もたっぷり掲載され、当時の貴重な資料を目で確かめられるのがうれしい。

著者のキャロリン・A・デイは、ファーマン大学の准教授で、英国史と医学史を教えている。ルイジアナ州立大学で歴史学の学士号と微生物学の学士号を取得し、当初は微生物研究の道へ進むつもりだったが、やがて科学と歴史の結びつきに興味をいだくようになり、ケンブリッジ大学で科学・医学史および哲学の修士号を、テュレーン大学で英国史の博士号を取得した。現在は、新たにふたつの出版企画に取り組んでいるところだという。ひとつめは十八世紀の精神と肉体の関係と、病気が非難や復讐のメカニズムとして利用されていた状況を調査するマイクロヒストリー。ふたつめは十八世紀後半から十九世紀前半の病人の経験を、本人や家族、主治医の視点から探るプロジェクトだそうだ。

一八八二年にドイツの細菌学者ロベルト・コッホが結核菌を発見するまで、結核は原因のはっきりしない不治の病だった。英国では、十七世紀後半から流行し始め、十九世紀半ばにピークに達した。今も根絶にはほど遠い結核の診断と治療が、当時の医師にとってどんなにむずかしかったかは、想像にかたくない。患者に濃厚接触しても全員が感染して発病するわけではないから、感染症であるという考えはなかなか浸透せず、多くの医師は「体質」や「遺伝」に原因があると考えた。ロマン主義時代と呼ばれる一八二〇年代から一八三〇年代にかけては、芸術的才能を持つ知的で繊細な人たちが結核にかかりやすいとされた。ところが感傷主義時代と呼ばれる一八三〇年代後半から一八五〇年代になると、その対象は、感受性が強くなよやかな女性たち、いわゆる美貌の持ち主へと変わった。美しい人が結核にかかりやすいだけでなく、平凡な顔立ちの人も発病すれば美しくなるとまでいわれた。ほっそりした体、透き通るように白い肌、少し赤らんだ頰と唇、瞳孔の広がった大きな目。女性たちは結核患者の容貌に憧れて、それをまねたファッションに身を包み、顔を白く塗って、危険な点眼薬で瞳孔を大きくし、おぼつかない足取りで歩いていたという。

当時もてはやされた結核患者の美しさは、現代の〝美人〟の基準にもかなり当てはまる部分がある。もちろん二十一世紀の今では、もっと多様な美しさにも目が向けられるようになってきたが、あの時代の影響がかなり色濃く残っていることを思い知らされる。日本にも〝佳人薄命〟という言葉があり、色白で病弱な女性が美しいとされていたのはそれほど昔のことでもない。

世の中に蔓延し、人々の生活を変え、命を奪う病気が、社会や文化やファッションに大きな影響を与えるのも、考えてみれば当然かもしれない。新型コロナウイルスが世界で猛威をふるっている今ほど、それが実感できる時代もないだろう。渦中の今、すでに見て取れる変化もあるし、二百年たって初めて理解できることもあるはずだ。現代のわたしたちにとっては、十九世紀の人々の考えや行動の多くが的外れに思えるが、これから二百年後の人たちにとっては、二十一世紀の人々もやはり的外れに見えるのかもしれない。それでも、今持てる科学技術と知識を結集して、試行錯誤しながら少しでもよい方向へ進んでいけると信じたい。十九世紀の人々がそうしたのと同じように。

桐谷知未

二〇二一年一月

原注

序章

1. Hugh Belsey, Gainsborough's Beautiful Mrs. Graham (Edinburgh: National Gallery of Scotland, 2003), 27.
2. Belsey, Gainsborough's Beautiful Mrs. Graham, 31–32, 35; E. Maxtone Graham, The Beautiful Mrs. Graham and the Cathcart Circle (London: Nisbet & Co. Ltd, 1927), 248–249.
3. Lynedoch MS. 3591, National Library of Scotland.
4. Belsey, Gainsborough's Beautiful Mrs. Graham, 32, 35.
5. Belsey, Gainsborough's Beautiful Mrs. Graham, 43.
6. Graham, The Beautiful Mrs. Graham, 128; Belsey, Gainsborough's Beautiful Mrs. Graham, 281–282.
7. Graham, The Beautiful Mrs. Graham, 284.
8. Wednesday June 20, 1792, Lynedoch MS 16046, National Library of Scotland.
9. Tuesday June 26, 1792, Lynedoch MS 16046, National Library of Scotland.
10. Tuesday July 17, 1792, Lynedoch MS 16046, National Library of Scotland.
11. Belsey, Gainsborough's Beautiful Mrs. Graham, 46.
12. ドレスは個人の所有で見ることはできないが、ヒュー・ベルジーはこう述べている。「この簡素なドレスは、トマス・グレアムが1843年に自らの死を迎えるまで、メアリー・グレアムの大切な形見として保管され、以来ずっと家族のもとにある。ドレスのスタイルと丈から、メアリーが（中略）とても痩せていて、肺結核で消耗していくにつれて骨と皮ばかりになっていたことがうかがえる」Belsey, Gainsborough's Beautiful Mrs. Graham, 42.
13. Donald L. Spieglburg, ed., New Topics in Tuberculosis Research (New York: Nova Science Publishers, Inc., 2007), 3.
14. C. Herzlich and Janine Pierret, Illness and Self in Society (Baltimore: The Johns Hopkins University Press, 1982), xi.
15. Herzlich and Pierret, Illness and Self in Society, xi.
16. Susan Sontag, Illness as Metaphor and Aids and Its Metaphors (New York: Doubleday, 1990), 28–32; Clark Lawlor, Consumption and Literature: The Making of the Romantic Disease (New York: Palgrave Macmillan, 2006), 3.
17. Arthur Caplan, " The Concept of Health, Illness and Disease," Companion Encyclopedia of the History of Medicine, Vol. 1 (London: Routledge, 2001), 240–241. フーコーにとって、文明の不自然さは健康を損ない、病気の発生を増すと同時に、アイデンティティーを変容させるものだった。フーコーはこう主張した。「社会的地位が上がるにつれ、また社会のネットワークが個人に対する締めつけを強くするにつれ、健康は徐々に損なわれていくようだ」Michel Foucault, The Birth of the Clinic: An Archaeology of Medical Perception (New York: V intage Books, 1994), 16–17.
18. Rene Dubos and Jean Dubos, The White

Plague: Tuberculosis, Man, and Society (New Brunswick: Rutgers University Press, 1987), 3.
19. Selman A. Waksman, The Conquest of Tuberculosis (Berkeley: University of California Press, 1964), 8.
20. Henry C. Deshon, Cold and Consumption (London: Henry Renshaw, 1847), 31.
21. Waksman, The Conquest of Tuberculosis, 8.
22. Henry Ancell, A Treatise on Tuberculosis (London: Longman, Brown, Green & Longmans, 1852), xxiv.
23. Thomas Dormandy, The White Death: A History of Tuberculosis (London: Hambledon and London Ltd., 1998), 9.
24. 特にルネ＆ジャン・デュボスの『白い疫病(The White Plague)』(1952) は、19世紀後半に死亡率の低下が見られたのはイングランドの公衆衛生対策と衛生改革が要因であると論じた。『白い疫病』が、現在もこのテーマを扱った最も影響力のある作品のひとつなのは、単に科学の進歩を列挙するのではなく、結核を社会的な文脈のなかに置き、おもに貧困と病気との関連に焦点を当てたからでもある。トマス・マキューンの『現代の人口増加（The Modern Rise of Population)』(ロンドン：エドワード・アーノルド、1976) は、結核の死亡率が低下したのは、イングランドの栄養水準が向上したからだと論じた。マキューンの主張は現在も激しい議論の的になっていて、その妥当性と、それが基盤とする経験的証拠が継続的に再検討されている。たとえば、サイモン・スレーターは、衛生政策が英国の死亡率低下に重要な役割を果たしたというデュボスの主張に同意している。スレーターはマキューンの証拠を慎重に評価したうえで、こう述べた。「戸籍本署長官が集めマキューンが分析した疫学の証拠では、実のところ1867年以降になるまで、呼吸器結核の国内発生率は明確な低下を示していなかった」Simon Szreter, Health and Wealth: Studies in History and Policy (Rochester: University of Rochester Press, 2007), 113. 死亡率に関する議論の詳細については以下も参照。 Anne Hardy, “Diagnosis, Death, and Diet: The Case of London, 1750–1909, ” The Journal of Interdisciplinary History, Vol. 18, No. 3 (1988) ; Andrea Rusnock, Vital Accounts: Quantifying Health and Population in Eighteenth-Century England and France; Graham Mooney and Simon Szretzer “ Urbanization, mortality and the Standard of Living Debate: new estimates of the expectation of life at birth in nineteenth- century British Cities, ” Economic History Review, XL (1998), 84–112. E. A. Wrigley and R. S. Schofiled, The Population History of England 1541–1871 (Cambridge: Harvard University Press, 1981) ; Anne Hardy, The Epidemic Streets: Infectious Disease and the Rise of Preventative Medicine, 1856–1900 (Oxford: Clarendon Press, 1993).
25. たとえば、次のような本がある。 Sheila M. Rothman's Living in the Shadow of Death: Tuberculosis and the Social Experience of Illness in American History (1994), Katherine Ott's Fevered Lives: Tuberculosis in American Culture since 1870 (1996), Barbara Bates's Bargaining for Life: a Social History of Tuberculosis 1876–1938 (1994), and Georgina D. Feldberg's Disease and Class: Tuberculosis and the Shaping of Modern North American Society (1995).
26. “ Tuberculosis into the 2010s: Is the Glass Half Full? ” Contagious and Infectious Diseases (2009: 49, 574–583), 574.
27. XDR－TB（広範囲薬剤耐性結核）は、「少なくともイソニアジドとリファンピン——どちらも結核の第一選択薬で、MDR－TB（多剤

耐性結核）と定義されるものが耐性を持つ——に対する耐性、さらにフルオロキノロン系のいずれかに対する耐性、および少なくとも一種の第二選択の注射剤（アミカシン、カプレオマイシン、またはカナマイシン）に対する耐性を持つ細菌が引き起こす病気」と定義される。これが基本的な定義ではあるが、多くのＸＤＲ－ＴＢ菌株は他のほとんどの第二選択薬に耐性があるので、治療できない。“Extensively Drug-Resistant Tuberculosis: Are We Learning from History or Repeating it?” Contagious and Infectious Diseases (2007: 45, 338–342), 338.

28. “ The Challenge of New Drug Discovery for Tuberculosis,” Nature, Vol. 469 (January 2011, pp. 483–490), 483–484.

29. “ Extensively Drug-Resistant Tuberculosis: Are We Learning from History or Repeating it?” Contagious and Infectious Diseases (2007: 45, 338–342), 338.

30. “ The Challenge of New Drug Discovery for Tuberculosis,” Nature, Vol. 469 (January 2011, pps 483–490), 484.

31. たとえば、以下を参照。 Lee B. Reichman and Janice Hopkins Tanne, T imebomb: the global epidemic of multi-drug resistant tuberculosis (New York: McGraw-Hill Professional, 2002) ; Matthew Gandy and Alimuddin Zuml, The Return of the White Plague: G lobal poverty and the ‘new’ tuberculosis (London: Verso, 2003) ; and Flurrin Condrau and Michael Worboys, Tuberculosis Then and Now: P erspectives on the History of an Infectious Disease (Montreal and Kingston: McGill-Queen's University Press, 2010).

第１章

III

1. Gideon Harvey, Morbus Anglicus: or the Anatomy of Consumptions, 2nd edn. (London: Printed by Thomas Johnson for Nathanael Brook, 1674), 2.

2. Lawlor, C onsumption and Literature, 19.

3. Mark Caldwell, The Last Crusade: The War on Consumption, 1862–1954 (New York: Athenaeum, 1988), 9.

4. F. B. Smith, The Retreat of Tuberculosis 1850–1950 (London: Croom Helm, 1988), 4.

5. William Black, A Comparative View of the Mortality of the Human Species (London: C. Dilly, 1788), 170, 183.

6. John G. Mansford, A n Inquiry into the Infl uence of Situation on Pulmonary Consumption (London: Longman, Hurst, Rees, Orme and Brown, 1818), 67.

7. Dubos and Dubos, The White Plague, 9.

8. Herzlich and Pierret, Illness and Self in Society, 24.

9 . John M. Eyler, “ Farr, William (1807–1883).” in Oxford Dictionary of National Biography, ed. H. C.G. Matthew and Brian Harrison (Oxford: OUP, 2004), http://www.oxforddnb.com/view/article/9185 [accessed June 5, 2008]; George Smith, The Dictionary of National Biography, Vol. VI (London: Oxford University Press, 1964), 1090.

10. Henry Gilbert, Pulmonary Consumption: Its Prevention & Cure Established on the New Views of the Pathology of the Disease (London: Henry Renshaw, 1842), 6.

11. Henry Gilbert, P ulmonary Consumption, 4–5.

12. Herzlich and Pierret, Illness and Self in Society, 24.

13. Quoted in Waksman, The Conquest of

Tuberculosis, 20.

14. Stanley Joel Reiser, " The Science of Diagnosis: Diagnostic Technology," In Companion Encyclopedia of the History of Medicine, ed. W. F. Bynum and Roy Porter, Vol. 2 (London: Routledge, 2001), 826–827.

15. Lindsay Granshaw, " The Hospital," In Companion Encyclopedia of the History of Medicine, ed. W. F. Bynum and Roy Porter, Vol. 2 (London: Routledge, 2001), 1187.

16. Roy Porter, The Greatest Benefit to Mankind, 307.

17. レオポルド・アウエンブルッガー（1722-1809）が、胸を軽くたたいて聞こえる音を細かく記録する打診法を発見したことで、生体の内部をのぞく手段が得られ、まったく新しい問診の道が開かれた。しかし彼の著書と技術は、ジャン・ニコラ・コルヴィザール（1755-1821）が翻訳して普及させるまで、世に埋もれていた。Lyle S. Cummins, Tuberculosis in History From the 17th Century to our own Times (London: Baillière, Tindall and Cox, 1949), 94–96, 100–102.

18. ラエンネックを始めとする聴診器の愛用者たちは、呼吸音の正常と異常を聴き分けることで、さまざまな病気を見つけることができた。Roy Porter, The Greatest Benefit to Mankind, 307–309.

19. Cummins, Tuberculosis in History From the 17th Century to our own Times, 121.

20. Porter, The Greatest Benefit to Mankind, 311.

21. John Hastings, Pulmonary Consumption, Successfully Treated with Naphtha (London: John Churchill, 1843), 4.

22. Porter, The Greatest Benefit to Mankind, 311.

23. Barrow, Researches on Pulmonary Phthisis, From the French of G.H. Bayle, 3–4.

24. ガブリエル・アンドラル (1797-1876) はフランスの医師で、肺病の変化の化膿性、炎症性、および"分泌性"を強調した。
Porter, The Greatest Benefit to Mankind, 337, and Anton Sebastian, A Dictionary of the History of Medicine (New York: The Partheno Publishing Group, Inc., 1999), 47.

25. ピエール=シャルル・アレクサンドル・ルイ (1787-1872) はパリの医師で、結核とチフスを専門としていた。Porter, The Greatest Benefit to Mankind, 337; Anton Sebastian, A Dictionary of the History of Medicine, 47; John Galbraith Simmons, Doctors & Discoveries: Lives that Created Today's Medicine from Hippocrates to the Present (Boston: Houghton Mifflin Company, 2002), 75.

26. カーズウェル (1793-1857) は、ジョン・トムソン教授のもとで働きながらグラスゴー大学で医学を研究し、フランスで情報を集めて、トムソンが開発中だった病理解剖学の講座のために数々の発見を図解した。英国に戻ったカーズウェルは、1828年にフランスに先立ってロンドン大学に創設された病理解剖学科の学科長に就任した。しかしその地位はほどなく、もっと確立された分野の実用的で標準的な解剖学に追いやられてしまった。カーズウェルは支えをなくして失望し、生計を立てるのも困難になって、その地位を退いた。Andrew Hull, " Carswell, Sir Robert (1793–1857)," in Oxford Dictionary of National Biography, ed. H. C. G. Matthew and Brian Harrison (Oxford:OUP, 2004), http://www.oxforddnb.com/view/article/4778 [accessed June 5, 2008]; Edward K. Hass, " Morbid Appearances: The Anatomy of Pathology in the Early 19th century, "Journal of Interdisciplinary History, Vol. 20, No. 1(Summer 1989), 139.

27. 病気の局所的なありかたを調べることで個々

の組織や器官の病巣を特定しつつ、より一般的な病理学的変化、体系的変化、総体的症状を考慮に入れた。

28. Robert Hull, A Few Suggestions on Consumption (London: Churchill, 1849), 2.

29. かつて王が触れると治るとされた瘰癧《るいれき》は、リンパ節の炎症を特徴とする肺外結核の一形態であり、首や、他の部位の皮膚下に結節による不格好な腫れを伴った。瘰癧は、持続的で大きな腫れのせいで、皮膚に潰瘍を生じることが多かった。

30. Dubos and Dubos, The White Plague, 74.

31. James Sanders, Treatise on Pulmonary Consumption (London: Longman, Hurst, Rees, and Orme, 1808), v.

32. Henry M'Cormac, On the Nature, Treatment and Prevention of Pulmonary Consumption (London:Longman, Brown, Green and Longmans, and J. Churchill, 1855), 1.

第2章

1. 肺病が伝染病であるという考えは昔からあり、ガレノスは接触伝染する不治の病と考えていた。1546年、フィレンツェの医師ジローラモ・フラカストロは接触伝染の性質を体系的に論じ、接触伝染性の肺痨（感染者と接触することで発症する）と自発性の肺痨《はいろう》（一種の外傷性のイベントによって発症する）を区別した。

Waksman, The Conquest of Tuberculosis, 50.

17世紀のヨーロッパ南部では、接触伝染は広く認められた肺病の学説の一部となり、18世紀までには定着していたので、モルガーニを始めとするイタリアの医師や解剖学者は病気がうつることを恐れ、肺痨で死亡した人の遺体の解剖を避けた。Dubos and Dubos, The White Plague, 29.

2. Dubos and Dubos, The White Plague, 28.

3. Harvey, Morbus Anglicus, 2–3.

4. Harvey, Morbus Anglicus, 3.

5. Dubos and Dubos, The White Plague, 33.

6. イングランドは、気候が似ていたせいもあって北欧の例にならう傾向があった。

7. Ancell, A Treatise on Tuberculosis, 481.

8. Porter, The Greatest Benefit to Mankind, 440.

9. John Reid, A Treatise on the Origin, Progress, Prevention, and Treatment of Consumption (London: R. Taylor & Co., 1806), 160–161.

10. Robert C. Olby, " Constitutional and Hereditary Disorders," In Companion Encyclopedia of the History of Medicine, ed. W. F. Bynum and Roy Porter, Vol. 1 (London: Routledge, 2001), 413.

11. キャサリン・ウォルポール（1703-1722）は19歳のとき肺病で亡くなり、ジョージ・ジェームズ・マルパス卿（のちのチャムレー伯爵）の妻メアリー・マルパス子爵夫人（1706-1732ごろ）は26歳のとき肺病で死亡した。

12. Peter Cunningham, ed., The Letters of Horace Walpole, Fourth Earl of Orford, Vol.1(Edinburgh: John Grant, 1906), xcix.

13. James Clark, A Treatise on Pulmonary Consumption (London: Sherwood, Gilbert and Piper, 1835), 2.

14. Waller, " The Illusion of an Explanation," 436.

15. Waller, " The Illusion of an Explanation," 443–444.

16. Thomas Reid, An Essay on the Nature and Cure of Phthisis Pulmonalis (London: T. Cadell, 1782), 2–3.

17. Dubos and Dubos, The White Plague, 36–38.

18. Charlotte Brontë to W. S. Williams, January 18, 1849, in Clement Shorter, The Brontës: Life and Letters, Vol. II (London: Hodder and

Stoughton, 1908), 21.

19. August 18, [1836], In Emily Shore, Journal of Emily Shore, ed. Barbara Timm Gates (Charlottesville: University Press of Virginia, 1991), 146.

20. Dubos and Dubos, The White Plague, 42.

21. J. J. Furnivall, On the Successful Treatment of Consumptive Disorders (London: Whittaker & Co., 1835), 11.

22. M'Cormac, On the Nature, Treatment and Prevention of Pulmonary Consumption, 14.

23. Thomas Bartlett, Consumption: Its Causes, Prevention and Cure (London: Hippolyte Baillie-re, 1855), 12.

24. Waller, " The Illusion of an Explanation," 421–422.

25. アーウィン・アッカークネヒトは、遺伝的体質というアプローチが人気を博したのは、結核や痛風、リウマチなどの全身性の広範囲にわたる病気を、病理解剖学的アプローチでは説明しきれなかったからだと論じた。

Olby, "Constitutional and Hereditary Disorders," 414.

ジョン・C・ウォラーはアッカークネヒトの主張を不十分だとして異議を唱え、チャールズ・ローゼンバーグに同調して、遺伝病という概念は「不治の病という概念と、なかなか変わらない個人の体質という古い概念とのあいだにつくり出されたつながりの副産物」だったと論じた。ウォラーはこの概念的なつながりを、医療界がさまざまな重い慢性病と向き合ったときの無力を説明しようと努めた結果だと考えた。 Waller, " The Illusion of an Explanation," 414.

26. John Murray, A Treatise on Pulmonary Consumption its Prevention and Remedy (London: Whittaker, Treacher, and Arnot, 1830), 7.

27. Dubos and Dubos, The White Plague, xix.

28. Quoted in Waller, " The Illusion of an Explanation," 442.

29. Olby, "Constitutional and Hereditary Disorders," 413–414.

30. Clark, A Treatise on Pulmonary Consumption, 220–221.

31. The Lancet, Vol. XI, No. 183 (London, Saturday, March 3, 1827), 696.

32. James Sanders, Treatise on Pulmonary Consumption (London: Longman, Hurst, Rees, and Orme, 1808), 65.

33. " Domestic Occurrences," The Gentleman's Magazine and Historical Chronicle, Volume C, Part II (London: J. B. Nichols and Son, 1830), 461.

34. S. Hooll to Arthur Young on the death of his daughter Martha Ann (Bobbin) from consumption. In S. Hooll to Arthur Young, August 1797, Add 35127, folio 424, The British Library Department of Manuscripts, London, UK.

35. Black, A Comparative View of the Mortality of the Human Species, 176.

36. George Bodington, A n Essay on the Treatment and Cure of Pulmonary Consumption (London: Orme, Brown, Green & Longmans, 1840), 1–2.

37. The Magazine of Domestic Economy, Vol. 6 (London: W. S. Orr & Co., 1841), 111.

38. Waksman, The Conquest of Tuberculosis, 56.

39. James Carmichael Smyth, An Account of the Eff ects of Swinging Employed as a Remedy in the Pulmonary Consumption and Hectic Fever (London: J. Johnson, 1787), 17 & 19.

40. Smyth, An Account of the Effects of Swinging, 20.

41. Sunday December 9, [1838], In Emily Shore, Journal of Emily Shore, 290.

42. Dubos and Dubos, The White Plague, 43. 陽の

降り注ぐ温暖な気候という指示は、プリニウスやガレノスの時代までさかのぼることができ、19世紀半ばになっても最も役立つ一般的な忠告であり続けた。

43. King George III to Lord Eldon, February 8, 1803, Eldon Family Papers, Add MS 82581, British Library Department of Manuscripts, London, UK.

44. John Armstrong, Practical Illustrations of the Scarlet Fever, Measles, Pulmonary Consumption and Chronic Diseases (London: Baldwin, Cradock, and Joy, 1818), 289–290.

45. Travel Diary of Emma Wilson (1828), UPC 158, 641x9, Norfolk Record Office, UK.

46. クラークは、ヴィクトリア女王とアルバート公の医師で友人でもあり、フローレンス・ナイチンゲールに女王の関心を向けさせる役目も果たした。 R. A. L. Agnew, " Clark, Sir James, first baronet (1788–1870)," in Oxford Dictionary of National Biography, ed. H. C. G. Matthew and Brian Harrison (Oxford:OUP, 2004), http://www.oxforddnb.com/view/article/5463 [accessed June 22, 2006] ; Helen Bynum, Spitting Blood: The History of Tuberculosis (Oxford: Oxford University Press, 2012), 82–83.

47. William Munk, The Roll of the Royal College of Physicians of London, Vol. III (London: Published by the College Pall Mall East, 1878), 224–225.

48. Dubos and Dubos, The White Plague, 143–144; Bynum, Spitting Blood, 82–83.

49. Dubos and Dubos, The White Plague, 134 & 139.

50. The London Medical Gazette, Vol. III (London: Longman, Rees, Orme, Brown, and Green,1829), 696.

51. " Tubercular Consumption," The Lancet, Vol. II (London: 1832), 423–424.

52. Dormandy, The White Death, 46.

53. 吸角法とは、皮膚表面から病原菌や他の根深い毒素を吸い上げるため、皮膚を小さく削いでから、先に温めておいたやや縁がすぼまったガラスのカップを切開部に当てる処置のことだ。ガラスが冷えると空気が圧縮されて真空が生まれ、それが膿やなんらかの壊死組織、その他の毒素を患者の体から吸い出すとされた。

54. タラ肝油は、衰弱した体の回復に用いる主要な治療薬になっていたので、味は悪かったが肺病の症例でもよく使われた。タラ肝油の有益な効果を調べる臨床試験は、ブロンプトンの肺病病院で、C・J・ブレージアス・ウィリアムズ医師とサー・ピーター・ローズによって行われた。Christopher F. Lindsey, " Williams, Charles James Blasius (1805–1889)," in Oxford Dictionary of National Biography, ed. H. C. G. Matthew and Brian Harrison (Oxford: OUP, 2004), http://www.oxforddnb.com/view/article/29489 [accessed September 18, 2008].

55. アン・ブロンテは、肺病の治療として日常的にタラ肝油を服用していた。シャーロット・ブロンテは、妹の治療計画についてこう書いている。「ホイールハウス氏が、また発泡薬を塗るように命じました（中略）妹は少し青ざめて弱々しく見えます。タラ肝油を一服飲ませました。鯨油のようなにおいと味がします」 5日後にはこう述べている。「妹はタラ肝油と炭酸鉄を欠かさず服用しています。どちらにも吐き気を覚えるようですが、特に肝油を嫌っています」Charlotte Brontë to Ellen Nussey, January 10, 1849 and January 15, 1849, in Shorter, The Brontës, 18.

56. Sir Alexander Crichton, Practical Observations On the Treatment and Cure of Several Varieties of Pulmonary Consumption (London: Lloyd and Son, 1823), 5.

57. Smith, The Retreat of Tuberculosis 1850–1950, 45.
58. John Baron, An Enquiry Illustrating the Nature of Tuberculated Accretions of Serous Membranes (London: Longman, Hurst, Rees, Orme, and Brown, 1819), 18.
59. Elizabeth Lomax,"Heredity or Acquired Disease? Early Nineteenth Century Debates on the Cause of Infantile Scrofula and Tuber-culosis," Journal of the History of Medicine and Allied Sciences 32:4 (October 1977), 374.

第3章

1. Thomas Bartlett, Consumption: Its Causes, Prevention and Cure, 2–3.
2. Clark Lawlor and Akihito Suzuki, "The Disease of the Self: Representing Consumption, 1700–1830," Bulletin of the History of Medicine (Vol. 74, No. 3, Fall 2000), 476.
3. 1818年、ジョン・マンスフォードは、都市生活に伴ういくつかの問題を取り上げた。「肺病の原因のひとつに（中略）埃まみれの空気を吸っていることがある。居住地の選択においてこの問題はきわめて重要だとわたしは考えるので、いくつか忠告せずにはいられない。大都市や公道のそばに住む人々は、乾燥した温暖な気候のなかできれいな空気を吸うことは決してできないだろう。通行する群衆が絶え間なく巻き上げるもうもたる埃は（中略）単なる迷惑にとどまらない何かの原因になる。このように汚れた空気は（中略）、肺の炎症やそれに続く病気の大きな原因になるとわたしは確信している」Mansford, An Inquiry into the Influence of Situation on Pulmonary Consumption, 54–55.
4. Engels, The Condition of the Working-Class in England in 1844, translated by Florence Kelley Wischnewetzky (London:George Allen & Unwin, Ltd., 1892), 98–99.
5. 公共の肺臓とは、ロンドンの公園のことだ。この記事は、病気を減らすために清潔で広々とした空間が必要だと訴えた。" The Lungs of London," Blackwood's Edinburgh Magazine, Vol. XLVI, (London: T. Cadell, 1839), 213.
6. Hull, A Few Suggestions on Consumption, 52.
7. Beddoes, Essay on the Causes, Early Signs, and Prevention of Pulmonary Consumption, 6.
8. 1842年、ヘンリー・ギルバートは実際に、労働者階級のあいだで結核が増加していることを否定した。「わたしの知るかぎりでは、肺病の部分的な増加はおもに上流階級、特に女性のあいだで起こっている一方で、下層階級では頻度が減っているように見受けられる。これはおそらく、人口の大きな割合を占める労働者層と貧困層が享受するようになった快適な暮らしを考慮に入れることで説明できるだろう。一方で富裕層は、時代の病的な空想に熱中し、ますます有害で不自然なぜいたくにふけって、徐々に病気の傾向を生み出している。こんな病気など聞いたこともないという国もある。洗練された芸術や文化生活のぜいたくな習慣が、まだ足がかりを得ていない場所だ」Gilbert, Pulmonary Consumption, 22.
9. Hull, A Few Suggestions on Consumption, 53.
10. Beddoes, Essay on the Causes, Early Signs, and Prevention of Pulmonary Consumption, 125.
11. Beddoes, Essay on the Causes, Early Signs, and Prevention of Pulmonary Consumption, 64.
12. Dubos and Dubos, The White Plague, 197–198.
13. Charles Turner Thackrah, The Effects of Arts, Trades, and Professions, and of Civic States and Habits of Living, on Health and Longevity, 2nd edn. (London: Longman, Rees, Orme, Brown,

Green, and Longman, 1832), 6.

14. これは、国王ジョージ3世が病気から回復したことを祝って、トーリー党員のたまり場であるクラブ〈ホワイツ〉が主催した有料舞踏会のひとつだった。

15. リデル嬢は、レイヴンズワース城の第5代准男爵ヘンリー・ジョージ・リデル(1749-1791)の娘。マシュー・ベイリー(1761-1823)は、胸部および腹部医学を専門とする医師で、『人体の最も重要な部分における病理解剖学(The Morbid Anatomy of Some of the Most Important Parts of the Human Body)』(1795)を出版した。1799年には、個人診療があまりにも多くなったので、教師を辞めてセントジョージ病院を去り、医業に専念した。ジョージ3世の娘アミーリア王女が肺病の末期にあるとき診察した医師のひとりで、王女の死後、王の特別任用医となった。

16. Hester Lynch Piozzi to Anna Maria Pemberton, June 1814, In Edward A. Bloom and Lillian D. Bloom, ed., The Piozzi Letters: Correspondence of Hester Lynch Piozzi, 1748–1821 (formerly Mrs. Th rale), Vol. 5 1811–1816 (Cranbury, NJ:Associated University Presses, 1999), 278.

17. By a Physician, The Manual for Invalids, 2nd edn. (London: Edward Bull, 1829), 194.

18. " Cure of Phthisis Pulmonalis by Sugar of Lead combined with Opium and Cold Water, " The Medical Times, Vol. XII(London: J. Angerstein Carfrae, 1845), 142.

19. Lawlor, Consumption and Literature, 19.

20. Roy Porter, " Diseases of Civilization," in Companion Encyclopedia of the History of Medicine, eds W. F. Bynum and Roy Porter, Vol. 1 (London: Routledge, 2001), 591.

21. Roy Porter, The Greatest Benefi t to Mankind, 311; Dubos and Dubos, The White Plague, 127.

22. Barnes, The Making of a Social Disease, 29.

23. ロバート・ハルは、1849年に情熱の役割についてこう述べた。「結節の沈着はそういうもの[精神的な情熱]に驚くほど影響される。明るい気持ち、喜び、希望は、結節の沈着を防ぐ、あるいはおそらく取り除くだろう。暗い気分、不安、失望は、急速で致命的な病気につながる。"望みのない恋に破れた"若い女性の履歴は、結節による衰弱の症例を無数に生み出し(中略)憂うつは肺痨を引き起こす」Hull, A Few Suggestions on Consumption, 51.

24. Lawlor, Consumption and Literature, 52.

25. 17世紀から18世紀にかけて神経系の仮説を唱えた著名な人々のなかには、トマス・ウィリス、アルブレヒト・フォン・ハラー、ロバート・ホイット、ウィリアム・カレン、アレクサンダー・モンロー2世、ジョン・ブラウンなどがいる。神経に関する議論と仮説の影響の詳細については以下を参照。George S. Rousseau, "Nerves, Spirits, and Fibres: Towards Defining the Origins of Sensibility," Studies in the Eighteenth Century, R. F. Brissenden and J. C. Eade, eds (Toronto: University of Toronto Press, 1976); Clark Lawlor, "It is a Path I Have Prayed to Follow," in Romanticism and Pleasure,Thomas H. Schmid and Michelle Faubert, eds (New York: Palgrave Macmillan, 2010).

26. ウィリアム・カレンはエディンバラ医学校のたいへんな有力者で、『医業の最前線(First Lines of the Practice of Physic)』を出版した。W. F. Bynum, "Nosology," in the Companion Encyclopedia of the History of Medicine, edited by W. F. Bynum and Roy Porter, Volume 1, pages 346–347 (London: Routledge, 2001), 346. Elmer, The Healing Arts, 167, 189; Roy Porter, ed., The Cambridge Illustrated History of Medicine (Cambridge: Cambridge University Press, 1996),

165.

27. Elmer, The Healing Arts, 189.

28. Bynum, “Nosology,” 346–347.

29. Bynum, “Nosology,” 347.

30. Porter, ed., The Cambridge Illustrated History of Medicine, 166.

31. From Dr. John Brown's Table of Excitement and Excitability, reproduced in John Rutherford Russell, The History and Heroes of the Art of Medicine (London: John Murray, 1861), 342–343.

32. Bynum, “Nosology,” 347.

33. 感受性についての文献は山ほどあるが、すばらしい道標となる本を何冊か挙げておく。G. J. Barker-Benfield, The Culture of Sensibility: Sex and Society in Eighteenth-Century Britain (Chicago: University of Chicago Press, 1992); Paul Goring, The Rhetoric of Sensibility in Eighteenth-Century Culture (Cambridge: Cambridge University Press, 2005);John Dwyer, Virtuous Discourse: Sensibility and Community in Late Eighteenth-Century Scotland (dinburgh: John Donald Publishers, Ltd., 1987); John Mullan, Sentiment and Sociability: The Language of Feeling in the Eighteenth Century (Oxford: Oxford University Press, 1990); Markman Ellis, The Politics of Sensibility: Race, Gender and Commerce in the Sentimental Novel(Cambridge: Cambridge University Press, 2004); Chris Jones, Radical Sensibility: Literature and Ideas in the 1790s(London: Routledge, 1993); and Ann Jessie Van Sant, E ighteenth-Century Sensibility and the Novel: The Senses in Social Context (Cambridge: Cambridge University Press, 2004).

34. たとえば、ポール・ゴーリングは、小説がどのように「弱さの身体表現を含む感情の言語の身体表現を助長したか」を調査した。Goring, Rhetoric of Sensibility, 14.

35. See Dana Rabin, Identity, Crime, and Legal Responsibility in Eighteenth-Century England (New York: Palgrave, 2004).

36. Iain McCalman, ed., A n Oxford Companion to the Romantic Age: British Culture 1776–1832 (Oxford: Oxford University Press, 1999), 102.

37. Porter, “Diseases of Civilization,” 590.

38. Lawlor, Consumption and Literature, 49.

39. Lawlor, Consumption and Literature, 49–50

40. William White, Observations on the Nature and Method of Cure of the Phthisis Pulmonalis, edited by A. Hunter (York: Wilson, Spence, and Mawman, 1792), 22.

41. Porter, “Diseases of Civilization,” 589.

42. こういう考えは19世紀になっても持続していた。ボディントンはこう論じている。「たいていの場合、肺病にかからずに済む人々は（中略）粗野だが神経障害にはほとんど悩まされない。彼らはむしろ、感受性の明らかな鈍さが際立っている」Bodington, An Essay on the Treatment and Cure of Pulmonary Consumption, 11.

43. Roy Porter, “ Health Care in Enlightenment England: Knowledge, Power and the Market,” in Curing and Ensuring: Essays on Illness in Past Times, Hans Binneveld and Rudolf Dekker eds (Rotterdam: Erasmus University, 1992), 96, 98–99; and Porter, “Diseases of Civilization,” 589.

44. George Cheyne, G eorge Cheyne: The English Malady (1733), Edited by Roy Porter, Tavistock Classics in the History of Psychiatry (London: Routledge, 1991), xi.

45. Cheyne, George Cheyne, xxxii.

46. Cheyne, George Cheyne, xxix.

47. Cheyne, George Cheyne, xxx.

48. 痛風は特に、富裕と文明の病気、一定の地位

を持つ人たちに関連する病気として悪名高かった。以下を参照。
Roy Porter and G. S. Rousseau, Gout: The Patrician Malady (New Haven and London: Yale University Press, 1998).

49. この母親が言っている病気は、おそらく肺病だろう。娘が、結核の一般的な治療法である「馬の相乗り」をしたとあるからだ。娘は「1日おきに、ロシア大使のお嬢さまで、12歳くらいのとてもかわいらしいウォロンゾフ嬢といっしょに乗馬をしています——効果を大いに期待したいところです——が、今も娘は幽霊のような青白い顔をしています」Charlotte Burney to Fanny Burney, Aug. 17, 1790, Hill Street, Richmond, Eg 3693 Folio 63, The British Library Department of Manuscripts, London, UK.
50. Thackrah, The Effects of Arts, Trades, and Professions, 164.
51. Bodington, An Essay on the Treatment and Cure of Pulmonary Consumption, 10.
52. Bodington, An Essay on the Treatment and Cure of Pulmonary Consumption, 10–11.
53. J. S. Campbell, Observations on Tuberculous Consumption (London: H. Bailliere, 1841), 231.
54. Campbell, Observations on Tuberculous Consumption, 231.
55. こういう考えは、国じゅうに広がっていった。商業的成功や、知的・芸術的業績、宗教および政治の自由は、国民を成熟させ神経障害に導く状況をつくり出すと考えられた。この呪い、あるいはもしかすると恩恵は、国の繁栄と富の象徴となった。この説では、肺病はありふれた病気だった。英国は豊かな国で、その上流・中流階級は最も裕福なのだから、ぜいたく病にかかる可能性が高くなるのは当然というわけだ。
56. Herzlich and Pierret, Illness and Self in Society, 31.
57. Porter, “Diseases of Civilization,” 592.

第4章

1. 福音主義は、多くの地域で体系化されることなく独自に次々と復活したことに象徴されるように、複雑で多面的な現象だった。19世紀半ばには、福音主義によって、宗教が中流階級の言語と文化の中枢になった。この文化の中心に個人の役割があり、救済は熱烈な努力を通してのみ達成されるという考えがあった。そして病気は努力のひとつの場として起こり、キリスト教徒を輝かせた。宗教は病気を分類するための参照体系を与え、福音主義は肺病をめぐるさまざまな概念に重要な役割を果たした。Lenore Davidoff and Catherine Hall, Family Fortunes: Men and Women of the English Middle Class, 1780–1850 (Chicago: The University of Chicago Press, 1987), 25, 83; and Boyd Hilton, The Age of Atonement: The Influence of Evangelicalism on Social and Economic Thought, 1785–1865 (Oxford: Clarendon Press, 1997), 7, 10.
2. よい死の達成は、“往生術”によって周到に準備されていた。近世、キリスト教徒の死と結びついていたきわめて影響力の大きな儀式の書のことだ。それは覚悟の必要性を説き、どのようによい死を迎えるかについて指示を与えた。一般に、こういう小冊子には、最後の瞬間を迎える際の手引が書かれ、心の準備と、臨終への対処に必要な実際的行動が説明されていた。文書のなかでは肺病が重要なものとして描写され、この病気による死は祝福とされていた。比較的苦しみの少ない死にかたであるという考えも相まって、それを理想的な死のように思わせた。苦しみは臨終のふるまいを損なう可能性があった。そのせいで患者は怒りっぽくなり、精神の

機能が弱まったり、不敬な言動をしたり、錯乱状態に陥ったりすることもあった。覚悟ができる時間と、比較的苦しみが少ないという認識、あからさまな身体的変形がないこと、すべてが組み合わさって、往生術の伝統のなかで肺病の地位が高められた。Richard Wunderli and Gerald Broce, " The Final Moment Before Death." (Sixteenth Century Journal, Vol. 20. 1989), 263 ; Ralph Houlbrooke, ed., Death, Ritual, and Bereavement (London: Routledge, 1989), 46, 48; Eamon Duffy, The Stripping of the Altars: Traditional Religion in England 1400–1580 (New Haven: Yale University Press, 1992), 315 ; David Cressy, Birth, Marriage, & Death: Ritual, Religion, and the Life-Cycle in Tudor and Stuart England, (Oxford: Oxford University Press, 1999), 386 ; and Lawlor, Consumption and Literature, 35.

3. Hilton, The Age of Atonement, 3.
4. ドッドリッジは、広く尊敬を集める敬虔な教育者で、イングランドでも外国でも福音主義キリスト教の布教に努めた。Isabel Rivers, " Doddridge, Philip (1702–1751)," in Oxford Dictionary of National Biography, ed. H. C. G. Matthew and Brian Harrison (Oxford: OUP, 2004) ; online edn, ed. Lawrence Goldman, January 2006, http://www.oxforddnb.com/view/article/7746 [accessed January 12, 2009].
5. January 4, 1736, In The Correspondence and Diary of Philip Doddridge, D.D. edited by John Doddridge Humphreys, Vol. V (London: Henry Colburn and Richard Bentley, 1831), 361–362.
6. January 4, 1736, In The Correspondence and Diary of Philip Doddridge, D.D. edited by John Doddridge Humphreys, Vol. V (London: Henry Colburn and Richard Bentley, 1831), 361–362.
7. S・フールからアーサー・ヤングへ、彼の娘マーサ・アン・(ボビン・) ヤングが肺病で亡くなったことを受けて。S. Hooll to Arthur Young, August 1797, Add MS 35127, Folio 424, The British Library Department of Manuscripts, London, UK.
8. June 29 [1836], Journal of Emily Shore, ed. Barbara Timm Gates (Charlottesville: University Press of Virginia, 1991), 140–141.
9. July 5 [1836], Journal of Emily Shore, 142.
10. December 15, [1836], Journal of Emily Shore, 170–171.
11. December 25, 1837, Journal of Emily Shore, 232.
12. December 25, 1837, Journal of Emily Shore, 232.
13. エミリー・ショアは、1839年7月7日、マデイラのフンシャルで肺病によって死亡した。葬られた場所は、本人が訪れた際に初めてその病気での死を意識した外国人墓地だった。
14. December 24 [1838], Journal of Emily Shore, 300–301.
15. November 6, 1836, Diary of Thomas Foster Barham (1818–1866), MS 5779, Wellcome Library, London, UK, 19.
16. November 6, 1836, Diary of Thomas Foster Barham (1818–1866), MS 5779, Wellcome Library, London, UK, 19.
17. November 6, 1836, Diary of Thomas Foster Barham (1818–1866), MS 5779, Wellcome Library, London, UK, 19–20.
18. The Literary Gazette and Journal of Belles Lettres, Arts, Sciences, &c. (London: James Moyes, 1831), 88.
19. The Literary Gazette, 88.
20. Hilton, The Age of Atonement, 11.
21. Peter C. Jupp and Clare Gittings, eds, Death in England: An Illustrated History (New

Brunswick: Rutgers University Press, 2000), 235.

22. Herzlich and Pierret, Illness and Self in Society, 97, 100.

23. Jupp and Gittings, D eath in England, 210.

24.「ロマン主義」とは、いくらか感受性を共有し、時代的に重複するいくつかのグループに属する作家や芸術家を、多かれ少なかれ恣意的にグループ分けしたものだ。イングランドでは、この動きは一般に1789年のフランス革命勃発のころ、あるいはウィリアム・ワーズワースとサミュエル・テイラー・コールリッジの『抒情歌謡集』(1798)が出版されたときに始まり、1830年代を通して続いたと見なされている。イングランドのロマン主義第1世代はワーズワース、ブレイク、コールリッジに代表され、第2世代はたいていシェリー、キーツ、バイロンと関連づけられる。ロマン主義という言葉は文学的な概念で、ロマン主義作家はイングランドの同時代の人々によってさまざまな学派に分類された。たとえば、ワーズワースとコールリッジは「湖畔派」に属するとされ(全員がイングランドの湖水地方に住んでいたので)、キーツは「コックニー派」に分類され(キーツの韻文が粗野で下層階級的だと見なされたことからつけられた蔑称)、バイロンは「悪魔派」に属するとされた(作品に悪魔的な自尊心と不信心があると見なされたので)。Roy Porter and Mikuláš Teich, Romanticism in National Context (Cambridge: Cambridge University Press, 1988), 3, 240; Michael Ferber, A Companion to European Romanticism (Malden, MA: Blackwell Publishing, Ltd., 2005), 7, 11, 86–87; Aidan Day, Romanticism (London: Routledge, 1996), 2 ; Duncan Wu, A Companion to Romanticism (Malden, MA: Blackwell Publishing Ltd., 1988), 4 ; and Stephen Bygrave, Romantic Writings (London: Routledge, 1996), 47.

25. Michael Neve, "Medicine and Literature" in the Companion Encyclopedia of the History of Medicine, edited by W. F. Bynum and Roy Porter, Volume 2 (London: Routledge, 2001), pages 1520–1535.

26. Herzlich and Pierret, Illness and Self in Society, 123–124.

27. Roy Porter, Bodies Politic: Disease, Death and Doctors in Britain, 1650–1900 (Ithaca, NY: Cornell University Press, 2001), 61.

28. Porter, Bodies Politic, 61.

29. Laura Jean Rosenthal and Mita Choudhury, eds, Monstrous Dreams of Reason: Body, Self, and Other in the Enlightenment (Cranbury, New Jersey: Associated University Presses, 2002), 117.

30. Porter, B odies Politic, 61.

31. " The Infi rmities of Genius Illustrated," Tait's Edinburgh Magazine, Vol. IV (Edinburgh: William Tait, 1834), 49.

32. David Wendell Moller, Confronting Death: Values, Institutions, and Human Mortality (Oxford: Oxford University Press, 1996), 12. 18世紀後半、自殺による死は、病気(憂うつ)の症状のひとつとして扱われ、それに応じて、感情と感受性が重視されるなかでロマン主義の主要な美的価値としてもてはやされた。憂うつによる激情と悲嘆が注目されたことで、悲劇的な若者の死は、自殺やある種の病気の避けがたい結果である場合、ロマン主義的なあこがれの的となった。1770年に若き詩人のトマス・チャタートンが17歳で自殺したことは、天才を早世と結びつけ、自殺やその他の早世を感情と感受性の高まりの誇示として死すべき運命という面から見るうえで大きなきっかけとなった。Jupp and Gittings, Death in England, 212-213. ローラーは、チャタートンについてこう論じて

いる。「自殺や狂気は、感受性の強すぎる詩人たちに用意された、敬虔さに欠けるもうひとつの運命であり、特に彼らが社会の下層階級の出である場合、居心地の悪い世界のきびしさに心を折られてしまう。少なくとも肺病は意図的にかかるものではなく、理論的には、キリスト教徒らしからぬ選択肢よりは威厳のある死だった」Lawlor, Consumption and Literature, 124. 狂気、自殺、結核などの長引く不治の病は、どれもロマン主義の概念のなかでは詩的な選択肢だった。すべては過剰な鋭い感受性を特徴とし、その感受性の働きによって、人生の避けがたい予期された絶望が早すぎる死で頂点に達した。Lawlor, Consumption and Literature, 133. See Michael MacDonald and Terrence R. Murphy, eds, Sleepless Souls: Suicide in Early Modern England (Oxford: Oxford University Press, 2002). 憂うつについて詳しくは以下を参照。Clark Lawlor, From Melancholia to Prozac: The History of Depression (Oxford: Oxford University Press, 2012).

33. Lawlor, Consumption and Literature, 54.

34. Lawlor, Consumption and Literature, 54–55, 131–132.

35. Lawlor and Suzuki, " The Disease of the Self, " 488.

36. Hibernian Magazine, Vol. III (Dublin: Printed by James Potts, 1774), 680.

37. White, Observations on the Nature and method of cure of the Phthisis Pulmonalis, 22.

38. Thomas Young, A Practical and Historical Treatise on Consumptive Diseases (London: B. R. Howeltt, 1815), 43–44.

39. Herzlich and Pierret, Illness and Self in Society, 25.

40. " On the Early Fate of Genius," The European Magazine and London Review, Vol. 87 (London: Sherwood, Gilbert, and Piper, 1825), 535–536.

41. Lawlor, Consumption and Literature, 53.

42. The Englishwoman's Magazine and Christian Mother's Miscellany, Vol. VI (London: Fisher, Son & Co., 1851), 606.

43. Lawlor, Consumption and Literature, 7.

44. Ron M. Brown, The Art of Suicide (London: Reaktion Books Ltd., 2001), 134.

45. James Najarian, Victorian Keats: M anliness, Sexuality, and Desire (New York: Palgrave Macmillan, 2002), 27.

46. Percy Bysshe Shelley, The Complete Works of Percy Bysshe Shelley: L etters of Percy Bysshe Shelley, ed., Nathan Haskell Dole, Vol. 8 (London: Virtue & Company, 1906), 150.

47. "On the Early Fate of Genius," 536.

48. Timothy Ziegenhagen, " Keats, Professional Medicine, and the Two Hyperions," Literature and Medicine 21, No. 2 (Fall 2002), 287, 290; Bynum, Spitting Blood, 79.

49. Raymond D. Havens, " Of Beauty and Reality in Keats," ELH, Vol. 17, No 3 (Sept. 1950), 209.

50. Bynum, S pitting Blood, 79.

51. Bynum, S pitting Blood, 79–81; Dubos and Dubos, The White Plague, 12–13.

52. John Keats, The Complete Poetical Works and Letters of John Keats, ed., Horace E. Scudder, Cambridge Edition (Boston: Houghton Miffl in Company, 1899), 338.

53. John Keats, The Complete Poetical Works of John Keats edited by Harry Buxton Forman (London: H. Frowde, 1907), 231.

54. Dubos and Dubos, The White Plague, 10.

55. Lawlor, Consumption and Literature, 136–137.

56. Keats, The Complete Poetical Works and Letters of John Keats, 440.

57. John Keats, Selected Letters of John Keats:

Based on the Texts of Hyder Edward Rollins, ed., Grant F. Scott (Harvard: Harvard University Press, 2005), 484.

58. Joseph Severn, J oseph Severn Letters and Memoirs, Grant F. Scott, ed. (England: Ashgate Publishing Ltd., 2005), 113–114.

59. Keats, Selected Letters of John Keats, 497.

60. Najarian, Victorian Keats, 27.

61. Dubos and Dubos, The White Plague, 11.

62. George Noël Gordon Byron, Life, Letters and Journals of Lord Byron (London: John Murray, 1844), 520.

63. 肺病を患ったロマン主義作家の最初期のひとりが、ヘンリー・カーク・ホワイト（1785-1806）で、詩よりも病気で有名になった。ホワイトは『肺病に寄せる頌歌（To Consumption)』を書き、遺稿のいくつかでもこの病気の影響をあらわにしていた。ホワイトにとって肺病はただの題材ではなくひとつの目標でもあり、この若い作家は、実際に発病する前から肺病に夢中になっているようだった。ホワイトは福音主義キリスト教を深く信奉し、肺病の詩人というロマン主義の神話を活気づけることも意識していた。このようにしてホワイトは、福音主義に対する自分の考えとロマン主義のイデオロギーを組み合わせ、肺病を自分の理想とする“よい死”として視覚化した。結核の経験を美化するだけでなく、病気と詩才を明確に結びつける病気の物語をつくり上げたのだ。Lawlor, Consumption and Literature, 127–128.

64. John Keats, The Poetical Works and Other Writings of John Keats in Four Volumes, edited by Harry Buxton Foreman, Vol. III (London: Reeves & Turner, 1883), 374.

65. Percy Bysshe Shelley, Adonais: An Elegy on the Death of John Keats (Pisa, 1821), 4.

66. Shelley, Adonais: An Elegy on the Death of John Keats, 20.

67. Percy Bysshe Shelley, Adonais, edited by William Michael Rossetti, a new edition revised with the assistance of Arthur Octavius Prickard (Oxford: Clarendon Press, 1903), 68.

68. Shelley, Adonais: An Elegy on the Death of John Keats, 3–4.

69. Florence Nightingale, Notes on Nursing: What it is, and What it is Not (London: Harrison, 1860), 204.

第5章

1. Karen Halttunen, Confidence Men and Painted Women: A Study of Middle-Class Culture in America, 1830–1870 (New Haven: Yale University Press, 1982), 60. ハルツネンの本はアメリカが舞台だが、書かれていることの多くは英国の中流階級文化にも同じように当てはまる。

2. Lawlor, Consumption and Literature, 153.

3. Halttunen, Confidence Men and Painted Women, xiv.

4. Halttunen, Confidence Men and Painted Women, xiv.

5. Lawlor and Suzuki, “The Disease of the Self,” 492.

6. Fred Kaplan, Sacred Tears: Sentimentality in Victorian Literature (Princeton, New Jersey: Princeton University Press, 1987), 58.

7. 宗教的信念は、中産階級が想像する模範的な家族の基本にあるものだった。宗教は女性化され、善意と品行方正、つまり女性らしい特性とはっきり認められる資質の地位が高まった。“階級別”の規範的なイデオロギーは、ほとんどの人にとって必ずしも人生の現実を反映してはいなかったが、それでもそのレトリックは

19世紀の中流階級に属する女性たちの人生に広く浸透していた。上流・中流階級の女性たちは、こういう一般的な理想化から決して完全には逃れられなかった。それは社会のあらゆる層に影響を及ぼし、個人と社会の責任を定義する一助となった。中流階級の女性たちは個人の環境を理想化されたモデルに合わせようと努力し、そのモデルによって、秩序を維持するために設計された宗教的な指針に基づく男女の義務が割り当てられた。

8. 女性の役割は性的特質についてのより大きな論議の一部として発展し、性のイデオロギーは1790年代初めの英国で行われていた文化抗争の重要な要素だった。そのころ、ふたつの対立する運動が起こった。摂政時代は、摂政皇太子の性格と、フランスとの長引く戦争による社会の軍国主義化を際立った特徴とし、軍と貴族によく見られる明らかな不品行に代表されるような放蕩の時代を生み出した。こういう行きすぎに対する反動が、まじめな有産階級のあいだで増大し、多くの人は中産階級の道徳の新しい責務をつくろうとし、福音主義の庇護のもとで新しい性と道徳の誠実さを育成し始めた。この福音主義は性をめぐる議論を否応なく変化させ、ロイ・ポーターが論じているように、人々の注目を「ジョージ王朝時代の"生殖の喜び"からそらし」、公人、市民としての高潔さ、「官能を超える愛や道徳律をふたたび理想化すること」に向けさせた。Roy Porter and Lesley Hall, eds, The Facts of Life: The Creation of Sexual Knowledge in Britain, 1650–1950 (New Haven: Yale University Press, 1995), 125–126.

9. こういう変化は、産業化と、それに伴って仕事と家庭空間の分離が進んだこと、女性の霊性を再考しただけでなく女性の道徳を高めた福音主義が発展したこと、そして自らを区別しようとするグループとして英国に中流階級が出現したことによって合理化されていった。これらの状況すべてが、家庭内にいる従属的な女性と、より広い世界で一家の生計を支える男性を基本とする性別の新たな原則をつくるのに貢献した。「家庭生活の崇拝」は、家庭と家族を理想化する概念であり、家族を包み込み、外の世界に対する緩衝材となるものだった。こうしてキリスト教の価値観が家庭のなかに置かれる一方で、資本主義と競争は公的領域にとどまり、比較的心地よい道徳上のバランスが達成された。Marjorie Levine-Clark, Beyond the Reproductive Body: the Politics of Women's Health and Work in Early Victorian England (Ohio State University Press, 2004), 7; Deborah Gorham, The Victorian Girl and the Feminine Ideal (Indiana University Press, 1982).

10. Levine-Clark, Beyond the Reproductive Body, 2.

11. バイロン卿ジョージ・ゴードンは、1828年に病気から回復したが、痩せて弱々しくなり、鏡を見てスライゴー卿にこう言ったと伝えられている。「なんと青ざめた顔をしているのだろう。できれば肺病で死にたいものだな」理由をきかれると、バイロンはこう答えた。「そうなれば、女たちはみんな、"あのかわいそうなバイロンを見てちょうだい——死にゆくあのお姿が、なんて興味深いのかしら！"と言うだろうからね」記事は続けて、ごく短い逸話しか残っていないものの、「語り手の記憶からすると、詩人が自分の美しさを意識していた証拠だろう」と主張している。The Literary Gazette and Journal of the Belles Lettres, Arts, Sciences, &c. (London: James Moyes, 1830), 54.

12. Lady Morgan to her niece, February 6, 1843, In Lady Morgan's Memoirs: Autobiography Diaries and Correspondence, Vol. II, 2nd edn. (London: Wm. H. Allen & Co, 1863), 474.

13. Lawlor, Consumption and Literature, 107,

154–155.

14. " Life, Letters, and Literary Remains of John Keats," The British Quarterly Review, Vol. VIII (London: Jackson & Walford, 1848), 328.

15. Lawlor and Suzuki, " The Disease of the Self, " 493.

16. Lawlor, Consumption and Literature, 72.

17. Thomas Hayes, A Serious Address on the Dangerous Consequences of Neglecting Common Coughs and Colds (London: John Murray and Messrs. Shepperson and Reynolds, 1785), 61.

18. The World of Fashion, Vol. XXVII (London, April 1, 1850), 43.

19. Waller, " The Illusion of an Explanation," 411.

20. The New Monthly Magazine and Literary Journal, Vol. V, (London: Henry Colburn and Co., 1822), 255–256.

21. November 6, 1836, Diary of Thomas Foster Barham (1818–1866), Wellcome Library, London, UK, 17–18.

22. G. M. C. " A Sketch of Two Homes," The Dublin University Magazine: A Literary and Political Journal, Vol. XLIX, January to June 1857 (Dublin: Hodges, Smith & Co., 1857), 542.

23. G. M. C. "A Sketch of Two Homes," 545.

24. Physiology for Young Ladies, In Short and Easy Conversations (London: S. Highley, 1843), 78–79.

25. Smith-Rosenberg and Rosenberg, " The Female Animal, " 112.

26. デヴィドフとホールの主張によれば、中流階級のイデオロギーは、貴族のライフスタイルを模倣する形ではなく、認識されていた貴族の堕落と腐敗に対抗するものとして発展した。19世紀の中産階級は、ある種の期待、なかでも特に重要な個人的・社会的に向上したいという欲求を体現していた。 Davidoff and Hall, Family Fortunes, 1780–1850, 149.

27. Barnes, The Making of a Social Disease, 49.

28. Parker, The Subversive Stitch, 20.

29. Lawlor, Consumption and Literature, 65–66.

30. 科学理論と医学理論の両方によって、伝統的な方向性を持つだけでなく、女性に割り当てられた場所を正当化し公認するためのさまざまな項目に適合するイデオロギー構造が形成されていった。Smith-Rosenberg and Rosenberg, " The Female Animal, " 112.

31. Robert Bentley Todd, The Descriptive and Physiological Anatomy of the Brain, Spinal Cord, and Ganglions, and of their Coverings (London: Sherwood, Gilbert, and Piper, 1845), 121.

32. Hastings, P ulmonary Consumption, 11.

33. Deshon, C old and Consumption, 71–72.

34. Alexander Walker, Intermarriage; of the Mode in Which and the Causes Why, Beauty, Health and Intellect, Result from Certain Unions, and Deformity, Disease and Insanity, From Others (London: John Churchill, 1838), 24.

35. Walker, Intermarriage, 47, 49.

36. Reid, A Treatise on the Origin, Progress, Prevention, and Treatment of Consumption, 172.

37. Walker, Intermarriage, 44.

38. Walker, Intermarriage, 21.

39. Walker, Intermarriage, 21.

40. " Dr. Pring's Principles of Pathology," The Medico-Chirurgical Review, and Journal of Medical Science, ed., James Johnson, Vol. IV (London: G. Hayden, 1824), 271.

41. Lawlor, Consumption and Literature, 17–18. 新しい説ではないが、こういう考えは、自然界と比較した人間の特異性や、性の特徴をめぐる議論の一環として、18世紀にふたたび世に広まった。月経血に対する恐怖は昔からあり、それに触れたり、近づいたりするだけでも、ワインや他の食品が酸っぱくなるとか、作物やハチが全

滅するなど、さまざまな悪影響が及ぶと考えられた。また、月経中の女性に近づくと、犬は一時的に狂気に駆られ、花は香りを失うとも考えられた。さらに、月経血自体にも毒としての作用があるとされた。たとえば13世紀に、医学者アルベルトゥス・マグヌスは、「女性の秘密(Secrets of Woman)」という研究でそのテーマについて書くよう聖職者に求められた。こういう依頼が行われたのはおそらく、月経中の女性が、幼い子どもを殺せるだけの毒をつくれると考えられていたからだろう。Edward Shorter, Women's Bodies: A Social History of Women's Encounter with Health, Ill-Health, and Medicine (New Brunswick: Transaction Publishers, 1997), 287–288; Londa Schiebinger, Nature's Body: Sexual Politics and the Making of Modern Science (London: Pandora, An Imprint of HarperCollins Publishers, 1993), 89–91.

42. Robert Thomas, The Modern Practice of Physic. Ninth Edition. (London: Longman, Rees, Orme, Brown, and Green, 1828), 540.

43. " Phthisis," The Penny Cyclopaedia of the Society for the Diffusion of Useful Knowledge, Vol. XVIII (London: Charles Knight and Co., 1840), 123.

44. C. J. B. Aldis, An Introduction to Hospital Practice (London: Longman, Rees, Orme, Brown, Green, and Longman, 1835), 116.

45. Katherine Ott, Fevered Lives: Tuberculosis in American Culture since 1870 (Harvard: Harvard University Press, 1996), 6.

46. Francis Hopkins Ramadge, Consumption Curables (London: Longman, Rees, Orme, Browne, Green, and Longman, 1834), 81.

47. Samuel Dickson, Fallacies of The Faculty, Being the Spirit of the Chrono-Thermal System. (London: H. Bailliere, 1839), 180.

48. Dickson, Fallacies of The Faculty, 181.

49. Thomas, The Modern Practice of Physic, 545.

50. John T. Ingleby, A Practical Treatise on Uterine Hemorrhage in Connexion with Pregnancy and Parturition (London: Longman, Rees, Orme, Brown, Green, and Longman, 1832), 89.

51. Marshall Hall, Commentaries Principally on Those Diseases of Females Which are Constitutional, 2nd edn. (London: Sherwood, Gilbert, and Piper, 1830), 140.

52. Walker, Intermarriage, 7.

53. Jalland and Hooper, Women From Birth to Death, 281.

54. Walker, Intermarriage, 41.

55. John C. Ferguson, Consumption: What it is, and What it is not (Belfast: Henry Greer, 1856), 5.

56. Halttunen, Confidence Men and Painted Women, 57.

57. Todd, The Descriptive and Physiological Anatomy of the Brain, Spinal Cord, and Ganglions, 121.

58. Caldwell, The Last Crusade, 17.

59. Halttunen, Confidence Men and Painted Women, 57.

60. Lawlor, Consumption and Literature, 24. 感受性の豊かさを誇示しようとする例は確かにあったが、情緒面の見せかけの感受性は軽蔑の目で見られるか、少なくとも嘲笑の的になった。見せかけに対する非難が起こったのは、感受性が重要性を増し始めた18世紀後半からで、たとえば次のウィリアムズ嬢のような人物の描写にはっきり表れている。「あの人は、わたしが会ったどんな令嬢よりも飛び抜けてわざとらしい人ですわ！　感じやすいふりをするんです。人前ではまるでしおれたユリのように座って、滑稽なものは何もかも嫌ってみせるのよ」Charlotte

Burney to Susan Burney, 1784, Barrett Collection, Vol. XII, Egerton MS 3700A, folio 127, The British Library Department of Manuscripts, London, UK.

61. 結核にかかった人の感情が重視される長い伝統があったので、患者を落ち着かせ、機嫌よくさせておくのが病状にとってきわめて重要だと考えられていた。

62. Clark, A Treatise on Pulmonary Consumption, 236–237.

63. H. D. Chalke, " The Impact of Tuberculosis on History, Literature and Art," Medical History VI (1962), 307. たとえばシャーロット・ブロンテは『ジェーン・エア』で、ヘレン・バーンズの性格を表す特徴として肺病を使っている。

64. Lawlor, Consumption and Literature, 76.

65. こういう変遷についての詳細は以下を参照。Carolyn A. Day and Amelia Rauser, " Thomas Lawrence's Consumptive Chic: Reinterpreting Lady Manners' Hectic Flush in 1794," Eighteenth-Century Studies 49.4 (Summer 2016).

66. Cotton, The Nature, Symptoms, and Treatment of Consumption, 80.

67. Rosenthal and Choudhury, Monstrous Dreams of Reason, 117.

第6章

1. Sontag, Illness as Metaphor, 29.

2. シドンズ夫人の名声について詳しくは以下を参照。Laura Engel, Fashioning Celebrity: 18th-Century British Actresses and Strategies for Image Making (Columbus: The Ohio State University Press, 2011).

3. Philip H. Highfill, A Biographical Dictionary of Actors, Actresses, Musicians, Dancers, managers & Other Stage Personnel in London,1660–1800, Vol. 14 (Southern Illinois University Press, 1991), 23. シドンズ夫人の1788-1799年の給料は1公演につき20ポンドで、1799-1800年には31.10ポンドに上がったものの、シドンズ一家は経済的な苦境に直面していた。シェリダンがしょっちゅう給料の支払いを滞らせたせいで、1799年11月になってもシドンズ夫人に対して2100ポンドを超える未払いがあった。

4. Robert Shaughnessy, " Siddons, Sarah (1755–1831)," in Oxford Dictionary of National Biography, ed. H. C. G. Matthew and Brian Harrison (Oxford: OUP, 2004); online ed., ed. Lawrence Goldman, May 2008, http://www.oxforddnb.com/view/article/25516 [accessed January 12, 2009].

5. Mrs. Siddons to Mrs. Barrington, London, June 3, 1792, Barrington Collection Add MS 73736, The British Library Department of Manuscripts, London, UK.

6. Highfill, A Biographical Dictionary of Actors, 26.

7. 掲載日1834年1月26日。Charles C. F. Greville, The Greville Memoirs: A Journal of the Reigns of King George IV and King William IV, Vol. II (New York: D. Appleton and Company, 1875), 213.

8. Mrs. Siddons to Mrs. Barrington, London, April 7, 1792, Barrington Collection Add 73736, The British Library Department of Manuscripts, London, UK.

9. トマス・キャンベルは、後世の人々にとっては残念なことに、シドンズ夫人が自分の伝記作家として選んだ人物だった。夫人は大量の文書や日記、私信をキャンベルに託した。しかし作家は『シドンズ夫人の生涯（Life of Mrs. Siddons)』のなかでそういう題材をがっかりす

るほどわずかしか使わず、同時代の人々や歴史家を嘆かせた。さらに悪いことに、キャンベルは書類を家族に返さず、それらはいつの間にか失われてしまった。

10. Thomas Campbell, Life of Mrs. Siddons (New York: Harper & Brothers, 1834), 224.

11. Mrs. Piozzi to Mrs. Pennington, from Guy's Cliffe, Sunday, October 14, 1792, in The Intimate Letters of Hester Piozzi and Penelope Pennington 1788–1821, ed. Oswald G. Knapp (London: John Lane, 1914), 69.

12. この療法には効果があったらしく、ピオッツィ夫人によれば、サリーは「太って陽気に」なってきた。Mrs. Piozzi, September 9, 1792, in An Artist's Love Story: Told in the Letters of Sir Thomas Lawrence, Mrs. Siddons, and Her Daughters, Oswald G. Knapp (London: George Allen, 1904), 9–10.

13. Mrs. Piozzi to Mrs. Pennington, from Guy's Cliffe, Sunday, October 14, 1792, in Knapp, ed., The Intimate Letters of Hester Piozzi and Penelope Pennington, 69.

14. ウィリアム・カレンは喘息について、「若い人の場合、ほどなく治まったあと、肺癆を起こすことがある」と主張した。William Cullen, First Lines of the Practice of Physic, Vol. II (Edinburgh: Bell & Bradfute, 1808), 215–216. ジョン・ロバートンは、これらの主張を支持した。「喘息は、結節を生じることでこの病気［肺病］の誘因となることもある」John Roberton, A Treatise on Medical Police, and on Diet, Regimen, &c., Vol. I (Edinburgh: John Moir, 1809), 234.

15. John Fyvie, Tragedy Queens of the Georgian Era (New York: E. P. Dutton and Company, 1909), 253.

16. ローレンスがふたたびシドンズ姉妹に紹介されたのは、姉妹がカレーの花嫁学校から戻ってしばらくしてからだった。ふたりは1789年または1790年に学校へ送られ、2、3年後に帰ってきた。姉妹がまだ学校にいた1792年、シドンズ夫人は息子のハリーをアミアンに連れていき、息子の妻に娘たちの様子を書き送っている。In Parsons, The Incomparable Siddons (New York: G. P. Putnam's Sons, 1909), 188.

17. この間ずっとサリーの健康状態は不安定で、シドンズ夫人の1797年12月の手紙からもそれは明らかだった。サリーは「これまででいちばんひどい発作を起こし、今もとても具合が悪いです」。サリーの体調は、バード嬢へのマリアの手紙でも確認できる。「サリーは徐々によくなっていると思います。ずっと具合が悪くて、今もとても弱っています」Mr. Siddons to Dr. Whalley, December 15 and 17, 1797, in Journals and Correspondence, Vol. II (London: Richard Bentley, 1863), 109, and Maria Siddons to Miss Bird, 1797, in Knapp, An Artist's Love Story, 14.

18. Sir Walter Armstrong, Lawrence (New York: Charles Scribner's Sons, 1913), 42.

19. Mrs. Siddons to Dr. Whalley, January 15, 1798, in Whalley, Journals and Correspondence (London: Richard Bentley, 1863), Vol. II, 109–110. ジョージ・ピアソン医師は、シドンズ夫人の弟ケンブルと親しかった。ふたりは、医師がドンカスターで開業したころ知り合い、ピアソンがロンドンに落ち着いたあとも交際を続けた。ウィリアム・マンクはこう述べた。「彼は開業医として際立って鋭いとか独創的というより、思慮深く安心感があった」マリアの病状への慎重な対しかたが、これで説明できるかもしれない。William Munk, The Roll of the Royal College of Physicians of London, 2nd edn, Vol. II (London: Published by the College, 1878), 343.

20. Mrs. Siddons to Mrs. Barrington, May 17,

1798, Barrington Collection Add MS 73736, The British Library Department of Manuscripts, London, UK.

21. Sally Siddons to Miss Bird, January 5, 1798, in Knapp, An Artist's Love Story, 16–17.
22. Knapp, An Artist's Love Story, 15.
23. Sally Siddons to Miss Bird, January 5, 1798, in Knapp, An Artist's Love Story, 17.
24. Sally Siddons to Miss Bird, January 28, 1798, in Knapp, An Artist's Love Story, 19.
25. パーソンズはもっと短い期間だと考え、心変わりは婚約から6週間以内に起こったと述べている。Parsons, The Incomparable Siddons, 193. サリーとローレンスの関係について詳しくは以下を参照。Laura Engel (2014) " The Secret Life of Archives: Sally Siddons, Sir Thomas Lawrence, and The Material of Memory,"ABO: Interactive Journal for Women in the Arts, 1640–1830: Vol. 4: Issue 1, Article 2. DOI: http://dx.doi.org/10.5038/2157-7129.4.1.1 available at: http://scholarcommons.usf.edu/abo/vol4/iss1/2 and Douglas Goldring, Regency Portrait Painter: The Life of Sir Thomas Lawrence (London: Macdonald, 1921).
26. Sally to Mr. Lawrence, 1798, in Eliza Priestly, " An Artist's Love Story," Nineteenth Century and After: A Monthly Review, 57: 338 (April 1905), 645–646.
27. Eliza Priestly, "An Artist's Love Story," 646.
28. Eliza Priestly, "An Artist's Love Story," 646.
29. Fyvie, Tragedy Queens of the Georgian Era, 254.
30. Sally Siddons to Miss Bird, March 5, 1798, in Knapp, An Artist's Love Story, 26–27.
31. Maria Siddons to Miss Bird, March 14, 1798, in Knapp, An Artist's Love Story, 29.
32. この痛みは肺病の広く知られた症状だった。ヘンリー・ハーバート・サウジーは、結核では「さしこみと呼ばれる一過性の鋭い胸の痛み」や「胸骨の横または下のいくぶんかの慢性痛、または胸部が全体的に痛む感じ」があると述べた。Southey, Observations on Pulmonary Consumption, 7–8.
33. Maria Siddons to Miss Bird, March 14, 1798, in Knapp, An Artist's Love Story, 29.
34. Knapp, An Artist's Love Story, 29–30.
35. Knapp, An Artist's Love Story, 30–31.
36. Mrs. Piozzi to Mrs. Pennington, March 27, 1798, In Knapp, ed., The Intimate Letters of Hester Piozzi and Penelope Pennington, 152.
37. Knapp, ed., The Intimate Letters of Hester Piozzi and Penelope Pennington, 152.
38. Maria Siddons to Miss Bird, April 8, 1798, in Knapp, An Artist's Love Story, 32.
39. Knapp, An Artist's Love Story, 33–34.
40. Maria Siddons to Miss Bird, May 6, 1798, in Knapp, An Artist's Love Story, 42.
41. Mrs. Siddons to Tate Wilkinson, May 29, 1798, in Campbell, Life of Mrs. Siddons, 199.
42. Campbell, Life of Mrs. Siddons, 199.
43. Phyllis Hembry, The English Spa: 1560–1815 (London: The Athlone Press, 1990), 245–246.
44. The New Bath Guide; or Useful Pocket Companion (Bath: R. Cruttwell, 1799), 55.
45. William Nisbet, A General Dictionary of Chemistry (London: S. Highley, 1805), 76.
46. William Saunders, A Treatise on the Chemical History and Medical Powers of Some of the Most Celebrated Mineral Waters, 2nd edn. (London: Phillips and Fardon, 1805), 125–126.
47. Dr. Andrew Carrick (1789), quoted in L. M. Griffiths, " The Reputation of the Hotwells (Bristol) as a Health Resort," The Bristol Medico-Chirurgical Journal (March 1902), 22.

48. Julius Caesar Ibbetson, A Picturesque Guide to Bath, Bristol Hot- wells, the River Avon, and the Adjacent Country (London: Hookham and Carpenter, 1793), 174.
49. Ibbetson, A Picturesque Guide to Bath, 170.
50. Saunders, A Treatise on the Chemical History and Medical Powers of Some of the Most Celebrated Mineral Waters, 112.
51. Saunders, A Treatise on the Chemical History and Medical Powers of Some of the Most Celebrated Mineral Waters, 125.
52. Robert Thomas, The Modern Practice of Physic, 4th edn. (London: Longman, Hurst, Rees, Orme, and Brown, 1813), 425.
53. Thomas, The Modern Practice of Physic, 425–426.
54. Jeremiah Whitaker Newman, The Lounger's Common-Place Book, Vol. IV (London: 1799), 181.
55. Sally Siddons to Miss Bird, Clift on, June 13, 1798, in Knapp, An Artist's Love Story, 45.
56. ダウリー・スクエアは、温泉地へ向かう道路沿いのクリフトン・ヒルのふもとにあったので、病人として村を訪れたマリアにとってこれ以上ない土地だった。Ibbetson, A Picturesque Guide to Bath, 166–166, 167; Parsons, The Incomparable Siddons, 197.
57. Sally Siddons to Miss Bird, Clifton, June 13, 1798, in Knapp, An Artist's Love Story, 46.
58. Mrs. Siddons to Mrs. Pennington, Worcester, July 26 [1798], Lawrence Siddons Letters Add 6445, Folio 1, Cambridge University Library Department of Manuscripts, Cambridge, UK.
59. エドワード・オーエンは『ブリストル周辺の土、岩、石、鉱物および温泉とその水の性質の観察（Observations on the Earths, Rocks, Stones and Minerals, for some miles about Bristol, and on the nature of the Hot-Well, and... its water）』(1754) で、ダーダム・ダウンでの「馬の相乗り」についてこう書いている。「一流の貴婦人も、温泉地にやってくれば男性の後ろに相乗りすることを拒まないだろう。それが田舎の習慣だからだ。何頭もの相乗り用の馬が、その目的のために飼われている」以下の文献に引用あり。John Latimer, The Annals of Bristol In the Eighteenth Century (Printed for the Author, 1893), 245.
60. マリアはクリフトンで、なんでも望みどおりの活動ができただろう。母が親しくしていた付添い人ペニントン夫人の夫ウィリアムは、1785年に温泉地の行事進行係の地位に就いていたからだ。 Knapp, An Artist's Love Story, 36, 38.
61. Sally Siddons to Miss Bird, July 27, 1798, in Knapp, An Artist's Love Story, 53.
62. Mrs. Siddons to Mrs. Pennington, c.July 31, 1798, Lawrence Siddons Letters Add 6445, Folio 2, Cambridge University Library Department of Manuscripts, Cambridge, UK.
63. Mrs. Siddons to Mrs. Pennington, c.July 31, 1798, Lawrence Siddons Letters Add 6445, Folio 2, Cambridge University Library Department of Manuscripts, Cambridge, UK.
64. Mrs. Siddons to Mrs. Pennington, Cheltenham, August 9, 1798, Lawrence Siddons Letters Add 6445, Folio 3, Cambridge University Library Department of Manuscripts, Cambridge, UK.
65. Mrs. Siddons to Mrs. Pennington, Cheltenham, August 9, 1798, Lawrence Siddons Letters Add 6445, Folio 3, Cambridge University Library Department of Manuscripts, Cambridge, UK.
66. Sally Siddons to Miss Bird, 1798, in Knapp, An Artist's Love Story, 72.
67.「彼が熱狂に駆られて切羽詰まった行動に出ないことを祈るばかりです！　そちらへ行って

何をするつもりなのかはわかりませんが、ふたりとも用心したほうがよいでしょう。夫はこのことを何も知りません。サリーの立場ですけど、あの血迷った卑劣な男に対するそもそものひいき目を思い起こすと、あの子はひどく微妙な立場にあるので、今回のことはすべて隠しておくのがいちばんだと考えました。妹が完全に回復するまでは、このことが原因で絶対に何かあってはならない、とサリーは心に決めています。夫には永遠に知られないことを願っています。なんの答えも出ないまま、夫を怒らせ、わたしたちがいっそう不幸になるだけですから」Mrs. Siddons to Mrs. Pennington, 1798, Lawrence Siddons Letters Add 6445, Folio 7, Cambridge University Library Department of Manuscripts, Cambridge, UK.

68. Mrs. Siddons to Mrs. Pennington, 1798, Lawrence Siddons Letters Add 6445, Folio 7, Cambridge University Library Department of Manuscripts, Cambridge, UK.

69. Thomas Lawrence to Mrs. Pennington, 1798, Lawrence Siddons Letters Add 6445, Folio 8, Cambridge University Library Department of Manuscripts, Cambridge, UK.

70. Thomas Lawrence to Mrs. Pennington, 1798, Lawrence Siddons Letters Add 6445, Folio 8, Cambridge University Library Department of Manuscripts, Cambridge, UK. 責任を転嫁しようとするローレンスの試みは、感情がマリアの病気に及ぼした影響を否定するのではなく、自分に対するマリアの感情を否定することにあった。

71.「あの不幸な男の状況はすっかり混乱しています。少し前、今サリーに熱を上げているようにマリアに熱を上げていたころ、もしあの子に拒絶されたら、気を鎮めるためにスイスの山奥へ立ち去るつもりだと言っていました。マリアは2年以上も彼の運命の裁定人として君臨していました。ですが先日彼は、もしサリーを失ったら、またもやスイスという手段を使うと言いました。まったく！　ああいう気まぐれと激情は、あの男のたくさんの美点とすばらしい才能を曇らせています！　わたしのかわいい娘に、"あなたの安らぎのためならなんでも耐えられるほど、大切に思っている"と伝えてください」Mrs. Siddons to Mrs. Pennington, Fryday 1798, Lawrence Siddons Letters Add 6445, Folio 12, Cambridge University Library Department of Manuscripts, Cambridge, UK.

72. ローレンスの動機は、サリーとの関係をマリアに邪魔されるのを防ぐことだけではなかった。オズワルド・ナップによると、サリーは彼の忠実さを完全には信じていなかったので、気持ちを抑えるうちにローレンスをいっそう不安定にさせ、ついに彼は嫉妬に駆られて、持っていたはずの分別を失い、クリフトンに恋敵がいるのかもしれないと心配するようになった。In Knapp, An Artist's Love Story, 94–95.

73. Mrs. Pennington to Lawrence, September 4, 1798, Lawrence Siddons Letters Add 6445, Folio 19, Cambridge University Library Department of Manuscripts, Cambridge, UK.

74. Knapp, An Artist's Love Story, 108.

75. Mr. Lawrence to Mrs. Pennington, Postmark, Sept. 7, 1798, Lawrence Siddons Letters Add 6445, Folio 21, Cambridge University Library Department of Manuscripts, Cambridge, UK.

76. Mrs. Pennington to Mr. Lawrence, Hotwells, Sept. 11, 1798, Lawrence Siddons Letters Add 6445, Folio 23, Cambridge University Library Department of Manuscripts, Cambridge, UK.

77. Parsons, The Incomparable Siddons, 199.

78. Mr. Lawrence to Mrs. Pennington, Postmark, Oct. 2, 1798, Lawrence Siddons Letters Add 6445, Folio 26, Cambridge University Library

Department of Manuscripts, Cambridge, UK.

79. Letter Mrs. Pennington to Mr. Lawrence, Oct. 8, 1798, Lawrence Siddons Letters Add 6445, Folio 31, Cambridge University Library Department of Manuscripts, Cambridge, UK. The newspapers had to print a correction after prematurely reporting Maria's death: " Miss Maria Siddons, whose death was prematurely stated in the public prints, on Saturday se'nnight expired at Bristol Hot Wells." Bell's Weekly Messenger (London, England), October 14, 1798; Issue 129.

80. Letter Mrs. Pennington to Mr. Lawrence, Oct. 8, 1798, Lawrence Siddons Letters Add 6445, Folio 31, Cambridge University Library Department of Manuscripts, Cambridge, UK.

81. Letter Mrs. Pennington to Mr. Lawrence, Oct. 8, 1798, Lawrence Siddons Letters Add 6445, Folio 31, Cambridge University Library Department of Manuscripts, Cambridge, UK.

82. Letter Mrs. Pennington to Mr. Lawrence, Oct. 8, 1798, Lawrence Siddons Letters Add 6445, Folio 31, Cambridge University Library Department of Manuscripts, Cambridge, UK.

83. Letter Mrs. Pennington to Mr. Lawrence, Oct. 8, 1798, Lawrence Siddons Letters Add 6445, Folio 31, Cambridge University Library Department of Manuscripts, Cambridge, UK.

84. Knapp, An Artist's Love Story, 127.

85. Mrs. Pennington to Mr. Lawrence, September 4, 1798, Lawrence Siddons Letters Add 6445, Folio 19, Cambridge University Library Department of Manuscripts, Cambridge, UK.

86. Letter Mrs. Pennington to Mr. Lawrence, Oct. 8, 1798, Lawrence Siddons Letters Add 6445, Folio 31, Cambridge University Library Department of Manuscripts, Cambridge, UK.

87. Letter Mrs. Pennington to Mr. Lawrence, Oct. 8, 1798, Lawrence Siddons Letters Add 6445, Folio 31, Cambridge University Library Department of Manuscripts, Cambridge, UK.

88. Mrs. Pennington to Mr. Lawrence, Oct. 2, 1798, Lawrence Siddons Letters Add 6445, Folio 27, Cambridge University Library Department of Manuscripts, Cambridge, UK.

89. Letter Mrs. Pennington to Mr. Lawrence, Oct. 8, 1798, Lawrence Siddons Letters Add 6445, Folio 31, Cambridge University Library Department of Manuscripts, Cambridge, UK.

90. Letter Mrs. Pennington to Mr. Lawrence, Oct. 8, 1798, Lawrence Siddons Letters Add 6445, Folio 31, Cambridge University Library Department of Manuscripts, Cambridge, UK.

91. ローレンスは、マリアの死の直前に書いたらしい「マリアのために」と題した詩のなかで、彼女を洗練された知的で繊細な美女と描写する側に加わってすらいる。「我に喜びを与えたもう汝の美しさすべてが、消えゆく幸福のもとへ去ってしまうとしても／そしてあの輝く知性で魅了したすべてが、この上なく甘い力をもはや及ぼさないとしても／天才のまれに見る才能が、素質と結びついた正しい判断力とともにあり、伝えるべき力になれば／嘆かわしい病気によって、汝の記憶から、汝の心から優しさの真髄が引きちぎられても／その繊細な身の内で、鼓動は続くだろう／その記憶のなかにひと筋の光だけは残され／その震え、汝の力は衰えもせず保たれるだろう／そのまなざしは敬意を持って受け止められるだろう／気づかれず、知られもせずに、我は喜んで身を捧げよう／最後の光が消える時まで／たとえ愛の残り火が冷え切っても、真心を尽くして／その炎に包まれ祝福された時のように／すると汝に価値をもたらしたその力から希望が生まれ／汝の最後の処方箋は免ぜら

れる／汝の美徳によって、魂がこの地上で洗練されるとすれば、天国でもふたたび、かくのごとき天使となるだろう」Thomas Lawrence, For Maria, LAW /5/537, Royal Academy of Arts, London, UK.

92. Letter Mrs. Pennington to Mr. Lawrence, Oct. 8, 1798, Lawrence Siddons Letters Add 6445, Folio 31, Cambridge University Library Department of Manuscripts, Cambridge, UK.
93. Letter Mrs. Pennington to Mr. Lawrence, Oct. 8, 1798, Lawrence Siddons Letters Add 6445, Folio 31, Cambridge University Library Department of Manuscripts, Cambridge, UK.
94. Letter Mrs. Pennington to Mr. Lawrence, Oct. 8, 1798, Lawrence Siddons Letters Add 6445, Folio 31, Cambridge University Library Department of Manuscripts, Cambridge, UK.
95. クラーク・ローラーの主張によれば、こういう文化的な典型では、女性は男性に従属し依存していて、愛は女性が自分と男性をつないで結びつけるための手段となっていた。結果として、この愛がうまくいかなくなると、女性は病気にかかってやがて死を迎えるほかに選択肢がなく、できるならその死は結核による美しい旅立ちであるべきだったとクラークは論じている。Lawlor, Consumption and Literature, 16, 152, 154.
96. Lawlor, Consumption and Literature, 16, 152, 154.
97. リチャードソンの小説は1751年にフランス語に翻訳され、ルソーはもちろんその作品に通じていて、『演劇について——ダランベールへの手紙』のなかで賛辞を送っている。Jean-Jacques Rousseau, La Nouvelle Héloïse: Julie, or the New Eloise, Translated and Abridged by Judith H. McDowell, 5th Edition (The Pennsylvania State University Press, 2000), 8. ルソーは最初、主人公ジュリを溺死させようとしていたらしいが、計画を変えて、リチャードソンがクラリッサに対してそうしたように、劇的な肺病でこの世から退場させることにした。David Marshall, The Frame of Art: Fictions of esthetic Experience, 1750–1815 (Baltimore: The Johns Hopkins University Press, 2005), 94.
98. Lawlor, Consumption and Literature, 59.
99.「クラリッサの病気はおそらく奔馬性肺結核だろう」Margaret Ann Doody, A Natural Passion: A Study of the Novels of Samuel Richardson (Oxford: Oxford University Press, 1974), 171.
100. Lawlor, Consumption and Literature, 9.
101. Lawlor, Consumption and Literature, 58–59.
102. Samuel Richardson, Clarissa. Contained in The Novelist's Magazine. Vol. XV. Containing the Fifth, Sixth, Seventh, and Eighth Volumes of Clarissa (London: Harrison and Co., 1784), 1140.
103. Richardson, Clarissa, Vol. XV, 1145.
104. Marshall, The Frame of Art, 95.
105. Mrs. Sarah Siddons to Mrs. Elizabeth Barrington, October 19, 1798, Barrington Collection Add MS 73736, The British Library, London, UK.
106. オズワルド・ナップはこの手紙を、1798年10月4日、マリアの死の3日前に書かれたとしている。Mrs. Piozzi to Mrs. Pennington, October 4, 1798, in Knapp, ed., The Intimate Letters of Hester Piozzi and Penelope Pennington, 164–165.
107. Mrs. Piozzi to Dr. Gray, October 14, 1798, in Autobiography, Letters and Literary Remains of Mrs. Piozzi (Thrale), A. Hayward, ed., Vol. II, second edition (London: Longman, Green, Longman, and Roberts, 1861), 249–250.
108. Letter Mrs. Siddons to Mrs. Pennington,

October 27, 1798, Lawrence Siddons Letters Add 6445, Folio 45, Cambridge University Library Department of Manuscripts, Cambridge, UK.

109. Verse 600, from Night Thoughts. Knapp, An Artist's Love Story, 128.

110. Mrs. Sarah Siddons to Mrs. Elizabeth Barrington, Cheltenham, May 16, 1803, Barrington Collection Add MS 73736, The British Library Department of Manuscripts, London, UK.

111. Mrs. Siddons to Mrs. Fitzhugh, Cheltenham, June 1803, in Mrs. Siddons, Nina A. Kennard (Boston: Roberts Brothers, 1887), 276.

第7章

1. Beddoes, Essay on the Causes, Early Signs, and Prevention of Pulmonary Consumption, 178.

2. Rosenthal and Choudhury, Monstrous Dreams of Reason, 117.

3. Lawlor, Consumption and Literature, 43. スーザン・ソンタグは、肺病が外見と密接に結びつけられるようになったのはこの時期だと主張している。ソンタグによると、この病気は「顔に出るものと理解されていたうえに、顔色こそが19世紀の礼節の要だった。結核を病んだ者の顔が、貴族的な容貌の新たなモデルになった。結核患者らしい外見が栄誉や育ちのよさの印だということになってしまえば、それが魅力的と見なされるようになるのも必然だった」Sontag, Illness as Metaphor and Aids and Its Metaphors, 28–29. 一方、ジャン・デュボスとルネ・デュボスは、その主張を女性に限定して適用し、こう論じている。「詩人や作家が描いた肺病のゆがんだ情景は、当時優勢だった女性の美しさの一風変わった理想と一致していた」Dubos and Dubos, The White Plague, 54. 以下も参照。 Roy Porter "Consumption: Disease of the Consumer Society?" in John Brewer and Roy Porter ed., Consumption and the World of Goods (London: Routledge, 1993); and Lawlor and Suzuki, " The Disease of the Self. "

4. Roy Porter, Flesh in the Age of Reason (New York: W. W. Norton & Co., 2003), 241.

5. The London Medical and Surgical Journal, Vol. III (London: Renshaw and Rush, 1833).

6. Herzlich and Pierret, Illness and Self in Society, 25.

7. Steven J. Peitzman, " From Dropsy to Bright's Disease to End-Stage Renal Disease," The Milbank Quarterly, Vol. 67, Supplement 1, Framing Disease: The Creation and Negotiation of Explanatory Schemes (1989), (Published by: Milbank Memorial Fund), 18–19.

8. Peitzman, "From Dropsy to Bright's Disease to End-Stage Renal Disease," 17.

9. Peter McNeil, " Ideology, Fashion and the Darlys' 'Macaroni" Prints,' in Dress and Ideology: Fashioning Identity from Antiquity to the Present, Shoshana-Rose Marzel and Guy D. Stiebel, eds. (London: Bloomsbury, 2015), 112. 以下も参照。 Hannah Greig, The Beau Monde: Fashionable Society in Georgian London (Oxford: Oxford University Press, 2013).

10. Dror Wahrman, The Making of the Modern Self: Identity and Culture in Eighteenth-Century England (New Haven: Yale University Press, 2004), 62. アメリア・ラウザーは、ワーマンの主張に基づいて、「風刺画は、情報通であること、世慣れていること、さらには誇張と浅薄さを表現していた」ので、結果として個人主義を際立たせただけでなく、「極端に走るその危険な傾向への警告」としても働いたと主張している。

Amelia Rauser, C aricature Unmasked: Irony, Authenticity, and Individualism in Eighteenth-Century English Prints (Newark: University of Delaware Press, 2008), 76.

11. The Times, Monday, March 25, 1793 (London, 1793), 2.
12. 肥満症や太りすぎについて詳しくは以下を参照。Sander L. Gilman, O besity: The Biography (Oxford: Oxford University Press, 2010) and Sander L. Gilman, Fat: A Cultural History of Obesity (Cambridge: Polity Press, 2008).
13. Porter, Flesh in the Age of Reason, 240, 243. クラーク・ローラーは、1799年にはこの現象が定着していたと論じている。
Lawlor, Consumption and Literature, 44.
14. Porter, Flesh in the Age of Reason, 240.
15. William Wadd, Cursory Remarks on Corpulence or Obesity Considered as a Disease, 3rd edition (London: J. Callow, 1816), 54–55.
16. " On Corpulence," The New Monthly Magazine and Literary Journal, Vol. X (London: Henry Colburn, 1824), 184.
17. The Art of Beauty; or the Best Methods of Improving and Preserving the Shape, Carriage, and Complexion. Together with, the Theory of Beauty (London: Knight and Lacey, 1825), 77–78.
18. Walker, Intermarriage, 339.
19. Lawlor, Consumption and Literature, 58.
20. 肺病における感受性と神経の役割についてのさらなる議論は以下を参照。Carolyn A. Day and Amelia Rauser, ' Thomas Lawrence's Consumptive Chic: Reinterpreting Lady Manners' Hectic Flush in 1794 ', Eighteenth-Century Studies 49.4 (Summer 2016).
21. James Makittrick Adair, Essays on Fashionable Diseases (London: T.P. Bateman, 1790), 4.
22. A Manual of Essays, Vol. II (London: F. C. & J. Rivington, 1809), 106.
23. Adair, Essays on Fashionable Diseases, 3. ファッションの商業化について詳しくは以下を参照。 Neil McKendrick, John Brewer, and J. H. Plumb, The Birth of a Consumer Society: The Commercialization of Eighteenth-Century England (Bloomington: Indiana University Press, 1982) and John Styles, The Dress of the People: Everyday Fashion in Eighteenth-Century England (New Haven: Yale University Press, 2007).
24. The Lady's Magazine, Vol. XXI (London: 1790), 117.
25. 18世紀と19世紀の美をめぐる議論については以下を参照。Greig, The Beau Monde ; Aileen Ribeiro, Facing Beauty: Painted Women and Cosmetic Art (London and New Haven: Yale University Press, 2011); Patricia Phillippy, Painting Women: Cosmetics, Canvases & Early Modern Culture (Baltimore: The Johns Hopkins University Press, 2006); Caroline Palmer, " Brazen Cheek: Face-Painters in Late Eighteenth-Century England, " Oxford Art Journal 31 (2008), 195–213; and Richard Corson, Fashions in Makeup: From Ancient to Modern Times (New York: Universe Books, 1972).
26. George Cheyne, George Cheyne: The English Malady, xxviii.
27. Lawlor, Consumption and Literature, 55–58.
28. The Lady's Magazine, (London: 1774), 5 23. クラーク・ローラーは、この議論へのジョン・グレゴリー医師の貢献を的確に指摘している。グレゴリー医師はこう書いた。「健康は人生最大の恩恵のひとつではあるものの、決して自慢にはならない（中略）わたしたちはとても自然に女性の穏やかさや繊細さという概念を、それに似た肺病の繊細さと結びつけるので、女性が自

分の頑丈さについて話すと（中略）その描写にひるんでしまう」Dr. John Gregory, A Father's Legacy to His Daughters (Philadelphia: 1795), 32以下にも記述あり。Lawlor, Consumption and Literature, 57.

29. George Keate, Sketches from Nature, Vol. II (London: J. Dodsley, 1790), 38–39.

30. Edmund Burke, A Philosophical Enquiry into the Origin of our Ideas of the Sublime and Beautiful (Notre Dame: University of Notre Dame Press, 1968), 11.

31. Burke, A Philosophical Enquiry, 11.

32. John Leake, Medical Instructions Towards the Prevention and Cure of Chronic Diseases Peculiar to Women, Vol. 1, 6th Edition (London: Baldwin, 1787), 302–303.

33. La Belle Assemblée, Vol. III, (London: J. Bell, 1811), 202.

34. Davidoff and Hall, Family Fortunes, 28.

35. The Age We Live In: A Fragment Dedicated to Every Young Lady of Fashion (London: Lackington, Allen, and Co., 1813), 79–80.

36. たとえば、ベドーズは女性をこんなふうにたとえた。「暖かい温室のなかで大切に育てられた花のようだ（中略）彼女たちは、天からの風に乱暴に吹かれれば耐え抜くことができない。ささいな理由で調子を崩し（中略）永久に危険なほど弱々しい状態で存在している。つまりこの国では、30歳未満の女性がなんらかの理由で虚弱な場合は常に、肺病にかかる危険性がかなり高い」Beddoes, Essay on the Causes, Early Signs, and Prevention of Pulmonary Consumption, 124.

37. Akiko Fukai, et al., Fashion: the Collection of the Kyoto Costume Institute: a History from the 18th to the 20th Century (Taschen, 2002), 151–152.

38. " Scenes of the Ton, No. 1. Bringing out Daughters," The New Monthly Magazine and Literary Journal, Vol. 25 (London: Henry Colburn and Richard Bentley, 1829), 566.

39. ベティーはつい最近亡くなったばかりだった。「社交クラブ〈オールマックス〉での御者の大失敗のせいで、夜風にさらされ、命取りの風邪を引いたせいだ。亡くなるまでの20年間、天の風に5分間もさらされたのはこれが初めてだった」"Scenes of the Ton," 566.

40. "Scenes of the Ton," 566.

41. Mrs. William Parkes, Domestic Duties; or Instructions to Young Married Ladies (London: Longman, Hurst, Rees, Orme, Brown, and Green, 1825), 253.

42. The World of Fashion, Vol. IX (London: 1832), 263.

43. Tait's Edinburgh Magazine, Vol. 1 (Edinburgh: William Tait, 1834), 54.

44. 18世紀後半から19世紀初頭にかけて、女性の美しさを特徴づける肺病のイメージの使用はより頻繁になって、文学や医学文献の至るところで見られるようになった。たとえば、サミュエル・リチャードソンは、小説のヒロインのクラリッサを次のように描写している。「片方の色あせた頬は、善良な女の胸に預けられ、その優しい温かさが広がって、かすかだが愛らしい赤みがさしていた。もう片方の頬はもっと青白くうつろで、まるですでに死によって凍りついてしまったかのようだ。両手はユリのように白く、曲がりくねった静脈は、これまでに見た彼女自身の静脈よりさらに透き通った青い色をしていた（ああ、静脈はほどなく、あの紫色の凍った流れによって詰まってしまう、それはすでにごくゆっくりと、流れるというより忍び寄っているのだ！）。両手は力なく垂れている」Samuel Richardson, Clarissa. Contained in The

Novelist's Magazine. Vol. XV (London: Harrison and Co., 1784), 1133. 肺病患者の美の典型的な姿は、ルーシー・アシュトンという女性の描写にも見られた。「ランプの明かりが彼女の美しくも繊細な顔をとらえた。その顔からは、もう長いあいだ赤みが失われていた。青い静脈が、透き通ったこめかみの上でひどく際立って見え、目のなかには健康によるものではない不確かな輝きがあった。淡い金色の髪は小さく上品な頭のてっぺんでまとめられ、その豊かな房が輝いて、わたしたちは天使の髪がきらめくさまを想像する」"An Evening of Lucy Asheton's," Heath's Book of Beauty (London: Longman, Rees, Orme, Brown, Green, and Longman, 1833), 248. ルーシーの外見——ゆるやかな憔悴、輝く目、際立った青い静脈、微熱による紅潮——はすべて肺病を映し出している。

45. Neville Williams, Powder and Paint: A History of the Englishwoman's Toilet, Elizabeth I-Elizabeth II (London: Longmans, Green and Co., 1957), 81.

46. The Art of Beauty, 338, 381–382.

47. The Medical and Physical Journal, Vol. II (London: William Thorne, 1799), 115.

48. Dubos and Dubos, The White Plague, 123–124.

49. The Monthly Magazine, Vol. XII (London: Richard Phillips, 1801), 444. こういう"病気の逸話"は、フィンズベリー診療所の医師たちが大都市の病的状態を説明する試みの一環だった。この活動についての詳細は以下を参照。Irvine Loudon, Medical Care and the General Practitioner, 1750–1850 (Oxford: Clarendon Press, 1986).

50. Phillippy, Painting Women, 6. アイリーン・リベイロは、白い肌と赤い頬と唇の流行は古代にまでさかのぼると主張し、こう述べた。「紀元前4世紀には、化粧品の使用はおしゃれな女性の生活の一部として定着していた（中略）顔は鉛白粉《なまりおしろい》か小麦粉で白く塗られ、頬と唇はワインのおりか、赤土か朱色の硫化水銀で赤く塗られた」Ribeiro, Facing Beauty, 38. 一方、フィリピーは、16世紀までにはヨーロッパの指南書で「女性美の理想についての意見の一致——ブロンドの髪、黒い目、白い肌、赤い頬と唇」が確立されていたと述べた。Phillippy, Painting Women, 6.

51. 肺病の症状についてのこういう言及は、1674年から1860年の90本以上の異なる医学論文で、最も頻繁に見られた記述だった。

52. シャーロット・ブロンテは、エミリーが結核との闘いに敗れる前日の話で、エミリーの髪について具体的に語っている。「エミリーは、暖炉の前に座って髪をすいていた。今ではかつてないほど痩せ細って——背が高く、しなやかで"スリムな"少女だった妹——たっぷりとした豊かな黒い髪は、あの子が持つ、死の烙印を押されていない唯一のものだった」Shorter, The Brontës, 13.

53.「目の細密画は、18世紀末、人の最も私的な思考と感情を反映すると考えられた"心の窓"をとらえる試みとして人気だった」Eye Miniature, England, early 19th century (painted), Museum number: P.57-1977. ©Victoria and Albert Museum, London. 目の細密画について詳しくは以下を参照。Hanneke Grootenboer, Treasuring the Gaze: Intimate Vision in Late Eighteenth-Century Eye Miniatures (Chicago: University of Chicago Press, 2012).

54. " Criticism on Female Beauty," (From the New Monthly Magazine) The Times, Thursday, Aug 18, 1825.

55. A. F. Crell and W. M. Wallace, The Family Oracle of Health; Economy, Medicine, and Good Living, Vol. I (London: J. Walker, 1824), 176–177.

56. アイリーン・リベイロは、これを長い歴史のある習慣だと主張し、こう述べている。「感情の表出は、アトロピン（ナス科の有毒植物ベラドンナの実から抽出されたもの）で瞳孔を拡大すればつくれる。これによって目の色がより濃く、輝いて見える。危険ではあったが、特に16世紀、イタリアの女性たちに人気だった。それでこの植物に、イタリア語で「美しい女性」を意味する名前がついた。 Ribeiro, Facing Beauty, 76.
57. Crell and Wallace, The Family Oracle of Health, 176–177.
58. The Art of Beauty, 294.
59. Crell and Wallace, The Family Oracle of Health, 437.
60. 油煙をつくるには、小皿をろうそくかランプの炎の上にかざして、煙の残留物が残るようにし、それを集めてブラシでまつげに塗って濃い色に見せた。 Williams, Powder and Paint, 102.
61. La Belle Assemblée, Vol. III (London: J. Bell, 1807), 205.
62. さらに不穏なことに、いくつかの美容法は、積極的に結核を引き起こすと考えられている行動でもあった。「夕方の冷気のなか、特に水辺を歩き回ることほど肌を白くするのに役立つ方法はないと言われている。それは可能かもしれない。しかし、夕方の湿気が悪い影響を及ぼすのではないだろうか。そんなふうにしてきれいな肌を手に入れた人は、大きな代償を払わされるだろう。特にそれが、別のさまざまな方法でも得られる利点だとすれば」
La Belle Assemblée, Vol. III, 207.
63. Edward Goodman Clarke, The Modern Practice of Physic (London: Longman, Hurst, Rees and Orme, 1805), 219–220.
64. La Belle Assemblée, Vol. III, 206.
65. Armstrong, Practical Illustrations of the Scarlet Fever, Measles, Pulmonary Consumption and Chronic Diseases, 255–256.
66. The Atheneum; or Spirit of the English Magazines, Vol. V (Boston: John Cotton, 1831), 84.
67. The Edinburgh Magazine, Vol. XV (Edinburgh: Archibald Constable & Company, 1824), 169.
68. " Bell on the Anatomy of Painting," The Edinburgh Review, No. XVI (Edinburgh: 1806), 376.
69. The Mirror of the Graces; or the English Lady's Costume (London: B. Crosby and Co., 1811), 43.
70. Colin Jones, " The King's Two Teeth," History Workshop Journal, (2008) 65 (1): 79–95, 90–91. 歯科医の細工物の商品化についての詳細は以下を参照。 Roger King, The Making of the Dentiste c.1650–1760 (Aldershot: Ashgate, 1999); A. S. Hargreaves, White as Whalebone: Dental Services in Early Modern England (Leeds: Northern Universities Press, 1998); Christine Hillam, Brass Plate and Brazen Impudence: Dental Practice in the Provinces, 1755–1855 (Liverpool: Liverpool University Press, 1991) ; Mark Blackwell, " Extraneous Bodies": The Contagion of Live-Tooth Transplantation in late-Eighteenth-Century England, Eighteenth-Century Life, Volume 28, Number 1 (Winter 2004) 21–68; and Colin Jones, The Smile Revolution in 18th Century Paris (Oxford: Oxford University Press, 2014).
71. Jones, The Smile Revolution, 73.
72. Andrew Duncan, M edical Commentaries, Part I (London: Charles Dilly, 1780), 64.
73. A Physician's Advice For the Prevention and Cure of Consumption, 122–123.
74. ローランドのオドント・パール歯磨きは、歯と歯茎の病気を一掃するだけでなく、歯を「完

壁に健康にし、真っ白な歯並びと歯槽へのしっかりした固定を助け——真珠のように美しい歯をつくります」と宣伝していた。ハドソンの歯磨き粉は、「歯茎の腫れ、顔のむくみ、歯痛」を治し、「歯茎の壊血病」を除去できると謳っていた。The Court Journal, (London: Henry Colburn, 1833), 63.

75. Jones, The Smile Revolution, 119.

76. The Art of Beauty, 149–150.

77. Max Wykes-Joyce, Cosmetics and Adornment: Ancient and Contemporary Usage (London: Peter Owen, 1961), 81.

78. La Belle Assemblée, Vol. II (London: J. Bell, 1807), 109.

79. The Art of Beauty, 104.

80. Williams, Powder and Paint, 79.

81. The Servant's Guide and Family Manual, 2nd edn. (London: John Limbird, 1831), 99.

82. The Art of Beauty, 187.

83. The Art of Beauty, 194.

84. Murray, A Treatise on Pulmonary Consumption its Prevention and Remedy, 40.

85. A New System of Practical Domestic Economy (London: Henry Colburn, 1827), 82.

86. Corson, Fashions in Makeup, 295.

87. これは「外見は本質をあらわにするというすでに定着した概念」の強化だった。Porter, Flesh in the Age of Reason, 247. ヴィクトリア朝初期の文化全体が、感傷主義に揺さぶられた。それは、困難な社会の現実から逃避するひとつの手段だった。 Halttunen, Confidence Men and Painted Women, xvi. 感傷主義者たちはしだいに、状況のきびしい面を認めることを拒んで、現実を隠そうとし始めた。こういう現実世界の拒絶が、美の理想としての結核の地位をさらに高めることになった。Lawlor and Suzuki, " The Disease of the Self, " 492.

88. Halttunen, Confidence Men and Painted Women, 57, 71.

89. Herzlich and Pierret, Illness and Self in Society, 147.

90. Thomas Gisborne, An Enquiry into the Duties of the Female Sex (London: Printed by Luke Hansard for T. Cadell and W. Davies, 1806), 28. しかしギズボーンは、苦しみに耐える女性の精神力が男性の精神力より強いと認めることはせず、女性は身長が低いので、体格の大きい男性と同じ苦しみを経験することはないと主張した。

91. G. to J. T., June 1814, in Rev. R. Polwhele, Traditions and Recollections; Domestic, Clerical, and Literary, Vol. II (London: John Nichols and Son, 1826), 662.

92. Mrs. Ellis, The Women of England, their Social Duties, and Domestic Habits (London: Fisher, Son & Co., 1839), 384. サラ・スティックニー・エリス夫人は、福音主義に基づく指導書の有名な著者で、ロンドン伝道協会の外務秘書官長ウィリアム・エリス氏の妻だった。エリス夫人は、節制の推進と、イングランドの若い女性に対する適切な教育に並々ならぬ興味をいだき、多数の著書でその原則を解説した。夫人は、ヴィクトリア朝時代の中流階級の女性たちを結婚という文脈のなかで定義することに尽力し、折り目正しい生きかたの守護者として女性を祭り上げた。George Smith, The Dictionary of National Biography (London: Oxford University Press, 1964), 714–715.

93. Mrs. Ellis, The Women of England, 384–385.

94. Mrs. Ellis, The Daughters of England, Their Position in Society, Character & Responsibilities (London: Fisher, Son, & Co., 1842), 181.

95. Mrs. Ellis, The Daughters of England, 233–234.

96. Charlotte Brontë to W. S. Williams, January 18, 1849, in Shorter, The Brontës, 21.

97. " On the Beauty of the Female Figure," Blackwood's Lady's Magazine, Vol. 24 (London: A. H. Blackwood and Page, 1848), 23.

98. Leigh Hunt's London Journal, Vol. 1 (London: Charles Knight, 1834), 137–138.「女性美に対する批判」は、美しさを「感情によって美化されなければ、きわめて貧相なもの」で、何よりも「見せかけと虚飾は何もかもだいなしにする」とした。" The New Monthly Magazine and Literary Journal, Part II (London: Henry Colburn, 1825), 72, 74.

99. Walker, Beauty, 4.

100. George Combe, Lectures on Phrenology (London: Simpkin, Marshall, & Co., 1839), 325.

101. The verse came from Wordsworth's Excursion Book I, line 503. Theophilus Thompson, Clinical Lectures on Pulmonary Consumption (London: John Churchill, 1854), 176–177.

102. 結核を患う人が美徳と美しさを備えているという考えは、19世紀初頭にはすでに存在したが、この結びつきは強まり続け、1840年代にはシャーロット・ブロンテが、結核に苦しんでいたエミリーとアンの高潔な性格について繰り返し語った。エミリーについてはこう述べている。「わたしは妹を、苦悩に満ちた驚きと愛を込めて見つめている。これほどのものは見たことがない。実際、何事においても妹に匹敵するものは見たことがない。男より強く、子どもより純真で、その本質は並外れていた」Shorter, The Brontës, 13. 性格と肺病のそういう関連づけは、イライザ・ハーバートの逸話（1830年）からも明らかだった。「あの当時、イライザ・ハーバートほど繊細で愛らしい少女は、ほかに思い当たらないほどだった。非凡な美しさを持つ親の茎から伸びた唯一の蕾だ――が、ああ、その茎は肺病によって、たちまちしおれてしまった！（中略）小さなイライザ・ハーバートは、母の美しさと、体質的な繊細さを受け継いだ。その姿はとてもはかなげで、見る者に透明という概念を示唆するかのようだった。そして空色の目に宿る柔らかさとけだるさは、絹のような長いまつげを通して輝き、人類には高尚すぎる何かを告げていた（中略）つまり、イライザ・ハーバートより優しく、愛らしく、気立てのよい存在は、決して人類の仲間には加われない（中略）そしてX氏が毎日毎日熱に浮かされたように心配し続けているのは、彼自身の言葉によると、姪っ子が"この世で生きるには善良すぎ、美しすぎる"ことだった」"Passages from the Diary of a Late Physician. Chapter IV. Consumption," Blackwood's Edinburgh Magazine, Vol. XXVIII (Edinburgh: William Blackwood; London: T. Cadell, 1830), 771.『亡き医師の日記からの引用』と謳われてはいるが、イライザの記録が実際の症例から得たものなのか、それとも単に著者の想像の産物なのかを判断することはできない。あいまいではあるが、この物語は肺病について当時受け入れられていた描写への洞察を与えてくれる。そしてイライザの物語は、19世紀前半の肺病をめぐるたくさんの著述（架空の話、表向き真実の話、あるいは事実に基づく話）のひとつにすぎない。

103. The Englishwoman's Magazine and Christian Mother's Miscellany, Vol. I (London: Fisher, Son & Co., 1846), 342.

104. The Ladies Hand- book of the Toilet, a Manual of Elegance and Fashion (London: H. G. Clarke and Co., 1843), vii.

105. An English Lady of Rank, The Ladies Science of Etiquette (New York: Wilson & Company, 1844), 43.

106. An English Lady of Rank, The Ladies Science of Etiquette, 43.

107. Gilbert, Pulmonary Consumption, 51.

108. Charlotte Brontë to W. S. Williams, February 1, 1849, in Shorter, The Brontës, 23.
109. The Art of Beauty, 90.
110. The Art of Beauty, 116.
111. The Art of Beauty, 124.
112. Crell and Wallace, The Family Oracle of Health, Vol. I, 293.
113. Alexander Walker, Beauty: Illustrated Chiefl y by an Analysis and Classifi cation of Beauty in Women (London: Henry G. Bohn, 1846), 232. この文献の影響について詳しくは以下を参照。Aileen Ribeiro, Facing Beauty, 232–233.
114. Mrs. A. Walker, Female Beauty, 200. ウォーカー夫人は、生理学者アレクサンダー・ウォーカーが使っていた筆名と考えられる。アレクサンダー・ウォーカーの姿勢を反映してはいるが、身だしなみの手引の形を取ることで、その考えが幅広い読者に伝えられた。"Walker, Alexander (1779–1852)," Lucy Hartley in O xford Dictionary of National Biography, online edn, ed. David Cannadine, Oxford: OUP, 2004, http://www.oxforddnb.com/view/article/56049[accessed June 29, 2016].
115. Clark, A Treatise on Pulmonary Consumption, 13–14.
116. An English Lady of Rank, The Ladies Science of Etiquette, 47–48.
117. An English Lady of Rank, The Ladies Science of Etiquette, 47–48.
118. Esther Copley, The Young Woman's Own Book and Female Instructor (London: Fisher, Son, & Co., 1840), 378.
119. Corson, Fashions in Makeup, 319.《マガジン・オブ・ボー・モンド》の1837年の記事は次のように批判した。「若い人たちが肌を漂白して美しくなろうとする例があとを絶たない（中略）さまざまな形に加工された水銀と鉛は、不幸にも、現代の化粧品の多くでありふれた成分になっている（中略）［そして］肺の結節（中略）を引き起こし、ついには肺病もしくは消耗熱でその恐ろしい場面は閉じられる。" General Observations on Cosmetics," The Magazine of the Beau Monde, Vol. 7 (London: I. T. Payne, 1837), 165.
120. The Art of Dress; or, Guide to the Toilette: With Directions for Adapting the Various Parts of the Female Costume to the Complexion and Figure; Hints on Cosmetics, &c. (London: Charles Tilt, 1839), 59. こういう手引について詳しくは以下を参照。Alieen Ribeiro, Facing Beauty, 219–221.
121. The Ladies' Gazette of Fashion (London: George Berger, 1848), 45.
122. Williams, Powder and Paint, 56.
123. Sally Pointer, The Artifice of Beauty: A History and Practical Guide to Perfumes and Cosmetics (United Kingdom, 2005), 138.
124. The London Medical Gazette, Vol. XII (London: Longman, Rees, Orme, Brown, Green and Longman, 1833), 225.
125. The New Monthly Belle Assemblée, Vol. XXVI (London: 1847), 3.

第8章

1. 衣服は昔も今も、単に体を覆って保護する方法という以上の重要な意味を持ち、たくさんの社会的、政治的、道徳的な要素を帯びている。体のファッション化は、化粧、作法、服装を通して行われ、これらは社会的アイデンティティー、地位、セクシュアリティーを確立するためにも使われ、そのすべては、人が自己を管理し、社会的に管理されるためのツールになる。カジャ・シルヴァーマンはこう論じている。衣

装は「人間の体を文化的に可視化する」。一方ジェニファー・クレークはこう指摘している。「体に衣服をまとうさまざまな方法は、肉体としての自己を構築し提示するための技術的な手段の能動的な過程と見なすことができる」Amy de la Haye and Elizabeth Wilson, eds, Defi ning Dress: Dress as Object, Meaning and Identity (Manchester: Manchester University Press, 1999), 2; Jennifer Craik, The Face of Fashion: Cultural Studies in Fashion (London: Routledge, 1994), 46.

2. Craik, The Face of Fashion, 44.
3. La Belle Assembleé, Vol. I (London: J. Bell, 1806), 79.
4. Mrs. William Parkes, Domestic Duties; or Instructions to Young Married Ladies (London: Longman, Hurst, Rees, Orme, Brown and Green, 1825), 172–173.
5. 流れるようなラインと高いウエストラインを特徴とする優美なシルエットへの変化は、フランス革命の影響とされることが多いが、より簡素なラインを求める動きは1789年以前から始まっていた。リベイロはこう論じている。「ある意味で、それ［革命］は、すでにパイプラインにあったスタイルを促進するきっかけとして働いたが、そのスタイルが最前線に押し出されたのは、政治の影響によるものだった」Aileen Ribeiro, Fashion in the French Revolution (London: Batsford, 1988), 140. 簡素化が進んだのは、ジャン=ジャック・ルソーの作品や、古代都市ヘルクラネウムやポンペイの発見など、多くの出来事に触発されてのことだった。1760年代にはすでに、ルソーは、形式にとらわれないことや、簡素であること、そして「自然状態」への回帰を含め、「自然」へ向かうことを求めていた。古典的なものへの憧れは、女性の衣服が明白な模倣へ向かうことも意味し、衣装はギリシャの陶器や彫像から直接写し取られたものであることが多かった。Jane Ashelford, The Art of Dress: Clothes and Society 1500-1914. (London: National Trust Enterprises Ltd., 1996), 173; Fukai, et al., Fashion, 120. ルソーとファッションにおける自然な体について詳しくは以下を参照。Michael Kwass "Big Hair: A Wig History of Consumption in Eighteenth-Century France," The American Historical Review, Vol. 111, No. 3 (June 2006), 631–659.
6. シュミーズドレスは、同じ名前の下着に似ていることからそう名づけられたらしく、簡素なつくりでゆったりしていて、ドロップショルダーとギャザーを寄せたネックラインで頭からかぶって着ることができた。1783年には、エリザベート=ルイーズ・ヴィジェ=ルブランによる、このスタイルのドレスを着たマリー=アントワネットの肖像画が展示された。この肖像画とファッションは大きなスキャンダルを引き起こしたが、王妃の愛用のおかげでこの衣装は普及し、イギリス海峡を越えて急速に広まった。キンバリー・クリスマン=キャンベルはこう論じている。「1783年にヴェルサイユ条約が調印されたあとフランスに押し寄せた英国からの観光客、たとえばデヴォンシャー公爵夫人やクルー氏のような人たちにとって、シュミーズドレスは典型的なパリみやげだった」1784年8月、デヴォンシャー公爵夫人ジョージアナは、「フランス王妃からいただいた、美しいレースで飾られたモスリンのシュミーズのうちの1着」をまとって音楽会に出かけ、おしゃれな最上流の人々はすぐさま公爵夫人にならった。［以下に引用あり。Ashelford, The Art of Dress, 175.］数カ月後、《ニュー・スペクテーター》は、公爵夫人の革新的なセンスに敬意を表した。「ときどき驚かされるのは、女性の服装のセンスとファッションを牽引するデヴォンシャー公爵夫

人とラトランド公爵夫人が、自ら最初に発明して型をつくり上げ着用したなんらかのドレスに対して国王の特許状を取り、それを身に着けて出かけ称賛を浴びる権利を決して独占しないことだ。そういう文言、あるいはそれに類似した文言で、間違いなく特許は有効になると言われているのだから」The New Spectator, No. III (London: 1784), 4. 1780年代後半には、シュミーズドレスは女性らしいファッションの不可欠な一部となり、1787年には《レディーズ・マガジン》がその大流行を認めた。「今や15歳から50歳以上の全女性が（中略）幅広の飾帯がついた白いモスリンのドレスを着ている」以下に引用あり。Judith S. Lewis, Sacred to Female Patriotism: Gender, Class and Politics in Late Georgian Britain (New York: Routledge, 2003), 176. キンバリー・クリスマン=キャンベルはこう論じている。「1780年代のシュミーズドレスは、1790年代と1800年代初頭に人気となった、ウエストが高く袖が短い白いドレスと誤って同一視されている。シュミーズドレスは、そういう新古典主義、あるいは"ギリシア風"ドレスの先触れにはなったかもしれないが（中略）構造も外見もまったく異なる衣装だった。Kimberly Chrisman-Campbell, Fashion Victims: Dress at the Court of Louis XVI and Marie-Antoinette (New Haven and London: Yale University Press, 2015), 172–175. Ashelford, The Art of Dress, 175; Fukai, et al., Fashion, 150.

7. Chrisman-Campbell, Fashion Victims, 155.
8. しかし、そういう体の曲線は、これまでの"不自然な"ドレスと同じく下着を頼りにしていたので、宣伝文句にあるほど自然ではなかった。綿織物について詳しくは以下を参照。Beverly Lemire, Fashion's Favourite: The Cotton Trade and the Consumer in Britain, 1660–1800 (Oxford: Oxford University Press, 1991); Beverly Lemire, Cotton (Oxford: Oxford University Press, 2011); George Riello, Cotton: The Fabric that Made the Modern World (Cambridge: Cambridge University Press, 2013); Sven Beckert, Empire of Cotton: A Global History (New York: Vintage Books, 2014); Jon Stobart and Bruno Blondé, eds, S elling Textiles in the Long Eighteenth Century: Comparative Perspectives from Western Europe (Basingstoke: Palgrave Macmillan, 2014); Robert S. DuPlessis, The Material Atlantic: Clothing, Commerce, and Colonization in the Atlantic World, 1650–1800 (Cambridge: Cambridge University Press, 2016).
9. La Belle Assemblée, Vol. IV (London: J. Bell, 1811), 90.
10. Elaine Canter Cremers-van der Does, The Agony of Fashion, English Translation Leo Van Witsen (Dorset: Blandford Press, 1980), 73.
11. La Belle Assemblée, Vol. I (London: J. Bell, 1806), 614. スーザン・シバルドは回顧録のなかでこの下着について触れ、靴下編み機で編まれたものと説明して、「ひどくはき心地の悪いスタイルの衣服で、あまりにも窮屈なつくりなので歩くのもむずかしいほどだった」と評した。こういう下着に反感を持ったのは、小川を飛び越えようとしたとき、きつい下着から「突然の妨害」を受けて、「水中に顔からまともに」転んだからだった。Francis P. Hett, The Memoirs of Susan Sibbald (Paget Press, 1980), 138.
12. La Belle Assemblée, Vol. III (London: J. Bell, 1807), 17.
13. The Monthly Magazine, Vol. XXIV (London: Richard Phillips, 1807), 548.
14. Charlotte Burney to Madame d'Arblay, Saturday 23 Vendiemiaire l'an II, Eg MS 3693, Folio 84, The British Library Department of Manuscripts, London, UK.

15. 暖かい服装をしたい女性のための選択肢がなかった、あるいはすべての女性が医療執筆者の助言を無視したと言っているわけではない。

16. The European Magazine and London Review (London: J. Sewell, 1785), 23.

17. 早くから、肌を露出した服が病気を招く可能性は、"品位の侵害"と見なされることへの警戒心の高まりと結びついていた。久しぶりに英国に戻ったというある紳士が、《マンスリー・マガジン》の「編集者への手紙」で書いた言葉だ。彼は、現代の服装がおしゃれな女性を娼婦のように見せていることに落胆を表し、次のように批判した。オペラの最中、「貴婦人たちの胸元は、夜のコヴェントガーデンの回廊の下や夜の街をうろつく女たちの一部を除けば、見たことがないほどあらわになっていた。"確かに(とわたしは言った)、上流社会の男たちが囲う身分の高い売春婦としか描写しようがないですね"」The Monthly Magazine, Vol. XXIV (London: Richard Phillips, 1807), 548.

18. The Times, Wednesday, December 11, 1799 (London, 1799), 2.《タイムズ》は、エドマンド・バークがジャコバン派とフランスの憲法理論家エマニュエル=ジョゼフ・シエイエスを告発した1795年のベッドフォード公爵への手紙を参照している。この手紙について詳しくは以下を参照。Isaac Kramnick, ed., The Portable Edmund Burke (New York: Penguin Books, 1999), 213.

19. Sarah Harriet Burney to Mary Young, December 4, 1792, Barrett Collection, Vol. XII Eg MS 3700 A, folio 226, The British Library Department of Manuscripts, London, UK.

20. ドロア・ワーマンは、ジェームズ・ギルレーの『貴婦人のドレスはいずれこうなる』について、この作品は、ああいうファッションの透けかたと、「自然な女性の体形を強調する」傾向を風刺した多くの風刺画のひとつだったと論じている。Wahrman, The Making of the Modern Self, 65.

21. Beddoes, Essay on the Causes, Early Signs, and Prevention of Pulmonary Consumption, 131.

22. The Fashionable World Displayed, 2nd edn. (London: J. Hatchard, 1804), 73–74.

23. "A Naked Truth of Nipping Frost," (1803), by Charles Williams, Published by S.W. Fores. Courtesy of The Lewis Walpole Library, Yale University.

24. George Colman, The Poor Gentleman, (London: Longman, Hurst, Rees, and Orme, 1806), 47.

25. John Roberton, A Treatise on Medical Police, and on Diet, Regimen, &c., Vol. I (Edinburgh: John Moir, 1809), 180–181.

26. Roberton, A Treatise on Medical Police, and on Diet, Regimen, &c., 183.

27. Armstrong, Practical Illustrations of the Scarlet Fever, Measles, Pulmonary Consumption and Chronic Diseases, 211.

28. あるジャーナリストが認めたように、「ペチコートを細くしすぎると、その上に垂れかかる優美なひだを効果的に見せることができない」。場合によっては、ストッキングときついペチコート1枚しか身に着けない女性もいた。La Belle Assemblée, Vol. I (London: J. Bell, 1806), 614.

29. La Belle Assemblée, Vol. I (London: J. Bell, 1810), 246.

30. Ashelford, The Art of Dress, 178–179. Fukai, et al., Fashion, 150. カシミアのショールについて詳しくは以下を参照。David Brett, "The Management of Colour: The Kashmir Shawl in a Nineteenth-Century Debate," Textile History, Vol. 29 (1998); Michelle Maskiell, " Consuming Kashmir: Shawls and Empires, 1500–2000,"

Journal of World History, Vol. 13 (Spring 2002) ; Isabella Fabretti, " Ugly and Very Expensive: The Cashmere Shawls of Empress Josephine, " Piecework, Vol. 14, (2006) ; Chitralekha Zutshi, " 'Designed for eternity': Kashmiri Shawls, Empire, and Cultures of Production and Consumption in Mid-Victorian Britain," Journal of British Studies, Vol. 48 (April 2009).

31. " Passages from the Diary of a Late Physician. Chapter IV. Consumption," Blackwood's Edinburgh Magazine, No. CLXXIII, Vol. XXVIII (Edinburgh: William Blackwood ; London: T. Cadell, 1830), 780.

32. Armstrong, Practical Illustrations of the Scarlet Fever, Measles, Pulmonary Consumption and Chronic Diseases, 211.

33. Armstrong, Practical Illustrations of the Scarlet Fever, Measles, Pulmonary Consumption and Chronic Diseases, 213.

34. Saunders, Treatise on Pulmonary Consumption, 7.

35. Reid, A Treatise on the Origin, Progress, Prevention, and Treatment of Consumption, 203.

36. La Belle Assemblée, Vol. III (London: J. Bell, November 1807), 282.

37. The Monthly Magazine, Vol. XXIV (London: Richard Phillips, 1807), 549.

38. William Burdon and George Ensor, Materials for Thinking, Vol. I (London: E. Wilson, 1820), 75.

39. La Belle Assemblée, Vol. I, Part I (London: J. Bell, June 1806), 227.

40. La Belle Assemblée, Vol. I, Part I (London: J. Bell, June 1806), 227.

41. Dubos and Dubos, The White Plague, 54.

42. La Belle Assemblée, Vol. VI (London: J. Bell, 1809), 163–164.

43. Edward Ball, The Black Robber, Vol. I (London: A. K. Newman and Co., 1819), 81–82.

44. La Belle Assemblée, Vol. I (London: J. Bell, 1806), 502.

45. Reid, A Treatise on the Origin, Progress, Prevention, and Treatment of Consumption, 163.

46. The Ladies Magazine (Dec. 1818) as quoted in Robinson's Magazine, A weekly Repository of Original Papers; and Selections from the English Magazines, Vol. II (Baltimore: Joseph Robinson, 1819), 204–205.

47. Dorothea Sophia Mackie, A Picture of the Changes of Fashion (D.S. Mackie, 1818), 54.

48. La Belle Assemblée, Vol. XXI, (London: J. Bell, 1820), 87.

49. Felix M' Donogh, The Hermit in London, or Sketches of English Manners (New York: Evert Duyckinck, 1820), 214.

50. A Physician's Advice For the Prevention and Cure of Consumption, 123.

51. M' Donogh, The Hermit in London, 215–216.

52. The Ladies Pocket Magazine of Literature & Fashion, No. VIII (London: Joseph Robins, 1829), 23.

53. Sir Arthur Clarke, A Practical Manual for the Preservation of Health and of the Prevention of Diseases Incidental to the Middle and Advanced Stages of Life (London: Henry Colburn, 1824), 62.

54. Sir Arthur Clarke, A Practical Manual for the Preservation of Health, 62.

55. La Belle Assembleé, Vol. VI (London: Geo. B. Whittaker, 1827), 167.

56. Thomas, The Modern Practice of Physic, 9th ed., 540.

57. By a Physician, The Pocket Medical Guide (Glasgow: W.R. M'Phun, 1834), 56–57.

58. The Ladies Monthly Museum, Vol. XVIII (London: Dean and Munday, 1 823), 142.
59. The Ladies Monthly Museum, Vol. XVIII, 142–143.
60. クレルとウォレスはこう述べている。「大都市で（中略）肺病によって死亡する年間4000～5000人のうちの3分の2は、なんらかの込み合った集会に出席したことが病気の原因であると言っていいだろう。危険なのは、劇場や舞踏室などで暑くて汗をかいたあと、足を冷たい風にさらしたり、湿気で寒くなったりすることだ（中略）こういう軽率な行為は急速な死を招くことが多く、咳や衰弱を伴う（中略）長引く致命的な病気の基礎をつくることはさらに多い」Crell and Wallace, The Family Oracle of Health, Vol. I, 258–259.
61. The London Medical Gazette, Vol. XII (London: Longman, Rees, Orme, Brown, Green, and Longman, 1833), 234.
62. The London Medical Gazette, Vol. XII, 234.
63. Reid, A Treatise on the Origin, Progress, Prevention, and Treatment of Consumption, 197.
64. G. Calvert Holland, Practical Suggestions for the Prevention of Consumption (London: W. M. S. Orr, 1750), 114. 18世紀の“コルセット”とは、衣服に張りと形を与えるために、ぴったり縫い合わされたケーシング（クジラひげや籐の茎などの挿入物用）でつくられた、硬く長いウエストをつくる装具だった。こういうコルセットは一般に、後ろで紐を締める形で、背部が高く、肩紐と、追加の支えとして前部に挿入された張り骨がついていた。
65. George Cheyne to Hans Sloane, Bath, July 11, 1720, Sloane MS 4034, Folio 323, The British Library Department of Manuscripts, London, UK.
66. Benjamin W. Richardson, The Hygienic Treatment of Pulmonary Consumption (London: John Churchill, 1857), 38.
67. Dr. John Gregory, A Comparative View of the State and Faculties of Man with those of the Animal World (London: J. Dodsley, 1765), 31–32.
68. たとえば、ウィリアム・ホワイトはこう主張した。「紐で体をきつく縛ると、皮膚の血管を通る血液の自由な循環を妨げてしまい（中略）喀血や炎症などが引き起こされる。したがって、コルセットをきつく締めすぎる女性たちの危険な傾向に対して、前もって警告しておきたい。わたしは、そういう習慣が招いた悲しい結果をいくつか観察し、ひどく心を痛めてきた。肺の血管は軟らかすぎて、循環の勢いを増す刺激には耐えられずに破裂して、喀血を起こしてしまったのだ」White, Observations on the Nature and Method of Cure of the Phthisis Pulmonalis, 26–27.
69. あらわな胸元と突き出た肩は、補助具なしではつくれなかった。自然が与えてくれなかったものを、発明品は与えることができた。おそらく、もとからほっそりした体形の若い女性は世紀初頭の一時期、コルセットから解放されたかもしれないが、年長のずんぐりした女性は、新古典主義ファッションに合わせた努力の一環としてコルセットに頼り続けただろう。Norah Waugh, Corsets and Crinolines (New York: Routledge/Theatre Arts Books, 2004), 75; Elizabeth Ewing, Dress and Undress: A History of Women's Underwear (London: Batsford Ltd., 1978), 57.
70. Ewing, Dress and Undress, 57. トレードカードの例については以下を参照。John Arpthorp. Stay & Corsett Maker (c. 1802) and H. Rudduforth, Long Stay Corset & Vest Manufacturer, JJ Trade Cards 26 (68), From the John Johnson Collection, ©Bodleian Library

2001. 風刺画については以下を参照。James Gillray, "Progress of the Toilet—The Stays" (1810).

71. Waugh, Corsets and Crinolines, 75.

72. コルセットは体に合うように裁断され、「自然の恩恵を受けなかった人たちが必要とする部分を、適切に変更したり膨らませたり」できた。Martha Gibbon, Stays for Women and Children, patent number 2457, December 17, 1800. The National Archives, London, UK.

73. Reid, A Treatise on the Origin, Progress, Prevention, and Treatment of Consumption, 198–199.

74. Roberton, A Treatise on Medical Police, and on Diet, Regimen, &c., 182–183.

75. 激しい抗議はあったものの、英国でのコルセットの復活は、フランスほど劇的な出来事にはならなかった。ひとつには、英国では完全にコルセットがなくなってはいなかったからだ。David Kunzle, Fashion and Fetishism: Corsets, Tight- lacing, & Other Forms of Body Sculpture (United Kingdom: Sutton Publishing, 2004), 80, 82; Waugh, Corsets and Crinolines, 75.

76. La Belle Assemblée, Vol. II (London: J. Bell, 1811), 213.

77. A Lady of Distinction, The Mirror of the Graces, 36.

78. La Belle Assemblée, Vol. II (London: J. Bell, 1811), 90–91.

79. 自然なウエストラインは、1820年代半ばに復活した。深井はこう述べている。「コルセットはふたたび女性のファッションにとって必要になった。細いウエストが新しいスタイルの重要な特徴と認識されたからだ」Fukai, et al., Fashion, 151–152.

80. Phyllis G. Tortora and Keith Eubank, Survey of Historic Costume: A History of Western Dress, 3rd edn. (New York: Fairchild Publications, 2004), 278.

81. Ashelford, The Art of Dress, 189.

82. Douglas A. Russell, Costume History and Style (New Jersey: Prentice-Hall, Inc., 1983), 340.

83. Aileen Ribeiro, Facing Beauty, 230.

84. T. Bell, Kalogynomia, or the Laws of Female Beauty (London: J. J. Stockdale, 1821), 315–316.

85. Fukai, et al., Fashion, 151.

86.1820年代を通してネックラインは深くなっていき、幅広の楕円形になった。次の10年で、肩の縫い目は下がり、襟ぐりはさらに深くなって胸元がいっそう際立ち、長いハクチョウのような首が強調されて、そういう特徴を持つ女性がますます称賛されるようになった。その下のぴったりしたボディスによって、さらにネックラインに注目が集まった。Francois Boucher, A History of Costume in the West (London: Thames and Hudson Ltd., 1987), 366.

87. 1827年には、ジゴ袖は豪華すぎるほどの大きさになっていたので、たいていはクジラひげやバックラム、馬の毛、さらには羽毛の詰め物など、なんらかの支えを追加して形を維持する必要があった。こういう袖の大きさは、1835年ごろに頂点に達した。

88. Fukai, et al., Fashion, 151.

89. " Bishop Sleeves," The New Monthly Magazine and Literary Journal, Part II (London: Henry Colburn and Richard Bentley, 1829), 214.

90. この張り骨は、懸念のおもな原因になった。ある著者はこう発言した。「コルセットの紐がきつすぎて女性が息をする余地がほとんどないだけでなく、そういう圧迫が引き起こす悪影響は、前部に導入された硬いクジラひげや鋼によって大幅に増加する」The Ladies Pocket Magazine of Literature & Fashion, No. VIII (London: Joseph Robins, 1829), 27.

91. Waugh, Corsets and Crinolines, 75, 79. ウエストが細長くなるにつれ、挿入物の数も増え、1835年ごろには“バスク型”の構造によって腰の広がりがいっそう強調され始めた。

92. Sarah Levitt, Victorians Unbuttoned: Registered Designs for Clothing, Their Makers and Wearers, 1839-1900 (London: George Allen and Unwin, 1986), 26.

93. 1823年にロンドンのロジャーズがコルセットの紐の特許を取得したのと同時に、コルセット製造に実用的な革新がもたらされた。しかし、1828年にようやく一般に使われるようになる金属の紐通し穴のスタイルは、パリのドーデによって発明された。ロマン主義スタイルのコルセットは後ろで紐を締めるのが一般的で、肩紐は1840年代まで目立った特徴として残った。金属の紐通し穴や、1829年に特許を取得した分割型の張り骨を含むその他の技術開発が、女性らしいシルエットを実現するのに役立った。この改良によって前で留めるコルセットの開発が進んだが、それが一般に使用されるようになったのは19世紀半ばになってからだった。Ewing, Dress and Undress, 58.

94. The Ball; Or, A Glance at Almack's in 1829 (London: Henry Colburn, 1829), 31.

95. このテーマについての記事は、医学雑誌からファッション雑誌まで、考えられるありとあらゆる場で発表され、独立したパンフレットとして配布されることさえあった。また、このテーマは美しさ、服装、健康、衛生に関するさまざまな本でも検討され、家庭用百科事典や辞書、さらには「学習能力のある女性」を読者とする「有用で楽しい知識」を掲載した人気ジャンルの一般雑誌でも言及された。Kunzle, Fashion and Fetishism, 90.

96. 1838年の年次報告で死亡が報告された女性の数。Fraser's Magazine for Town and Country, Vol. XXV (London: G. W. Nickisson, 1842), 191.

97. Ewing, Dress and Undress, 60–61.

98. こういう解剖図の多く、たとえば『有用知識普及協会のペニーマガジン』(1833) に発表された図などは、ドイツの解剖学者で医師のザムエル・トマス・フォン・ゼンメリングの研究を直接写し取ったか、それに基づいたものだった。彼の1788年の著書『コルセットの影響(Effect of Stays)』は、当時からコルセットの形状が変化したあとも、並外れた影響力を持ち続けていた。

99. The Art of Beauty, 26.

100. La Belle Assembleé, Vol. VI (London: Geo. B. Whittaker, 1827), 308.

101. A Physician's Advice For the Prevention and Cure of Consumption, 127.

102. The Art of Beauty, 27.

103. The Art of Beauty, 28.

104. 背骨と胴体の変形の矯正を扱った研究はたくさんあり、その多くは変形の原因としてコルセットを挙げた。

105. Charles Pears, Cases of Phthisis Pulmonalis, Successfully Treated Upon the Tonic Plan (London: Crowder, 1801), 11–12.

106. John Mills, “Elastic Stays for Women and Children,” Patented March 14, 1815, The National Archives, London, UK.

107. The Art of Beauty, 29–30.

108. The World of Fashion, Vol. VIII (London: Mr. Bell, 1831), 59.

109. The Kaleidoscope; or Literary and Scientific Mirror, Vol. 9 (Liverpool: E. Smith & Co., 1829), 425.

110. Ramadge, Consumption Curables, 21.

111. Halttunen, Confidence Men and Painted Women, 65.

112. 1830年代は過渡期で、ファッションは華や

かなロマン主義スタイルから、新しいシルエットを象徴するしなだれるような感傷主義スタイルへと変わっていった。

113. James Laver, Costume and Fashion: A Concise History (London: Thames & Hudson World of Art, 2002), 168.

114. Fukai, et al., Fashion, 209.

115.『女性美（Female Beauty）』によると、「ウエストの美しさ、位置が高いか、中間か、低いかは、コルセットの形によって大きく左右される」。Mrs. A. Walker, Female Beauty, 310.

116. The Magazine of the Beau Monde, No 68, Vol. 6 (London: I. T. Payne, 1836), 109.

117. Ewing, Fashion in Underwear, 54.

118. 依然として後ろ紐のコルセットが一般的なスタイルで、1840年代までは肩紐がおもな特徴だった。もうひとつの重要な特徴は襠《まち》で、胸と腰にコルセットをぴったり合わせられるよう、1830年代に導入された。1840年代のフランスでは、コルセットづくりに新たな展開があった——新しいスタイルの創出だ。この新しいコルセットのデザインでは襠が取り除かれて、それぞれがウエストにぴったり合うよう裁断された7～13枚の断片が組み合わされた。このスタイルは軽くてかなり短く、ヨーロッパ大陸では大人気だったが、英国ではそうでもなかった。前部中央の張り骨も長く残っていたが、分割型の張り骨が徐々に流行し始め、コルセットの脱ぎ着が楽になった。初の留め金でつなぐ分割型の張り骨は1829年に特許を取得したが、19世紀半ばになるまで普及しなかった。分割型の張り骨が使用され、前開きのコルセットが開発されるとともに、コルセット全体はさらに硬くなり、こういう技術革新すべてが紐をますますきつく締めるのに役立った。Kunzle, Fashion and Fetishism, 25.

119. Kunzle, Fashion and Fetishism, 90.

120. Esther Copley, The Young Woman's Own Book and Female Instructor (London: Fisher, Son, & Co., 1840), 371.

121. Francis Cook, A Practical Treatise on Pulmonary Consumption (London: John Churchill, 1842), 45.

122. Cook, A Practical Treatise on Pulmonary Consumption, 55.

123. The Art of Dress, 39.

124. Blackwood's Lady's Magazine, Vol. 24 (London: A. H. Blackwood and Page, 1848), 23.

125. The World of Fashion and Continental Feuilletons, Vol. XXV, No. 292 (London, 1848), 79.

126. By a Lady, The Young Lady's Friend; A Manual of Practical Advice and Instruction to Young Females On their Entering upon the Duties of Life, After Quitting School (London: John W. Parker, 1837), 77.

127. ロマン主義時代の最盛期には、女性のドレスの袖やネックラインがリボンやレースやフリルで飾られていた。スカートにも同様の装飾が施され、アップリケやフリル、プリーツ、タック、絹や毛皮でできたループが加えられることもあった。多くの感傷主義者によると、ロマン主義時代は細部と装飾が過剰な時代で、その装飾と技巧は性格の欠陥に関連していたという。ある著者はこう述べている。「くだらない世界の陽気な信奉者たちが余計な装飾品で身を飾ることを好むのは、彼らの性格に似つかわしいとしか言いようがない——だが、今になっても、雑多なファッションや無益で邪魔になる装飾に喜んで浸っていた人たちの頭の弱さを示す証拠を見るにつけ、たびたび不思議な思いがする」The Christian Lady's Magazine, Vol. VI (London: R. B. Seeley and W. Burnside, 1836), 314. ロマン主義の衣装を特徴づける過剰な細部の装飾は、

女性の“真の”気質と傾向をさらけ出すのではなく、むしろ隠していた。一方で感傷主義者たちは、新しいスタイルがそれとは対照的に、装いのなかで誠実な飾り気のなさを強調し、女性の本質を明らかにすると考えた。

128. Janet Dunbar, The Early Victorian Woman: Some Aspects of Her Life, 1837–57 (London: George G. Harrap & Co. Ltd., 1953), 20.

129. Alfred Beaumont Maddock, Practical Observations on the Effi cacy of Medicated Inhalations in the Treatment of Pulmonary Consumption, Asthma, Bronchitis, Chronic Cough and Other Diseases of the Respiratory Organs and in Affections of the Heart, 2nd edn. (London: Simpkin, Marshall, & Co., 1845), 33.

130.「狭い肩と広い腰は美しい女性の体形として高く評価される一方で、男性の体形では広い肩と狭い腰が最も称賛される」In Mrs. Merrifield, Dress as a Fine Art (London: Arthur Hall, Virtue, & Co., 1854), 30.

131. アイリーン・リベイロの主張によると、1840年代の「おとなしくなった」ドレスは、動きを制限することで「女性はどんな力仕事もできるように見えてはならない」という女性の社会的役割を賛美していた。Aileen Ribeiro, Dress and Morality (Oxford: Berg, 1986), 126.

132. Blackwood's Lady's Magazine, Vol. 24, 25.

133. Christopher Breward, The Culture of Fashion (Manchester: Manchester University Press, 1995), 149.

134. Russell, Costume History and Style, 343; Laver, Costume and Fashion, 173.

135. きついボディスとそれよりきつく締めたコルセットは、女性の身体活動が抑制されていたことを示すさらなる指標だが、深井らはこれについて「制限を加える要素というより、威光の印と見なされていた」と論じている。Fukai, et al., Fashion, 152.

136. Russell, Costume History and Style, 343; Laver, Costume and Fashion, 173.

137. Mrs. John Sandford, Woman, In her Social and Domestic Character (London: Longman, Rees, Orme, Brown, and Green, 1831), 5.

138. Russell, Costume History and Style, 334.

139. 1830年代は過渡期で、ファッションは華やかなロマン主義スタイルから、新しいシルエットを象徴するしなだれるような感傷主義スタイルへ変わっていった。

140. Norah Waugh, The Cut of Women's Clothes, 1600–1930 (London: Faber and Faber Ltd., 1968), 140.

141. Hall, Commentaries Principally on Those Diseases of Females Which are Constitutional, 142.

142. Hall, Commentaries Principally on Those Diseases of Females Which are Constitutional, 146.

143. Hall, Commentaries Principally on Those Diseases of Females Which are Constitutional, 147.

144. A Physician's Advice For the Prevention and Cure of Consumption, 127.

145. Deshon, Cold and Consumption, 72.

146. Deshon, Cold and Consumption, 72.

147. John Tricker Conquest, Letters to a Mother on the Management of Herself and Her Children in Health and Disease (London: Longman and Co., 1848), 231–232.

エピローグ

1. Steele, Fashion and Eroticism: Ideals of Feminine Beauty from the Victorian Era to the

Jazz Age (Oxford: Oxford University Press, 1985), 57.

2. 感傷主義的な服装や考えかたからの脱却は、頭と顔の形や外見の変化にもいくぶんか表れ、細長い楕円形から丸みを帯びた球形への移行があった。感傷主義的な顔と物腰の特徴である憂いに満ちた表情は徐々に好まれなくなり、顔はしだいに生き生きした外見を獲得していった。
3. Steele, Fashion and Eroticism, 91–92.
4. 19世紀前半には、宗教、医学、哲学から政治経済、功利主義に至るまでの、社会改革に関わるさまざまな学問分野すべてが、人口増加、貧困、健康への目に見える脅威などの問題に対する解決策を提案していた。19世紀を通じて、政府の権限は新しい分野へ着実に広がっていった。人口過密がもたらした際限のない複雑な問題はいくつもの改革努力を促し、数を増す国民の家庭生活への政府の関与も強まっていった。自由放任主義的な態度から否応なく離れ、政府の介入を増やす方向へ進むにつれて、社会政策はより大きな政治的・経済的動向を模倣するようになった。都市の人口は急速に拡大し、貧民救済、下水道や排水設備、都市の労働者階級の住宅供給などのあらゆる分野について、既存の施設や組織の処理能力を超えてしまっていた。工業化によって生じた関連の社会的・経済的問題は迅速な対応を必要とし、健康の改善や維持、管理を基礎とした個人の生活への公的な介入は、しばしば物議を醸し、個人の権利と公的な保護をめぐる議論につながった。Roy Porter, The Greatest Benefit to Mankind, 408–409, 420–421.
5. Alexandre Dumas, The Younger, The Lady with the Camelias (London: George Vickers, 1856) and Wilkie Collins, The Law and the Lady, edited by David Skelton (London: Penguin Books, 1998), 386.
6. たとえば1852年には、『椿姫』は《ウェストミンスター・レビュー》と《ベントリーズ・ミセラニー》の両方で批評された。1850年代後半には、この作品は英国文学の他の側面にも侵入し、影響を与えるようになった。たとえば1858年には、『痴話げんか、あるいは田舎の舞踏会（A Lover's Quarrel: or, The Country Ball）』など、他の小説で言及され、《イングリッシュ・チャーチマン》紙に対する《パンチ》誌の社会時評の一部にも使われた。
7. Blackwood's Edinburgh Magazine, Vol. LXXII (London: 1852), 728.
8. 以下に引用あり。 H. D. Chalke, " The Impact of Tuberculosis on History, Literature and Art," Medical History VI (1962), 308.
9. デュプレシの生涯について詳しくは以下を参照。 Virginia Rounding, Grandes Horizontales: The Lives and Legends of Four Nineteenth-Century Courtesans (London: Bloomsbury, 2003.) and Julie Kavanagh, The Girl Who Loved Camellias: The Life and Legend of Marie Duplessis (New York: Vintage Books, 2013).
10. John Forester, The Life of Charles Dickens, in Two Volumes. Vol. I, 1812–1847 (London: Chapman & Hall, 1899), 522.
11. P. Toussaint, Maries Dupléssis: la vrai Dame aux Camélias (Paris, 1958), Quoted in Dormandy, The White Death, 62.
12. Porter, ed. The Cambridge Illustrated History of Medicine, 107.
13. Porter, ed. The Cambridge Illustrated History of Medicine, 107.
14. 結核の接触伝染説は、大陸では支持されつつあったものの、英国ではまだあからさまに拒絶されていた。遺伝と瘴気への固執は、社会改革者たちのあいだで公衆衛生に基づく病気への対処が主流だったことと、英国の生命保険産業が影響力を持っていたことが大きく関係していた。

接触伝染を認めれば終身年金の多額の支払いにつながるうえに、英国では肺病専門病院に所属する多くの一流医も保険会社に雇用されていた。このような組織統合が、肺病は遺伝するという考えかたを存続させる一因となった。コッホが結核菌を発見したあとでさえ、英国の生命表には引き続き遺伝的体質の項目があった。

15. Porter, ed. The Cambridge Illustrated History of Medicine, 171.
16. Patricia A. Cunningham, Reforming Women's Fashion, 1850–1920 (Kent, Ohio: The Kent State University Press, 2003), 5.
17. Cunningham, R eforming Women's Fashion, 10–11.
18. スーザン・ソンタグは、19世紀後半に「病気のロマン主義的な崇拝」に対する反動があったと論じている。Sontag, Illness as Metaphor, 34.
19. エゾギクは、デイジーに似た花。Thomas Chandler Haliburton, Nature and Human Nature (London: Hurst and Blackett, 1859), 196.
20. Ewing, Dress and Undress, 74–75.
21. Cremers- van der Does, The Agony of Fashion, 90.
22. The Family Herald; Domestic Magazine of Useful Information and Amusement, Vol. IX (London: George Biggs, 1851), 317.
23. 蒸気成形とは、縫って張り骨を入れたコルセットをしっかり糊づけしてから、望ましいシルエットにつくられた型に入れ、上から蒸気で成形する方法。In Ewing, Dress and Undress, 76.
24. Cunningham, Reforming Women's Fashion, 6.
25. Ewing, Dress and Undress, 64–65.
26. Madame Roxy A. Caplin, Health and Beauty; or Corsets and Clothing, Constructed in Accordance with the Physiological Laws of the Human Body (London: Darton and Co., 1856), xi.
27. Caplin, Health and Beauty, ix–x.
28. Georgina D. Feldberg, Disease and Class, 7.

◆著者　キャロリン・A・デイ　Carolyn A. Day

アメリカ、サウスカロライナ州にあるファーマン大学の歴史学准教授。ルイジアナ州立大学で歴史学の学士号と微生物学の学士号、ケンブリッジ大学で歴史学と科学・医学史、哲学の修士号、テュレーン大学で英国史の博士号を取得。初の著書となる本書では歴史、医学、病の分野が重なるテーマにスポットを当てた。現在の研究は、18、19 世紀のイギリスにおける病の個々の経験に焦点を当てている。

◆訳者　桐谷知未（きりや・ともみ）

東京都出身。南イリノイ大学ジャーナリズム学科卒業。翻訳家。主な訳書に『人工培養された脳は「誰」なのか』『ビジュアルで見る　遺伝子・ＤＮＡのすべて』（原書房）、『記憶が消えるとき』（国書刊行会）、ほか多数。

ヴィクトリア朝《ちょう》　病《やまい》が変《か》えた美《び》と歴史《れきし》

肺結核《はいけっかく》がもたらした美《び》、文学《ぶんがく》、ファッション

2021 年 2 月 25 日　第 1 刷

著者……………………キャロリン・Ａ・デイ

訳者……………………桐谷《きりや》知未《ともみ》

ブックデザイン………永井亜矢子（陽々舎）

発行者…………………成瀬雅人

発行所…………………株式会社原書房

〒 160-0022 東京都新宿区新宿 1-25-13

電話・代表　03(3354)0685

http://www.harashobo.co.jp/

振替・00150-6-151594

印刷……………新灯印刷株式会社

製本……………東京美術紙工協業組合

ISBN 978-4-562-05902-7　Printed in Japan